부와 성공을 이끄는
새로운 패러다임

공감력

부와 성공을 이끄는
새로운 패러다임

공감력

초판 1쇄 발행 2024년 1월 30일

글쓴이   토니 베이츠 , 나탈리 페토프
옮긴이   이선애

편집   이억주
디자인   김현수

펴낸이   이경민
펴낸곳   (주)동아엠앤비
출판등록   2014년 3월 28일(제25100-2014-000025호)
주소   (03972) 서울특별시 마포구 월드컵북로 22길 21, 2층
홈페이지   www.dongamnb.com
전화   (편집) 02-392-6901 (마케팅) 02-392-6900
팩스   02-392-6902
이메일   damnb0401@naver.com
SNS   🅕 🅞 🅑

ISBN   979-11-6363-785-1 (03320)

※ 책 가격은 뒤표지에 있습니다.
※ 잘못된 책은 구입한 곳에서 바꿔 드립니다.

EMPATHY IN ACTION

마음 성장을 이끄는 새로운 패러다임

공감력

토니 베이츠 · 나탈리 페토프 지음 | 이선애 옮김

동아엠앤비

추천사

"내가 사업을 할 때 가장 중요하게 생각하는 원칙은 고객에 대한 집착이다. 고객의 욕구를 진정으로 이해하고 예측하는(즉, 공감하는) 것은 탁월한 고객 경험을 제공하는 데 핵심적인 요소일 뿐만 아니라 리더들이 최고의 기업조차 발을 헛디딜 수 있는 사각지대를 앞서 나갈 수 있게 해주기도 한다. 토니는 인터넷으로부터 화상 통화, 비디오 게임 앱 그리고 현재는 서비스형 고객 센터에 이르기까지 산업의 전환을 주도해 왔다. 그는 공감을 통해 고객 경험을 개선하는 것에 대해 사업적으로 더 폭넓은 논의를 할 수 있는 신뢰성과 경험을 보유하고 있다."

존 챔버스, 시스코 명예 회장·JC2 벤처스 CEO

"『공감력』은 소비자가 상호 작용하고 기대를 갖는 브랜드에 관한 새로운 패러다임 전환을 다루고 있다. 고객의 충성도는 영원한 것이 아니며, 치열한 경쟁 속에서 소비자가 기업과 나누는 모든 상호 작용은 고객 충성도를 '리셋'할 수 있다. 이 책은 고객 만족과 직접적으로 연관되어 있는 직원 만족에서 모든 것이 어떻게 시작되는지를 보여준다. 기업이 이 새로운 세상에서 고객과 관계를 맺기를 원한다면, 이러한 역학 관계를 탐색하고 구현해야 할 것이다."

앤드리아 친, 글로벌 컨슈머 케어 기업인 에스티 로더 IT 담당 전무 이사

"업종을 불문하고 모든 성공적인 비즈니스의 기본 토대는 탁월한 고객 서비스다. 이 책은 과거에 충분한 고객 경험을 제공하지 못했던 이유를 살펴보고 더 우수하고, 공감하는 고객 경험을 바탕으로 펼쳐질 새로운 세계에 대한 상상력을 자극한다."

존 도나호, 나이키 회장·CEO

"'경험'은 리더가 존경심과 지속 가능한 성장을 얻을 수 있는 행동과 습관을 바탕으로 조직을 이끌 때 발생한다. 이 책을 그러한 결과를 얻기 위한 실용적인 지침서로 사용하라."

진 블리스, 베스트셀러 『최고 고객 책임자 2.0(Chief Customer Officer 2.0)』의 저자

"디지털로 연결된 세상으로 영구적으로 전환되면서 우리가 생활하고, 배우고, 기도하고, 놀고, 일하는 모든 방식이 형성되고 있다. 이 책은 리더들이 공감과 경험을 함께 활용하여 더 나은 사업 성과를 이끌어낼 수 있는 기회에 대해 깊은 통찰력을 제시한다. 내 친구 토니는 항상 소비자 경험에 열정을 쏟아 왔다. 『공감력』은 고객·직원 중심 접근 방식을 통해 현재 상황을 넘어서 획기적인 혁신과 성공으로 우리를 이끌어 준다."

팻 겔싱어, 인텔 CEO

"빠르게 변화하는 디지털 경제에서, 성공적인 기업들은 세계 최고 수준의 완전한 고객 경험을 제공하는 데 집중하고 있다. 나는 고객의 기대를 미리 예측하고 이를 실현하는 공감의 힘에 대해 새로운 관점을 얻을 수 있었다. 고객 경험을 혁신하고자 하는 모든 사람에게 이 책을 추천한다."

샨타누 나라엔, 어도비 이사회 의장·CEO

"진정한 고객 중심을 이루고 싶다면 베이츠와 페토프라는 두 명의 고객 경험 전문가의 손에 자신을 맡겨 보라. 경험을 재무 상태표에 어떻게 담아 내야 하는지에서부터 조직 관리를 어떻게 바꾸어야 하는지에 이르기까지 『공감력』은 조직을 변화시킬 수 있는 체계적이고 계획적인 접근 방식을 제시한다. 이 책을 자주하게 될 것이니 가까이에 두라!"

샤를렌 리, 〈뉴욕 타임즈〉 베스트셀러 『얼티미터, 혼란스러운 사고방식과 창업자』 저자

"고객과 직원을 생각한다면, 전체 조직 구성원들이 『공감력』을 읽도록 권한다. 이 책은 고객·직원 경험에 대한 접근 방식을 다시 생각해 보기 위한 가이드로써 우리가 알고 있는 비즈니스 혁신을 위해 패러다임 전환을 무릅쓸 수 있는 사람들을 위한 잠재력을 가지고 있다."

샌디 카터, AWS WWPS 파트너 및 프로그램 담당 부사장

"10년 이상의 시간 동안 우리는 고객 중심주의와 고객 경험을 이야기해 왔다. COVID-19 팬데믹 기간 동안 우리는 탁월한 고객 경험을 구현하기 위해서 기업의 공감 능력이 얼마나 중요한지 인지하기 시작했다. 그럼에도 불구하고 이를

실천한 기업은 거의 없다. 기업 혁신가인 나탈리 페토프와 제네시스의 CEO인 토니 베이츠는 공감 능력의 중요성을 주목하고 이를 실제로 적용하고 있다. 이들은 기업이 고객의 입장을 이해하고 느끼도록 해 줄 뿐만 아니라 더 나아가 고객의 입장을 실제로 경험하도록 도와준다. 사업에서 공감이 무엇인지를 진정으로 이해하고, 이를 적용하며, 성과를 측정하고자 한다면 이 책을 반드시 읽어야 할 것이다. 고객을 생각하는 마음이 조금이라도 있다면 고객의 입장을 이해하지 못하더라도 우선 이 책을 사서 읽기 시작하라. 왜냐하면, 장담컨대 다 읽고 난 후에는 이 책의 제목처럼 『공감력』으로 살게 될 것을 장담하기 때문이다."

폴 그린버그, 베스트셀러 『빛의 속도로 CRM하라』의 저자

"대부분의 상호 작용이 기술을 통해서 이루어지는 이 시대에 이름도, 얼굴도 없는 너무 많은 기업들이 최소한의 기술 효율성을 확보하기 위해 사람 간의 연결을 제쳐 두고 있다. 고객의 충성도를 확보하는 비밀은 기술이나 효율성이 아니라, 공감할 수 있는 연결을 형성하는 것이다. 『공감력』이라는 이 놀라운 책에서, 토니와 나탈리는 기업을 앞에서 이끌면서 핵심적이고 공감하는 인간적 연결을 재정립하고자 하는 리더를 위한 로드맵을 제시하고 있다. 이는 모든 리더들의 서가에 반드시 갖추어야 할 책이다."

앨런 웨버, IDC.com 고객 경험 전략 프로그램 담당 부사장

"스타트업이든 사내 벤처든 간에 이 책은 고객과 직원에 몰입할 수 있게 해주는 열쇠가 되어 줄 것이다. 저자가 제시하는 4개의 공감 기둥 — 듣고, 이해하고 예측하고, 행동하고, 배우는 — 은 기존 질서를 뒤엎고 혁신을 이끄는 핵심 개념이다. 나의 학생과 고객들에게 이 책을 탐독하기를 권한다."

잰 라이언, 텍사스 대학 교수 겸 창업 및 혁신처 전무 이사이자 캐피털 팩토리의 파트너

"공감은 직원은 물론 고객의 충성도를 제고하고 기업의 성장을 담보하는 도구이다. 『공감력』은 이론과 기업가가 공감을 실천할 때 실제로 고객과 직원들이 보이는 반응 사이의 간극을 좁혀 준다. 저자의 '의견'을 주장하는 다른 많은 책들과는 달리, 이 책은 사실과 철저한 조사, 이미 검증된 사례 및 뛰어난 아이디어에 기초하

여 쓰여져 있어 당신의 회사가 한층 진화하도록 도와줄 것이다. 경험의 사각지대를 모두 없애기에는 아직 갈 길이 멀지만 이 책을 읽는다면 분명 그에 여러 단계 가까이 갈 수 있을 것이다. 조직 내에 공감을 효과적으로 퍼뜨리고 싶은 독자들에게 이 책을 적극 추천한다. 기업이 시장에서 실질적으로 차별화하고 우위를 확보하는데 도와줄 수 있는 실용적인 책이다."

리카르도 살츠 걸코, 유럽 고객 경험 기구 공동 설립자

"나탈리 페토프 박사는 비즈니스와 문화에서 공감이 얼마나 중요한지 분석하고 논의함에 있어 최고의 권위자이다. 페토프 박사는 고객과 직원의 욕구와 니즈, 심리의 이해에 대한 깊은 전문성을 바탕으로 이들에 대한 이해를 더 나은 사업 성과로 연결시킬 수 있는 그녀만의 통찰력을 제시하고 있다. 『공감력』은 고객과 직원, 대중에게 더 나은 서비스를 제공하고자 하는 회사의 리더, 임원은 물론이고 공감의 수준을 심화하고자 하는 '공감 전문가'들이 반드시 읽어야 할 책이다."

데이비드 아르마노, 아르마노 디자인 그룹 설립자이자 〈포브스〉 기고가 및 에델만 전 임원

"기업들은 고객과의 거래 관계를 고객 경험으로 형성하고 정보를 제공하는 유대 관계로 전환할 수 있는 엄청난 기회를 놓치고 있다. 내 모든 연구 결과와 저술에 따르면, 구시대적인 시각에서 고객 서비스에 접근하는 회사가 고객을 진정으로 이해하고 돕고자 하는 기업에 자리를 내 주는 것은 시간 문제일 뿐이다. 이 책은 독자들에게 고객 중심 사업 모델을 채택해야 할 이유와 피해야 할 예기치 못한 사각지대를 제시하고 있다."

아드리안 스윈스코, 베스트셀러 작가 및 〈포브스〉 기고가

산업의 변화 둘러보기:

기술의 발달과 함께 높아지는 세상의 공감 수준

토니의 여정

내 인생에서 가장 중요한 멘토는 나의 어머니와 아내이다. 어머니인 밸의 '슈퍼파워'는 무조건적인 사랑이며, 어머니가 내게 주신 가장 소중한 삶의 교훈은 "다른 사람의 입장이 되어 보지 않고서는 절대로 그 사람을 판단하지 말라."는 것이었다. 아내인 코리의 '슈퍼파워'는 끊임없이 다른 사람에게 손을 내밀고 돕는 힘이다. 코리는 완벽한 '기버 (Giver)*로서, 다른 기버들이 그렇듯 공감 능력이 뛰어나며 대개 다른 사람의 필요를 자기 자신보다 우선시한다.

CEO로서의 나는 이 여성들이 보여준 깊은 지혜와 열린 마음으로 삶을 대하는 자세에 많은 영향을 받았다. 가만히 멈춰 우리를 둘러 싼 큰 그림을 보고 있노라면 이 세상에는 공감이 절실히 필요하다는 사실을 볼 수 있다. 공감은 더 나은 일과 삶, 사회를 만들어 가는 데 강력한 힘을 발휘한다. 공감은 단순한 친절함이 아니라 훨씬 더 깊은 의미

---

*   Giver는 자신이 받은 것과 상관 없이 최대한 많이 주고 싶어하는 사람의 유형을 나타내며, 우리나라에서도 원어 발음 그대로 '기버'라고 쓰이고 있어 이를 그대로 표기함 - 역자 주

를 담고 있는 단어이다. 공감은 본질적으로는 존중에서 출발한다.

공감은 의식적인 행동이다. 이는 한 개인의 삶과 경험의 맥락을 이해하고 그에 따라 상대방을 대하겠다는 약속이다. 공감이 있는 상호작용을 하고 나면 공감을 받은 사람은 상대가 자신을 경청하고, 이해했으며, 존중해 주었다고 느끼게 된다. 하지만 지금의 기업 환경에서는 공감을 찾아볼 수가 없다.

살아오며 일하는 동안, 나는 기술을 통해 일상생활에서 공감 수준을 높일 수 있다는 생각에 골몰해 왔다. 이 단순한 개념에서 많은 아이디어가 샘솟았고, 질문이 꼬리에 꼬리를 물고 이어졌다. 리더와 기업가로서 수십 년을 일한 뒤 나는 이 책을 쓰게 된 영감을 이끌어 낸 한 가지 질문에 맞닥뜨리게 되었다. 즉, 사람들이 신제품이나 서비스를 출시할 때 공감을 기능이나 효율성, 수익성만큼 중요한 요소라고 생각하면 어떤 일이 일어날까?

나는 공감이 기술의 차세대 영역이라고 믿고 있다. 이 책의 공동 저자인 나탈리와 나는 이 책을 통해 기술이 어떻게 사람들이 서로 공감하게 하고, 세계의 공감 수준을 높일 수 있는지에 대해 업계 전반에 걸쳐 폭넓은 대화를 이끌어낼 수 있기를 바란다. 이러한 변화는 기업의 오너들과 산업 리더들의 정책과 전략에서 시작되겠지만, 앞으로 살펴볼 것처럼 가장 중요한 것은 고객과 직원의 필요이다.

나는 지난 30년 이상의 시간 동안 놀라운 기술 발전을 직접 목격해 왔다. 우리의 현 시대는 무한한 상상력을 바탕으로 만들어졌다. 알베르트 아인슈타인이 말한 것처럼 "상상력이 전부다. 그것은 인생에 다가올 멋진 일의 예고편과 같다." 기술에 대한 나의 경험도 이와 같았다. 간단히 말해서 기술이란 인류의 집단적인 상상력이 형체를 갖추는 방법이다.

내 커리어는 미국 국방부가 여러 대의 컴퓨터를 묶어 서로 연결하여 오늘날 인터넷의 초기 모델을 운영하기 시작한 1980년대 중반에 시작되었다. 이 네트워크는 아르파넷(ARPANET, Advanced Research Projects Agency Network)이라고 불렸다.

아르파넷은 UC 버클리, 스탠포드, MIT 등 미국 전역에 있는 수십 개 대학의 컴퓨터를 연결하면서 확장되었다. 첫 직장인 런던대학교 컴퓨터 센터(ULCC, University of London Computer Center)에서 네트워크 운영자로 일하기 시작하면서 나는 불가능한 일을 꿈꾸었다. 대서양 건너 유럽의 대학까지 아르파넷 게이트웨이를 통해 연결될 수 있다면 어떨까? 유니버시티 칼리지 런던(University College London)의 피터 커스타인이 개발한 아르파넷 게이트웨이를 실행하면서 우리는 그 상상을 현실로 이루었다.

이후 우리는 영국에서 미국을 잇는 512K의 소규모 접속을 통해 NASA(미국항공우주국)와 NSF(미국국립과학재단) 네트워크를 연결했다. 우리는 농담 삼아 이를 '굵은 파이프 프로젝트'라고 불렸다. 마침내 우리는 영국의 자체 네트워크 기준을 공통 표준으로 전환하면서 전송 제어 프로토콜/인터넷 프로토콜(Transmission Control Protocol/Internet Protocol)을 사용하여 컴퓨터들을 연결하여 오늘날 우리가 알고 있는 인터넷을 사용할 수 있게 되었다.

1994년 MCI에서 일하기 위해 북부 버지니아로 이사하기 전까지 나는 세계 최대의 인터넷 네트워크 구축을 담당하고 있었다. 월드 와이드 웹과 브라우저가 막 발명되어 정보에 접속하고 통신하는 새로운 방법을 제시하던 시점이었다.

초창기의 경험에는 많은 의미가 있었다. 이들은 오늘날 우리가 사용하는 편재적 글로벌 인터넷*의 기초를 형성하고 있으며 또한, 기술에 대한 열정과 그 당시 생각의 한계를 초월하여 놀랍고 새로운 현실을 상상하는 방법을 가르쳐 준 탁월한 멘토들에 의해 형성된 내 커리어의 청사진을 제시했다.

커리어 초기에 나의 멘토는 런던대학교 컴퓨터 센터의 존 세이무어와 유니버시티 칼리지 런던의 고(故) 피터 커스타인이었다. 그래미 프레이저는 나에게 넓게 사고하는 방법을 가르쳐 주었고, 마이크 볼피는 커뮤니케이션의 힘을 알려 주었다. 존 챔버스는 비전을, 존 도나호는 사명과 목적을, 랜디 폰드는 겸손에 대해 가르쳐 주었다. 스티브 발머는 데이터의 규모와 힘을 보여주었다. 그리고 피에르 라몬드는 경험이 중요하며 기본에 충실해야 한다고 가르쳐주었다.

인터넷 산업이 초호황이었던 기간 동안 나는 14년 이상의 긴 시간을 시스코에서 보냈다. 시스코의 비전은 '사람들이 일하고, 살아가고, 놀고, 배우는 방법을 변화시킨다'는 것이었고 시스코는 세상을 바로 그렇게 바꾸었다.[01] 1996년 내가 시스코에 처음으로 입사했을 때, 뉴욕 인구수에 필적하는 미국 성인 2,000만 명이 인터넷에 접속할 수 있었다.[02] 2010년 내가 시스코를 떠나는 시점에서는, 전 세계 인터넷 사용자 수는 20억 명[03], 웹사이트의 수는 2억 5,500만 개로 늘어났다.[04]

그로부터 얼마 지나지 않은 오늘날의 인터넷 활성 사용자 수는 46억 6,000만 명으로, 이는 전 세계 인구의 60%에 해당한다.[05] 변화의 속

---

* 한국지능정보사회진흥원에서는 ubiquitous internet을 편재적 인터넷 즉, 어디에서나 접속 가능한 인터넷으로 정의하고 있음 - 역자 주

도는 우리가 상상했던 것 이상으로 빨라지고 있다.

시스코에서 일하는 기간 동안, 나는 사이언티픽 애틀랜타 통합도 진행했다. 50년의 업력을 보유한 이 회사는 가정용 디지털 셋톱 박스를 공급하고 있었으며, 이는 시스코의 역사상 가장 중요한 M&A 중 하나였다. 나는 생방송 스트리밍을 지원하기 위해 엄청나게 복잡한 시스템 통합과 조율 작업이 필요하다는 사실을 알게 되었으며 미래를 상상하기 위해서는 오늘날 안주하고 있는 현실 너머를 보아야 한다는 점도 배웠다. 인터넷 동영상(video-over-the-internet) 서비스 시장이 그간 잘 돌아가고 있었던 시장, 즉 텔레콤 서비스 제공업체에 인터넷 라우터를 제조하여 판매하는 기존 사업의 질서를 무너뜨리고 있었던 것이다.

이 무렵, 나의 관심사는 서비스 제공 업체와 기업을 위한 하드웨어 라우팅 사업에서 소비자의 가정을 위한 인터넷 동영상 서비스로 바뀌게 되었다. 나는 유튜브의 이사회에 소속되어 있었고, 그간 매우 분명하게 구분되어 있었던 공급자와 소비자 간의 경계가 모호해지고 있다는 사실을 볼 수 있었다. 나는 동영상 플랫폼(video-as-a-platform)을 사람들의 표현 수단으로 보았고 여기에서 처음으로 기술을 통해 개인적인 경험과 시간들이 연결될 수 있다는 가능성을 보았다.

동영상에 대한 관심과 고객 경험 때문에 나는 2010년 스카이프에 경영진으로 합류하기로 했다. 나는 스카이프에서 가상의 마을 광장과 모임 장소를 만들겠다는 비전을 세웠다. 나는 스카이프의 제품을 사랑했고 소비자 브랜드에 매혹되었다. 탁월한 고객 경험에 대한 이야기는 회사 자체보다 훨씬 강력한 힘을 가지고 있다. 스카이프는 개인 및 업무용 온라인 화상 회의의 새로운 현실을 열었다.

종종 예측하지 못한 글로벌 시장 상황이 눈 깜짝할 사이에 비즈니스를 변화시키기도 한다. 전 세계적인 COVID-19 팬데믹 상황에서 스카이프나 줌, 마이크로소프트 팀즈와 같은 프로그램이 없었다면 직장이나 가족, 전체 공동체는 어떻게 되었을까? 이 도구들은 우리의 '뉴노멀*'이 되었다.

하지만 실패 또한 교훈을 주었다. 2000년대 초반 스카이프는 성공을 거뒀지만 한 가지 큰 실수를 저질렀다. 바로 모바일에 느리게 대응했다는 점이다. 2010년 전 세계적으로 판매된 휴대폰 수는 약 3억 대였다.[06] 2012년에는 그 수가 두 배 이상 증가하여 6억 8,000만 대에 달했다.[07]

이후 액션 카메라, 모바일 앱, 비디오 편집 소프트웨어로 유명한 제조업체인 고프로의 사장으로 있을 때 한 번의 기회를 더 놓치기도 했다. 당장의 성공은 짜릿했지만(고프로의 기업 가치는 2014년 13억 4,000만 달러에서 1년 후에는 16억 달러로 성장 가도를 달리고 있었다.) 제품을 생산하는 회사에서 플랫폼 기업으로 진화한다는 더 큰 그림을 보지 못했던 것이다.[08] 장기적으로 고프로는 큰 대가를 치르게 되었다.

이러한 실수에서 우리는 중요한 교훈을 얻을 수 있으며 이 책에서 자세히 논의할 주제인 사각지대의 위험을 확실히 볼 수 있다.

나는 현재 제네시스의 회장 겸 CEO로 재직 중이다. 2019년 5월 입사 당시 제네시스는 내가 생각하는 모든 조건을 만족하고 있었다. 이 회사는 훌륭한 고객 기반을 확보한 글로벌 기업으로서, 15억 달러에 달하는 매출과 5,000명의 직원 또한 완벽한 규모였다. 새로운 비전을

---

* 시대 변화에 따라 새롭게 떠오르는 기준 – 역자 주

도입하고, 변화를 만들고, 영향을 미칠 수 있을 정도로(심지어 기업을 두 배 확장할 수도 있는) 규모가 작으면서 규모의 경제를 실현하기에 필요한 기업 리더십을 도입할 수 있을 만큼 충분히 크기도 했다. 또한 클라우드로 빠르게 전환되는 환경에서 구축형(On-premise)* 고객 센터 솔루션을 제공하는 시장 선도 업체로 변모하기에도 성숙한 기업이었다. 제네시스는 시대의 사고를 초월하고 경쟁자보다 앞서 혁신하는 방법에 대해 내가 이제까지 배워 온 모든 것들을 적용할 수 있는 일생일대의 기회였다.

이 두 가지를 달성하기 위한 핵심은 내가 평생 동안 형성하고 목격해 왔던 개념이었다. 우리와 수많은 사람들이 필요로 하는 혁신이 바로 '공감'이었다.

이는 나를 혁신적인 새로운 미래로 이끌어 줄 진정한 깨달음이었으며, 이것이 바로 내가 이 책을 쓰기로 한 이유이다.

5,000명의 성인을 대상으로 한 최근의 글로벌 연구에 따르면 고객 서비스는 과거에 비해 효율적으로 이루어지고 있는 것처럼 보이지만 이에 참여하는 사람들은 개인화되지 않은 경험을 하고 있다는 결과가 도출되었다.[09] 응답자의 대다수인 71%는 고객 서비스가 맞춤형으로 이루어지고 있다고 응답했지만, 거의 절반에 가까운 48%의 사람들은 고객 서비스를 경험하는 과정에서 전혀 공감을 받지 못했다고 응답했다.[10]

더 나으면서, 공감하는 사회란 어떤 모습일까? 사람들이 고객 서비스 상호 작용 전반에 걸쳐 진정으로 공감 받고 있다고 느끼게 된다면

---

* 기업이 서버를 클라우드 환경이 아닌 자체 설비로 보유하고 운영하는 형태를 의미함 – 역자 주

우리의 산업은 어떻게 발전하게 될까? 제네시스에서 새로운 여정을 시작하고 핵심 전략으로써 공감에 초점을 맞추게 되면서, 나는 선도적 사상가이자 뛰어난 연구자이며, 고객 경험 분야 저서를 출간한 작가인 나탈리 페토프 박사를 알게 되었다. 완벽한 타이밍이었다. 페토프 박사는 내 마음 속에 떠오른 것과 같은 질문에 흥미를 느끼고 있었다.

나는 당신이 그 질문의 종착점이 어디인지를 알 수 있을 거라고 생각한다. 지금 그 질문에 대한 답을 읽고 있기 때문이다. 우리가 함께하는 여정이 끝나는 시점에서는, 당신도 자기 스스로와 자신의 사업에 대한 완전히 새로운 질문에 답할 준비가 되기를 바란다.

나탈리의 여정

토니처럼 나에게도 우리 가족의 심장이자 중심이었던 어머니가 있었다. 어머니와 있으면 모든 것이 특별하게 느껴졌고 그녀가 우리를 얼마나 사랑하는지 알 수 있었다.

열정적인 교사인 어머니를 보면서 나는 많은 것을 배웠다. 어머니는 다른 사람들을 열성적으로 가르쳤고, 삶의 기준을 한층 끌어올려 주었다. 무조건적인 사랑과 가르침 속에서, 나는 다른 사람들의 삶을 변화시킬 수 있고 무엇이든 가능하다는 사실을 진정으로 믿으며 성장했다.

인간의 믿음이 가지는 힘에 바치는 무한한 신뢰의 찬사로써 나는 엘리너 루즈벨트의 유명한 격언을 지갑에 가지고 다닌다. 1957년 7월 4일, 루즈벨트 영부인은 이렇게 말했다. "미래는 자신의 꿈이 아름답다고 믿는 사람들의 것이다."

어머니는 아름다운 꿈을 꾸었고 나도 그와 같이 아름다운 꿈을 꾸도록 이끌어 주셨다.

우리 가족은 내가 14살 때 어머니를 여의었다. 나는 어머니의 정신을 이어받아 세 동생을 키웠고, 이들은 훌륭히 성장하여 자신만의 성취를 통해 세상을 더 나은 곳으로 만드는 어른이 되었다.

헌신적인 교사의 딸로 자라났기에, 나는 훌륭한 교육이 무엇보다 중요하다고 생각해 왔다. 미시간대학교에서 학위를 마친 뒤, 나는 제너럴 모터스에서 장학금을 받아 UCLA에서 신소재공학 박사 과정에 진학했다. 내가 살아가고 있는 세계의 복잡한 작동에 대해 공부하면서 나의 세계관은 통째로 바뀌었다.

박사 학위 논문 주제로 고에너지 입자 물리학을 선택한 것은 비판적 사고를 위한 내 노력의 일환이었다. 나는 사물이 왜 현재 상태를 유지하고 있는지 의문을 가지고 더 나은 길이 있는지 탐구하도록 교육받아 왔다. 논문을 작성하면서 나는 우주를 비행하는 데 사용되는 재료를 연구했다.

더 깊은 차원을 보면, 나는 표면적인 학위 과정뿐만 아니라 근본적인 원인을 살펴보고 새로운 방식으로 문제를 해결하는 방법을 배우고 있었다.

드라마틱한 발사 과정이나 행성 사이를 유영하는 우주 비행사의 이미지는 멋지지만 사실 우주 비행은 여정에서 가장 위험한 과정 중 하나이다. 과거 오랫동안 우주선에 사용된 여러 재료들은 지구 대기에 재진입할 때 발생하는 고온에 너무 취약했다. 외피를 감싼 소재들이 고온 고압 환경에서 종종 금이 가거나 벗겨지면서 노출된 선체가 화재의 위험에 처하게 되었다.

연구를 진행하면서 나는 우주 비행사와 승무원들이 안전하게 지구로 귀환할 수 있도록 우주선에 사용되는 소재 변환 기술과 새로운 소재 결합 방법을 실험했다. 물리적으로는 고에너지 입자 가속기와 같은 최첨단 기술을 사용하여 분자를 원자 단위로 재배열하면서 소재를 재창조했다. 강력한 기계를 사용하여 소재를 새로운 방식으로 변형하면 우주선의 합금 표면은 극한의 온도에서도 견디는 한편 유연성을 유지하여 지구 대기에 재돌입할 때의 압력을 이길 수 있게 되기 때문에 우주 비행사들은 무사히 집으로 돌아올 수 있게 되었다.

이러한 경험을 바탕으로 세상을 바라보는 나의 관점은 완전히 바뀌었다.

직업 세계에서 나만의 '비행'을 떠나면서 나는 이와 유사한 비판적 사고 기술을 사용하여 해결해야 할 당면 과제를 재창조했다. 제너럴 모터스나 제너럴 일렉트릭 등 업계 선도 업체를 포함한 거대 기업들이 직면하고 있는 문제였다.

나는 문제를 있는 그대로 바라보며 몇 번이고 "이게 논리에 맞는가?" "이 목표를 달성할 수 있는 더 좋은 방법이 있는가?" 하는 질문을 던졌다.

사실 이런 질문을 하기가 쉽지 않을 수 있다. 많은 사람들은 행간의 의미를 읽는 것은 고사하고 아무런 고민 없이 그저 하라는 대로 일을 처리한다. 튀지 않는 것이 늘 더 쉬운 길이기 때문이다. 나는 사람들이 고객, 직원 또는 회사 전체에 아무런 이익이 되지 않는데도 이런 식으로 일을 처리하는 광경을 수없이 목격해 왔다.

GM이 자동차와 트럭 차체의 부식을 방지하기 위해 양면 아연 도금

강판을 계속 사용해야 하는지 여부를 판단해 달라고 요청했을 때 나는 고객 경험에서 비판적 사고 기술을 처음으로 도입해 보기로 했다. 이는 금속을 초고온 처리한 아연으로 도금하여 금속이 부식되지 않도록 보호하는 화학적 '보호막'을 형성하는 공정인데, 재무 부서는 비용 절감 전략을 검토하고 있었다. 엔지니어인 우리들은 자동차 측면에 큰 구멍이 나는 경우 부식 방지 공정을 줄이면 브랜드가 손상될 수도 있다는 사실을 우려했다. 부식 테스트 결과 양면 아연 도금을 하지 않으면 자동차 문이 녹스는 현상이 심해진다는 사실이 밝혀지자 나는 경영진에게 어떤 결정을 내릴 것인지 물어보았다. 나는 내심 이들이 나와 같은 결론, 즉 비용 부담을 감수하고서라도 장기적으로 제품의 질을 유지하기 위해 필요한 양면 도금 강판을 사용하겠다고 결정할 것이라고 생각했다.

그러나 GM의 경영진은 나의 조언과는 달리 양면 아연 도금 대신 단면 아연 도금을 선택하겠다고 대답했다. 나였다면 더 나은 제품을 생산하여 소비자들에게 더 나은 경험을 제공하는 쪽이 당연한 선택지였을 텐데 말이다.

그래서 경영진들에게 "우리 제품에 대한 고객 경험이 걱정되지 않으세요?"라고 물었다. 그들이 뭐라고 대답했을지 짐작이 가는가? "당신은 엔지니어이지 마케터가 아닙니다. 고객의 생각에 왜 그렇게 신경을 쓰는 겁니까?" 불행히도, 다른 사람들이 고객의 관점에서 상황을 볼 수 있도록 기업 문화의 패러다임을 바꾸어야 하는 사례는 이뿐만이 아닐 것이다.

휴즈 일렉트로닉스에서 일할 때, 나는 우리 회사의 고객인 파일럿들이 운항을 할 때 유도해 주는 레이더 시스템을 개발하는 한편 직원들을 위한 내부 프로그램을 이끌었다. 나는 마케팅, 영업, 설계, 재무 등 다양한 부서의 사람들을 한데 모아 제품을 개발하는 통합 팀을 처음으로 꾸렸다. 이처럼 다각도에서 접근을 하게 되자, 휴즈 일렉트로닉스는 적시에 예산 범위 내에서 고객 중심 제품 개발력을 제고할 수 있게 되었다. 또한 나는 자기 계발 프로그램을 도입하여 직원들이 개인적인 목표와 커리어 목표 사이에서 시너지를 낼 수 있도록 했다. '내가 얻을 수 있는 것(WIIF, What's In It for Me?)'에 초점을 맞춘 별도의 자기 계발 프로세스를 만들어 직원들의 열정과 배우고 성장하고자 하는 욕구를 파악했고 그 결과 생산성과 작업 품질이 30% 향상되었다.

경영 컨설턴트로 성장해 나가면서, 나는 새로운 전략과 최신 기술의 구현을 통해 고객과 직원 경험 변화를 주도했다. 조직의 변화 관리는 기술 혁신 프로젝트에서 가장 중요한 측면으로 떠오르게 되었다. 적절하게 관리되지 않는 경우, 인력 위주의 대규모 변화 프로젝트에 익숙해져 있던 직원들의 마음과 정신은 70%의 부적응을 보였다.[11] 반면 기술 혁신을 통한 조직 변화 관리가 이루어진 경우, 기존의 틀에 갇혀 변화하기를 거부하는 기업에 비해 한 발 앞서 도약할 수 있었다.

포레스터에서 고객 경험에 대한 산업 애널리스트로 일하면서 나는 고객사인 브랜드들에게 고객과 직원 경험의 최신 동향에 대해 조언하는 한편, 세일즈포스, 오라클, 마이크로소프트, SAP 등 관련 기술을 공급하는 업체들의 기술 역량을 분석했다.

디지털 기술 혁명이 도래하는 시점에 웨버 샌드윅에서 글로벌 디지털 전략가로 일할 때에는 브랜드 평판이 가지는 가치가 얼마나 중요하며, 또한 그것이 조직의 재무 건전성에 얼마나 중요한 영향을 미치는지를 배웠다. 고객들이 좋은 쪽이든 나쁜 쪽이든 잔인할 정도로 정직한 온라인 리뷰를 정기적으로 올리면서 기업의 이익이 영향을 받고 고객의 영향력은 점점 더 커지는 과정을 보았다.

SaaS[*] (서비스로써의 소프트웨어, Software-as-a-Service) 사업 모델의 선도 업체 중 하나인 세일즈포스에서 일할 때에는 기술 회사가 고객과 직원들이 기대하는 경험을 제공하기 위해 사용하는 툴을 개발하고 한층 깊은 통찰력을 제공했다.

이러한 경험을 통해 기업들이 자기 자신의 방식이 아닌 고객과 직원의 관점에서 기본 전략과 기술을 재정립해야 한다는 나의 생각은 더욱 확고해졌다. 제네시스에 합류하기로 한 내 결정 또한 현재의 고객·직원 경험을 바꾸기 위해 노력하는 회사와 함께 일하고 싶다는 개인적인 목표에서 비롯된 것이다. 나와 동료들은 고객·직원 중심 경영이 기업의 고객과 직원뿐만 아니라 회사 전체에도 더 나은 영향을 미친다는 메시지를 전달하고 있다.

고객 중심주의적인 관점 덕분에 나는 〈포브스〉에서 '세계에서 가장 영향력 있는 100명의 여성'이나 '최고의 고객 경험 전문가 50인'에 선정되는 등 업계와 미디어에서 수차례 수상하는 영광을 누렸다.

이러한 점을 감안하면 한 가지 의문에 봉착하게 된다. 왜 아직도 많은 조직들이 경험 우선 모델을 채택하지 않고 있는 것일까? 그 이유는 부분적으로는 재무적인 이유 때문일 것이고, 또 부분적으로는 인류 역사를 통틀어 처음으로 이제서야 경험 우선 전략을 실행할 수 있는 기술을 갖추게 되었기 때문이다.

---

[*] 별도로 복잡한 환경을 구축하거나 프로그램을 설치하지 않고도 클라우드 인프라를 이용하여 웹 브라우저를 통해 소프트웨어를 사용할 수 있는 서비스. 서비스 제공 업체가 클라우드 애플리케이션 소프트웨어의 개발 및 유지, 자동 업데이트, 오류 개선 등을 모두 제공함. 네이버 클라우드, 드롭 박스 등이 대표적인 예임 - 역자 주

그리고 기술 자체만이 아니라, 사람들이 기술과 상호 교감할 수 있는 방법을 찾아야만 개인과 조직에 더 나은 결과를 얻을 수 있게 된다. 내가 배운 한 가지 사실은, 기술이란 순전히 우리가 무엇을 중요하다고 생각하는지를 표현하는 매개체 이상도 이하도 아니라는 점이다. 즉, 우리는 공감과 기술이 성공을 위한 하나의 통일된 힘이 될 수 있는 시대에 살고 있다.

이러한 전제에서 출발한다면 당신은 완전히 새로운 세계에 첫발을 내딛게 될 것이다. 그리고 이러한 변화를 촉진하는 기술에 대한 경험과 열정을 바탕으로 토니와 나는 이 책에서 당신을 가장 먼저 맞이할 수 있기를 바란다.

우리의 여정

앞서 기술한 경험을 통해 나탈리와 나는 비전과 목적을 함께 하고 있다는 사실을 발견하고 이 책을 쓰게 되었다. 우리는 고객·직원 경험에 대한 산업에 종사하는 사람들이 공감을 무엇보다 우선시하도록 촉구하려고 한다.

1년이 넘는 시간 동안 우리는 한 챕터씩 함께 써 나갔다. 놀라운 발상을 해 내고, 우리의 아이디어를 하나로 합치는 페토프 박사의 재능 덕분에 우리가 공유하는 철학은 산업에 종사하는 사람이라면 누구라도 이해할 수 있는 언어를 통해 하나의 체계로 탄생했다.

경험의 변화를 연구하면서 과거에는 비용 절감을 우선시하는 기업 중심의 효율성과 효과성 공식을 바탕으로 경험을 측정했다는 사실을 알게 되었다. 이 공식은 다음과 같다.

기업 중심적 경험 핵심 = 비용 절감　= **효율성 + 효과성**

　　나탈리와 나는 공감 실천 공식(Empathy in Action Equation)을 정리하면서 진정한 깨달음을 얻게 되었다. 한 기업이 고객과 직원의 시각에서 경험을 바라볼 때 (공감의 정의가 다른 사람의 입장에 서 보는 것이라는 점을 상기해 보라) 측정 방법부터 시작하여 경험의 모든 것이 완전히 달라진다는 점이다. 효율성과 효과성은 비용 절감 대신 고객과 직원의 충성도를 창출하는 수단이 되고, 공감은 이를 기하급수적으로 증폭시켜 주는 전력 승수이다.

고객·직원 중심 경험 핵심 = 충성도　= $(효율성 \times 효과성)^{공감}$
　　　　　　　　　　　　　　　　　　　공감 실천 공식™

　　낡은 방식은 퇴출되고 있다. 공감을 원동력으로 활용하지 않고 단기적이고 기업 중심적인 효율성과 효과성에만 초점을 맞춘 기존의 지표에 따라 시간과 자원을 투입하는 조직은 새롭고 믿을 수 없을 정도로 상호 연결된 이 시대에서 생존하지 못할 것이다.

　　모든 산업에 걸쳐서 공감은 신뢰를 얻을 수 있는 절대적인 열쇠가 될 것이며 신뢰는 충성으로 이어진다. 고객의 충성도를 얻는 진정한 로열티 리더는 사람들이 누구이며, 또 이들이 속한 조직이 무엇을 하는지를 중심에 두는 패러다임을 채택할 것이다.

　　좋은 소식은 당신 혼자서 이 변화를 이끌어갈 필요가 없다는 사실이다. 오늘날의 기술은 AI와 같은 도구를 사용하여 회사 및 타사 데이터를 전체적인 구성으로 맥락화할 수 있을 정도로 성숙해졌다. 즉 어떤 부분에서 상호 작용이 발생하더라도, 일관적으로 고객과 직원이 공감할 수 있는 경험을 제공할 수 있게 된 것이다.

이제는 우리가 일하는 방식을 혁신해야 할 때이다. 앞으로는 공감을 중심으로 일하는 미래가 올 것이다. 이 책의 저자로서 우리는 누군가가 우리가 하는 일, 실행하는 전략, 중요하게 생각하는 우선순위가 무엇인지를 알려줄 미래를 그려 본다. 우리는 올바른 질문을 하고, 한 기업의 성패가 직원들과 이들이 서비스하는 고객들의 살아 있는 경험에 달려 있고, 구분되지 않을 정도로 연결된 이 세상이 어떤 가능성을 품고 있는지 탐구할 준비가 되어 있다.

이전과는 전혀 다른 방식으로 연결된 세상에서는 편협했던 과거의 초점으로 돌아갈 수 없다. 공감의 시대는 이미 도래했고, 우리가 이전에는 몰랐던 문이 열리고 있다. 이제 남아 있는 단 한 가지 질문은 이것이다. "당신과 당신의 기업은 다가오는 변화를 수용하고 이끌어 갈 준비가 되어 있는가?"

당신이 이 책을 모두 읽게 될 즈음에는 크고 자신 있게 "그렇다"라고 대답하며 우리와 이 대화를 함께 할 수 있게 되기를 바란다.

"같은 일을 반복하면서 다른 결과를 기대하는 것,
그것을 우리는 비정상이라고 부른다."

알베르트 아인슈타인

기술

진화, 경험 그리고 공감

공감 비즈니스: 사람을 가장 먼저 생각한다는 것

여러 해 동안 톰 피터스, 돈 페퍼스, 마사 로저스, 피터 드러커, 조 파인, 제임스 길모어, 프레드 라이켈트, 에이미 C. 에드먼슨, 사이먼 사이넥을 비롯하여 최고의 전문가들은 고객 경험(CX, Customer Experience)과 직원 경험(EX, Employee Experience)의 중요성을 강조해 왔다. 그 이유를 짐작하기란 어렵지 않지만, 조직들이 전문가의 조언을 얼마나 새겨 듣고 있는 것일까?

많은 기업은 스스로 훌륭한 고객·직원 경험을 제공하고 있다고 생각하지만 대부분의 고객이나 직원은 이에 동의하지 않을 것이다.[01] 한 연구 결과를 보면 인식의 차이가 왜 이렇게 자주 발생하는지를 알 수 있다 ─ 71%의 기업이 고객 경험을 전략적 평가 척도 중 가장 중요하게 여긴다고 답변했지만, 자사의 고객 경험 점수를 10점 만점에 9점 이상으로 평가한 기업은 그 중 13%뿐이었다.[02]

대부분의 기업은 여전히 비즈니스 중심 목표에 집중하면 시장을 선도할 수 있고, 그러면 엄청난 성장을 구가할 수 있다는 낡은 생각을 바탕으로 운영되고 있다. 이런 낡은 사고방식에 따르면 사람들이 창출하는 수익이 이들의 경험 자체보다 훨씬 중요하게 여겨진다.

많은 기업들이 여전히 고객·직원 중심으로 전환되지 않았지만, 사업의 성공은 고객에게서 나오는 수익에 달려 있으며, 이 수익은 물론 고객을 만족시키기 위해 일하는 직원에게서 창출된다. 우리는 이러한 전제 하에서 기업의 목표를 비즈니스 중심(Business-centric, B 중심)에서 고객·직원 중심(Customer·Employee-centric, C&E 중심)으로 전환하면 기업의 성공에 어떤 영향이 발생하는지를 연구했다. 다른 많은 전문가들과 같이 우리는 고객과 직원을 대하는 방식이 기업의 전체적인 성공에 영향을 미친다고 생각한다. 연구는 그 효과가 실제로 얼마나 중요한 변수인지를 보여 주었다.

표적 연구 결과에 따르면 고객·직원 중심주의를 구현한 기업들은 고객 충성도가 92% 제고되었으며, 매출은 84% 증가했고, 비용은 79%가 절감된 것으로 나타났다.[03]

수치만 보더라도 자명한 결과이다. 그렇다면 기업은 어디에서 실책을 범하고 있는 것일까? 그리고 고객·직원 경험이 이토록 중요하다면, 왜 아직도 이에 기반하여 경영 결정을 내리고 있지 않는 것일까?

우리는 이러한 의문을 시간을 들여 살펴보았으며, 그에 대한 연구 결과들은 다음 장에서 공유하려고 한다. 이 질문에 대한 해답들은 왜 공감을 실제로 구현하는 것이 그토록 어려운지를 보여주는 퍼즐의 빠진 조각이기도 하다. 또한 더 많은 수익을 창출하는 동시에 더 긍정적인 고객·직원 경험을 지속적으로 창출할 수 있는 혁신적이고 공감적인 경영 방식을 모색할 것이다.

몇 가지 용어에 대한 기본 정의부터 시작해 보자.

공감이란 무엇인가?

'공감'이란 단어는 여러 각도에서 해석할 수 있다. 많은 사람들이 공감(empathy)을 동정(sympathy)과 혼동한다. 두 단어는 어느 정도 관련이 있는 개념이기는 하지만, 전혀 다른 의미를 가지고 있다. 동정은 자신의 관점에 기초한 이해를 뜻한다. 예를 들어 어려운 상황에 처한 사람을 보았을 때 느껴지는 동정심이나 연민의 감정이 동정에 속한다.

공감은 다른 사람의 입장이 되어 이들이 왜 그런 식으로 느끼는지 이해하는 것이다. 공감은 자신이 아닌 상대방의 관점을 기반으로 하여, 그 사람을 돕기 위한 행동을 하는 것이다.

『감성 지능』[04]의 저자인 대니얼 골먼은 공감을 세 가지로 정의했다.

- 인지적 공감: 다른 사람의 관점을 이해하는 능력
- 정서적 공감: 다른 사람이 느끼는 것을 물리적으로 느끼는 능력
- 공감적 관심: 다른 사람들이 자신에게서 필요로 하는 것을 감지하는 능력

명확하게 말해두고 싶은 것은 이 책에서는 "당신 마음을 다 알아요"라는 식의 공감이 아니라, 골먼이 정의한 세가지 공감을 바탕으로 사업적 관점에서 공감이 무엇인지를 정의하려는 것이다. 이에 따르면 공감이란

> 회사가 고객과 직원의 입장이 되어 의사 결정을 내리고 기업을 경영하는 방식을 재정립함으로써 놀라운 고객·직원 중심 경험을 창출하는 행위이다.

그 전제는 기업이 진정으로 성장하고 업계를 혁신하고자 한다면 자신의 비즈니스 방식을 살펴보고 공감적인 관점에 중점을 두어야 한다는 것이다.(그림 1.1) 우리는 비즈니스 중심 패러다임에서 고객·직원 중심 패러다임으로 접근 방식을 전환하게 되면 직원의 역할, 프로세스, 전략, 재무, 리더십이 어떻게 달라지는지 그리고 탁월한 고객·직원 경험을 제공하기 위해 어떻게 기하급수적 기술을 활용해야 하는지 살펴보려고 한다. 기하급수적 기술이란 무엇인가? 이는 이전에 경험한 다른 유형의 기술과 달리 혁신적인 기능을 바탕으로 변화의 속도를 가속화하는 기술이다.

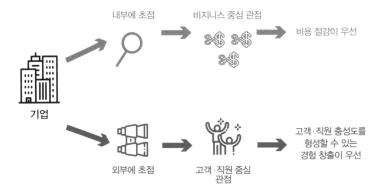

그림 1.1 기업의 관점에 따라 달라지는 우선순위

역사상 처음으로 우리는 고객, 직원, 기업의 기준을 충족할 수 있는 기술적인 티핑 포인트*에 놓여 있다. 고(故) 클레이턴 크리스텐슨 교수의 '할 일 이론(jobs-to-be-done theory)'05**을 활용하여, 우리는 기하급수적 기술이 구현될 때 기업이 효율성 및 효과성과 같은 비즈니스 중심 목표의 의미를 재정의하고, 이를 통해 제공하는 경험을 혁신하며, 고객·직원 중심 경험이 기업의 재무 성과 향상으로 이어질 수 있다는 점을 알아냈다.

우리는 고객·직원 중심의 비즈니스 모델을 만드는 프로세스를 공감 실천 수레바퀴™(Empathy in Action Flywheel™)이라고 부르기로 했다. 이 책의 뒷부분에서는 이 프로세스의 필수 요소, 특히 고객·직원 중심 비즈니스 전략(2장, 3장), 공감 리더십(9장, 10장), 신뢰 기반 조직 모델 및 문

---

* 　토머스 셸링이 사용한 개념으로 어떠한 현상이 서서히 진행되다가 작은 요인을 계기로 한순간에 큰 변화가 일어나는 결정적 전환점을 뜻함 – 역자 주

** 　고객이 제품이나 서비스를 구매할 때 진정으로 해결하고자 하는 일이 무엇인지를 분석하는 틀 – 역자 주

화(6장, 8장), 공감 기술(4장, 5장, 7장)에 대해 살펴볼 계획이다. 이러한 요소가 총체적으로 실현되었을 때, 리더들은 세상을 진정으로 변화시킬 수 있는 비즈니스 환경을 구축할 수 있게 된다.

역사, 신경과학, 심리학, 관리 이론, 기술 발전 등 다양한 영역의 전문가들이 내놓은 이론과 원리를 종합하여 우리는 통찰력을 얻었으며, 이를 활용하여 사업을 이끄는 리더들이 선견지명을 가질 수 있도록 돕는 강력하고 새로운 관점을 착안했다. 이 책을 지침서로 이용하고 모든 원칙과 방법론을 동원하여 조직의 미래에 대한 전체적인 그림을 그리기를 권한다.

인류의 초능력: 기술은 어떻게 삶과 기업을 형성하는가

사람들이 대체로 의식하지 못하지만 기술은 인류의 진화가 시작된 이래 우리의 현실을 형성해 왔다(그림 1.2). 어떤 변화는 상대적으로 작고 또 어떤 혁신은 우리의 상상을 초월할 정도의 영향력을 가지지만, 이들은 공통적으로 우리 세상에 새롭고 가치 있는 무언가를 만들어 낸다.

석기 시대부터 청동기, 철기 시대, 산업 혁명에 이르기까지 기술이 발전함에 따라 우리 사회는 사냥꾼이나 유목민에서 농경 도시 건설자로, 산업 사회로, 오늘날에는 마침내 정보 기반 사회로 변모해 왔다. 수천 년 동안 인류는 더 짧은 시간 동안 더 많은 일을 할 수 있는 방법을 찾았고, 혁신을 통해 기능의 발전, 차세대 혁신으로 인한 변화 다음 적응으로 진화해 왔다. 지구상의 다른 어떤 동물도 인류와 같은 발명을 해내지 못했다. 기술은 인류의 고유한 특질이다.

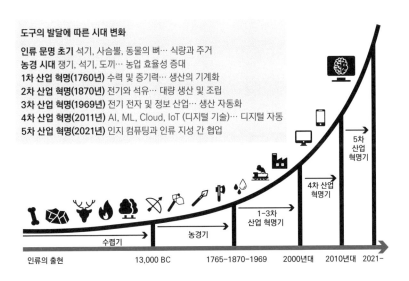

도구의 발달에 따른 시대 변화

인류 문명 초기 석기, 사슴뿔, 동물의 뼈… 식량과 주거
농경 시대 쟁기, 석기, 도끼… 농업 효율성 증대
1차 산업 혁명(1760년) 수력 및 증기력… 생산의 기계화
2차 산업 혁명(1870년) 전기와 석유… 대량 생산 및 조립
3차 산업 혁명(1969년) 전기 전자 및 정보 산업… 생산 자동화
4차 산업 혁명(2011년) AI, ML, Cloud, IoT (디지털 기술)… 디지털 자동
5차 산업 혁명(2021년) 인지 컴퓨팅과 인류 지성 간 협업

수렵기　　농경기　　1-3차 산업 혁명기　　4차 산업 혁명기　　5차 산업 혁명기

인류의 출현　　13,000 BC　　1765-1870-1969　　2000년대　　2010년대　2021-

그림 1.2 기술의 발전에 따른 사회의 변화
자료 과학과 기술의 이해 (Explain That Stuff): 기술 발전사[06]

전문가들은 인류 진화의 다양한 단계를 각각의 시대의 주된 원료, 도구 및 기술과 불가분의 관계라고 연관 짓는다. 이들은 언어 능력, 복잡한 사회적 상호 작용 또는 경제적 성취를 넘어 기술을 기반으로 인류의 역사를 구분한다.

그 이유를 알아보기 위해서는 시간을 거슬러 올라가서 우리가 사는 곳에서 일하는 방식, 집과 지역 사회의 모습, 우리를 통치하는 사회적 구조와 복지에 이르기까지 모든 것이 각 시대의 주류를 이루는 기술에 따라 변화하는 모습을 살펴보아야 한다(그림 1.3). 그 중에서도 인류가 농경 사회에서 제 1차 및 2차 산업 혁명(증기와 전기의 시대)으로 전환되었을 때 가장 극적인 변화를 관찰할 수 있다.

증기 엔진과 전기가 결합되면서 농장과 도시 전력망 그리고 공장에 동력이 공급되어 역사상 가장 강력하고 영향력 있는 기술 발전이 이루어졌다. 두 번의 산업 혁명 이전에는 전세계 대부분의 가구는 근근이 생계를 부지하는 농업에 종사했고, 소수의 장인들만이 대장장이나 보석 세공인으로 일하면서 손으로 공예품을 만들어 팔거나 부유한 후원자들에게 노동력을 공급하며 살아갔다.

이러한 구도는 18세기경에 바뀌었다. 효율적이고 지칠 줄 모르는 증기 엔진이 출현하면서 부유한 사람들은 소규모 농장들을 매입한 뒤 이어 붙여 대규모 농업 단지를 운영하기 시작했다.[07] 기술의 변화로 인해 농민들은 일자리를 잃게 되었고, 많은 농민들이 도시로 이주했다. 사람들이 수세기 동안 지속해 왔던 생활 방식이 단 수십 년 만에 바뀌었다. 그들의 집과 지역 사회, 매일 하는 일 모두가 상당한 변화를 겪게 되었다.

1870년에서 1920년 사이 미국 내에서만 1,100만 명의 사람들이 일자리를 찾아 농촌에서 도시로 이주했다. 밭과 과수원에서는 기술이 이들을 대체했다. 거의 같은 시기에 대부분 유럽에서 온 2,500만 명의

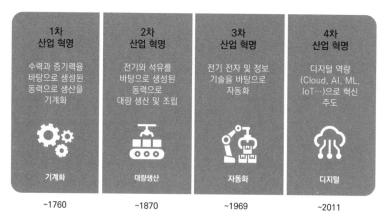

그림 1.3 인류의 삶을 변화시킨 네 가지 산업 혁명
자료 데소터 툴즈(Desoutter Tools) 및 위키피디아[08]

이민자가 추가로 미국으로 이민 와서 도시 지역에 정착했다.[09] 대규모 이주자들을 수용하기 위해 공동 주택이 지어졌지만, 궁극적으로는 미국의 기반 시설은 전혀 준비되지 않은 상황이었다.

탁 트인 농촌에서 살다가 더럽고 불안하며 부실하게 지어져서 실내 배관도 없는 도시에서 살아간다는 것이 어땠을지는 쉽사리 상상이 되지 않는다. 열악한 주거 환경으로 인해 수만 명의 시민들 사이에서 질병이 빠르게 확산되었으며 시카고와 뉴욕, 샌프란시스코 등지에서 수백 명의 목숨을 앗아간 악명 높은 화재와 같이 끔찍한 재난이 발생했다.[10]

서구 산업 혁명이 초래한 인적 비용은 이익만을 추구하는 비즈니스 모델을 위해 인간적인 요소들을 무시하면 어떤 일이 벌어지는지 단적으로 보여주는 예이다. 공장에서 이윤을 좇아 증기와 전력을 무제한으로 사용하게 되자 대량 생산과 규모의 경제로 이어졌고, 이로 인해 신흥 중산층이 대두되었다.[11] 기업이 그 근간이 되는 직원들에게 어떠한 영향을 미치게 될지 고려하지 않은 채 나아가는 대신 좀 더 현명하게 행동했더라면 훨씬 순수하고 긍정적인 변화들이 나타날 수 있었던 여지가 분명 있다.

불행히도 많은 사람들의 일상적인 현실은 오직 비즈니스의 효율성에만 초점을 맞춘 비좁은 공장이었고, 근로자들은 기계로 인한 끔찍한 부상, 환기가 잘 되지 않은 공기로 인한 폐 질환, 독성 용제 및 중금속에 대한 노출 등 많은 위험에 무방비하게 노출되었다. 뿐만 아니라 근로자들은 일주일에 6일, 하루 10~14시간 동안 일해야 했다.[12] 기업 중심적인 '진보'라는 개념을 앞세워 기업들은 강과 바다, 호수를 오염시켰고 규제를 받지 않는 공장에서 유독성 폐기물이 뿜어져 나와 공기는 검게 변했다. 많은 지역에서, 물을 마시고, 수영을 하거나, 심지어 때로는 숨을 쉬는 것조차 안전하지 않게 되었다.

그러나 사회에 미치는 그 모든 부정적인 영향에도 불구하고, 긍정적인 영향에도 주목할 필요가 있다. 즉, 중상류 계층의 급격한 부의 증가와 의학의 발전이다. 에드워드 제너의 천연두 백신 발명과 루이 파스퇴르의 박테리아 발견 등은 의료 서비스를 향상시켰고 평균 수명이 길어지기 시작했다. 더 나은 세상이 올 것이라는 조짐이 희미하게 비치고, 이러한 기회들을 좇을 수 있는 적당한 사람들만 있으면 되었다.

결국 우리의 선조들은 해냈다. 노동자들은 노동조합을 결성하고 연대하여 더 높은 임금과 더 나은 근무 조건을 쟁취했다. 노동 운동의 결과, 소외되었던 노동자 계층도 마침내 산업 혁명의 혜택을 누릴 수 있게 되었다. 제니 방적기와 같은 발명품들 덕분에 의류 및 침구와 같은 직물을 더욱 다양하게 이용할 수 있게 되었고 조립 라인과 같은 생산 시설 혁신 덕분에 자동차나 냉장고 같은 상품에 대한 접근성이 높아져 대중들의 일상생활이 크게 개선되었다.

2차 산업 혁명 이후 많은 시간이 흘렀지만, 지금도 그 시대의 기술은 계속해서 우리의 삶과 문화에 영향을 미치고 있다. 나탈리는 어린 시절 뉴욕시의 산업 중심지에 위치했던 벽돌집에서 이모, 삼촌, 할아버지와 할머니, 사촌들과 온 가족이 모두 함께 살았다. 그러나 아버지가 켄터키 시골 벽지에 세계 최대의 자동차 조립 공장을 건설하는 직무로 이직하면서 나탈리는 부모님과 형제자매와 함께 켄터키로 이사해야 했다.

이후 나탈리는 더 이상 한 집에서 조부모님과 이모, 삼촌들의 지원을 받으며 살 수 없었고, 이러한 삶에 적응해야 했다. 전 세계의 시골에 공장이 지어지면서 나탈리의 가족뿐만 아니라 수십만 가구가 공장에서 일하기 위해 멀리 이주했다. 이로 인해 새로운 지역 사회를 중심으로 엄청난 비즈니스 기회가 생겨났다. 광대한 고속 도로 네트워크, 거대한 쇼핑몰, 대규모의 조직화된 교외 주택 단지가 연달아 개발되었다. 많은 미국인들이 여전히 '아메리칸 드림'이라고 부르는 기회의 핵심은 여기에서 형성되었다. 아메리칸 드림은 그 시대의 기술 혁신과 삶의 질 향상에 대한 사람들의 열망을 한데 묶었으며, 많은 기업들은 최대한 많은 사람을 위해 이를 실현하고자 했다.

물론 좋은 일만 있는 것은 아니었다. 이후 챕터에서 기술 변화가 유발하는 문화적, 사회적 영향을 살펴보면서 기업들이 핵심을 놓쳤던 사례도 살펴볼 것이다.

궁극적으로, 장기적으로 성장하고 더 깊은 수준에서 진정으로 사람들에게 닿을 수 있는 능력은 세 가지로 요약될 수 있다.

혁신의 3대 요소: 지난 일에서 얻은 교훈, 통찰력, 선견지명

앞서 기술 진화의 기본 개념을 살펴보았지만 이제는 더 나아가 보자. 결국 기술은 공장 기계와 증기 동력 트랙터를 훨씬 뛰어넘어 발전했다. 정보화 시대로 더 깊이 진입함에 따라 기업가들은 이전과는 전혀 다른 방식으로 사업과 문화 그리고 살아 있는 경험의 미래를 만들어 갈 준비가 되어 있다. 고객·직원 중심의 관점을 활용하면 이전의 산업 혁명 만큼이나 기업 환경을 변화시킬 수 있는지 확인하기 위해 먼저 공감, 신뢰 및 충성도가 지금의 기업과 삶에서 어떤 역할을 수행하는 지 고찰해 보았다.

공감, 신뢰, 충성도의 렌즈를 통해 기술을 보는 것이 왜 그렇게 중요할까? 지금까지 기술은 대개 기업 차원에서 비용 절감 효율성과 효과성을 중심으로 적용되었다. 이 패러다임에서는 고객이나 직원을 거의 또는 전혀 중요하게 생각하지 않으며 전체적인 고객·직원 경험을 저해하기도 한다.

기본적으로는 바로 이러한 이유 때문에 직원 이직률이 높아지거나, 직원들이 번아웃에 시달리거나, 지속적이고 충성도 높고 신뢰할 수 있는 고객 기반을 형성하지 못하는 것이다.

직설적으로 말하면 대부분의 회사들은 사각지대에 문제를 가지고 있다. 기본적으로 이것은 많은 회사와 비즈니스가 높은 이직률, 광범위한 소진, 일관되고 충성도가 높거나 신뢰할 수 있는 고객 기반이 부족하여 침체에 빠지는 주된 이유이다.

비즈니스 사각지대란 무엇인가?

기술 발전으로 인한 다양한 비즈니스 기회를 연구하면서 우리는 기업의 성공을 평가하는 기준은 뒤늦게 바뀐다는 사실을 깨닫게 되었다. 기업의 우선순위는 비즈니스를 중심으로 하던 과거에 머물러 있는 경우가 많았다. '조하리의 창*'을 발표한 조셉 루프트와 해리 잉햄[13]을 따라, 우리는 이러한 구식 경영 방식과 진부한 패러다임을 비즈니스의 사각지대라고 부르기로 했다.

---

* 1955년에 미국의 심리학자인 조셉 루프트(Joseph Luft)와 해리 잉햄(Harry Ingham)이 발표한 이론으로 다른 사람과의 관계 속에서 자신이 어떤 성향을 지니는지와 관계 향상을 위해 어떤 성향을 개선할 필요가 있는지를 설명하는 툴이다. 커뮤니케이션, 개인 계발, 팀 계발 등에서 대인 관계 역량을 향상시키기 위한 목적으로 주로 활용된다. 조하리의 창은 자기 공개(self-disclosure)와 피드백(feedback)이라는 두 가지 측면에 의해 네 가지 영역으로 구분된다. 네 가지 영역은 각각 열린 영역, 맹인 영역, 숨겨진 영역, 미지의 영역으로 나뉜다. — 역자 주

좋은 의도에서 비롯되는 경우에도, 비즈니스 사각지대는 회사가 성공할 수 있는 가능성을 크게 저해할 수 있다. 급격히 발전하고 긴밀하게 연결된 디지털 세계에서는 특히 더 그러하다. 이러한 사각지대를 눈여겨보고 사람들이 발견할 수 있도록, 우리는 각 장마다 별도의 텍스트 상자에서 사각지대를 설명하였다.

고객과 직원의 관점에서 비즈니스 전략을 살펴보면 기업이 무엇을 바꾸어야 하는지, 또는 이를 무시할 경우 어떤 점에서 경쟁자들에게

> ### 사각지대
>
> 사각지대란 사람들이 놓치고 있다는 사실을 스스로는 깨닫지 못하는 사실이다. 사각지대에 빛을 비추면 이러한 사실을 명확히 인지할 수 있게 된다. 우선 사각지대를 인식하게 되면 기업의 운영 방식을 다시 한 번 생각할 수 있는 기회를 얻을 수 있다.

뒤처지게 될지 금세 알 수 있다. 이러한 변화를 이루어 내는 목적은 고객과 직원의 신뢰를 얻어 궁극적으로는 충성도를 제고하며, 기업의 전체 매출과 수익성을 크게 증가시키기 위해서이다. 이는 증권가, 투자자 그리고 다른 이해 관계자 모두가 원하는 바이기도 하다.

유명한 기업가이자 철학자이기도 한 베르너 에르하르트[14]의 이론을 빌어, 우리는 비즈니스 사각지대를 비즈니스 운영 방법에 대해서 "모른다는 사실을 알아차리지 못하는 것"이라고 정의하기로 했다. 말 그대로 기업들은 대개 자신들에게 사각지대가 존재한다는 사실이나, 이를 적극적으로 찾고 개선해야 한다는 점을 깨닫지 못하고 있다.

언뜻 보기에, 일부 사각지대는 이것이 성공을 가로막고 있다는 사실을 깨닫기 전에는 아예 사각지대처럼 보이지 않을 수도 있다. 또 다른 경우에는 기업 내부의 사각지대를 알아차리기는 했지만 어떻게 해

결해야 할지 감을 잡지 못할 때도 있다.

이 책에서 우리는 이러한 부분에 대한 답을 제시하고 있지만, 이러한 해결책이 효과를 발휘하기 위해서는 기업들에게 열린 마음과 현재의 전략을 크게 바꾸어 보겠다는 의지가 필요하다. 위대한 알베르트 아인슈타인의 말과 같이 "같은 일을 반복하면서 다른 결과를 기대하는 것, 그것을 우리는 비정상이라고 부른다."[15] 이 명언은 우리가 다음에 논의하고자 하는 원칙인 '현상 유지의 함정'을 아주 잘 보여주고 있다.

현상 유지의 함정이란 무엇인가? 이는 도처에서 목격될 뿐만 아니라 이름만 보아도 알 수 있는 심리적인 기제로써, 대개는 인간의 본성에서 기인한다. 기본적으로 사람은 루틴을 좋아한다. 하지만 무슨 이유에서인지 기업과 혁신이라는 영역에 이르면 우리가 루틴을 좋아한다는 사실을 인정하기 껄끄러워진다. 그 결과 우리는 습관이라고 인지하지도 못하면서 매일 일상적인 습관에 빠지고, 이는 이내 '하던 대로 하는 방식'으로 굳어지고 만다. 이 문제를 해결하기 전까지는 명확하게 바라보기 힘들다. 물론 굳어진 루틴을 인지하지 않고서도 변화를 만들어낼 수도 있겠지만, 이것이 과연 올바른 변화일까?

아마 그렇지 못할 것이다.

우리의 연구 결과, 리더가 변화를 시도할 때 비즈니스가 기대만큼 성장하지 못하는 경우가 많다. 그 이유는 무엇일까? 이들은 시간을 투자하여 사각지대를 밝혀내지 않았기 때문이다. 그리하여 이들은 이 사각지대를 경쟁 우위로 바꿀 수 있는 기회를 놓쳤다. 이런 식으로 사각지대를 시야에서 놓치면 목표했던 비즈니스 결과를 창출하지 못하게 하는 걸림돌로 작용한다.

우리의 목표는 사각지대를 시야에 명확히 드러낼 수 있는 방법을 제시하는 것이다. 일단 사각지대가 드러나게 되면 기업의 운영 방식을 재고할 수 있는 기회가 된다. 그러고 나면 파괴적 혁신으로 가는 길이 훨씬 더 명확해진다.

경험은 돌이킬 수 없으며, 흔히 사각지대가 숨어 있는 구석이기도 하다

고객과 직원은 브랜드 가치, 구성원 충성도, 그리고 재무적인 성공과 직접적으로 연관되어 있다. 특히 오늘날에는 더욱 그러하다.

〈하버드 비즈니스 리뷰〉의 '충성도 경제'라는 글에서, 연구원 롭 마키는 고객 충성도를 이끌어낼 수 있는 기업의 매출은 경쟁사 대비 2.5배 빠른 속도로 증가하며, 10년의 기간을 놓고 보면 2배에서 5배 큰 주주 수익을 창출한다는 사실을 보여 주었다.[16]

기하급수적 기술의 기능 변화가 가속화됨에 따라 기업이 기하급수적 비즈니스 모델을 채택해야 한다는 위기감이 확산되고 있다. 이에 대해서는 다음 챕터에서 다룰 예정이다. 새로운 비즈니스 모델과 함께, 새로운 개념을 구현하기 위한 실용적인 방법론과 재무와 기업 리더십에서 더욱 협력을 지향하는 사고방식이 필요하다. 역사상 처음으로 우리는 적절하게 사용한다면 비즈니스 환경을 영구적으로 변화시킬 수 있는 잠재력이 있는 도구와 전략을 보유하게 되었다.

기업이 이러한 도구를 사용하지 못하도록 방해하는 가장 큰 사각지대 중 하나는 단순한 통찰력 부족이다. 많은 경우에 기업은 무엇이 비즈니스에 가치를 제공하는지를 드러내 놓고 인지하지 못하거나 감을 잡지 못한다. 이는 멋진 하드웨어나 좋은 서비스보다 훨씬 더 근본적인 문제이다.

단순히 제품과 서비스를 생산하는 데 목적을 두었던 기존의 기업 운영 패러다임에서 벗어나기는 어려울 수 있다. 하지만 이렇게 생각해 보라. 고객이 없다면 어떨까? 그래도 기업이 성립할까? 쉽게 생각해 보면 내부 전략이나 잘 작성된 표준 운영 절차가 있든 없든 고객이 없으면 기업도 없다.

이러한 관점에서 보면 기업의 목적은 사람, 즉 고객과 직원에게 서비스를 제공하는 것이다. 그렇다면 많은 기업들이 고객과 직원을 중심으로 운영되지 않는 이유는 무엇인가?

기술이 인류에게 폭넓은 변화를 촉진하는 힘이 있다는 사실을 되새겨보면, 우리는 이 기본적인 비즈니스 사각지대 뒤에 숨어 있는 또 다른, 더 놀라운 질문을 떠올리게 된다. 기업이 고객·직원 관점에서 고객·직원 경험을 개선하기 위해 기술을 활용하지 않는 이유는 무엇인가?

피터 드러커는 자신의 저서인 『경영: 직무, 책임, 실행(Management: Tasks, Responsibilities, Practices)』에서 기업의 목적은 고객을 창출하고 유지하는 것이라고 정의했다.[17] 기업은 대체로 고객과 직원을 기본적인 수준에서 판단하는 경우가 많고, 우선순위에 두는 경우가 거의 없다. 최고의 고객·직원 경험 제공을 우선순위에 두지 않기 때문이다.

이는 낡은 패러다임에서 일반적인 습관으로 기업을 운영하는 데 익숙하기도 하거니와 고객과 직원에게 투입하는 비용 대비 거두는 수익이 높지 않을 것이라는 무의식적인 편견 때문이다. 이러한 편견은 기업들이 증권가나 투자자들에게 단기적으로 이익을 돌려주어야 한다는 압박감으로 나타난다. 이에 따라 재무적인 역량을 입증해야 할 필요성과 고객과 직원 중심 경영은 서로 상반되는 것처럼 생각되어 왔다.

이로 인해 단기적인 재무 성과를 위해서 제품의 질이나 고객·직원 경험을 일부 희생하는 비즈니스 관행이 생겨나게 되었고, 비즈니스의 출발점이 되는 고객과 직원을 등한시하게 되었다.

증권가나 투자자들이 기업을 평가하는 방식은 그 기업을 실제로 존재하게 하는 직원이나 기업을 유지하고 성장하는 근간이 되는 현금 흐름을 창출하는 고객과 동떨어져 있는 경우가 많다. 이 글을 읽는 독자들은 무엇이 문제인지 명확히 볼 수 있겠지만, 가까이에서 볼 때는 문제를 파악하기 훨씬 더 어려워진다.

책임에 대한 이해: 증권가의 원칙이 갖는 한계

고객과 직원을 소홀히 하는 현재의 흐름 이면에 존재하는 많은 관행들은 1890년대부터 비롯되었으며, 현대 재무 회계 시스템과 그 기반이 되는 주요 기술 혁신이 시작되는 시점에서 발생한 사각지대에 근간을 두고 있다.

이 시대의 주역은 피에르 듀퐁, 월터 크라이슬러, J. P. 모건 주니어, 헨리 포드, 윌리엄 보잉들과 같은 사람들로 이들은 그 시대 최고의 발명품과 제품을 만들어 냈다. 이들은 매우 혁신적이었기 때문에 우리는 이들이 제국을 건설한 과정과 이에 수반되는 주주 가치의 어두운 측면을 종종 잊어버리곤 한다.

결론적으로 이들이 신경 쓴 것은 단지 기업의 이익뿐이었다. 직원들의 근무 여건은 끔찍한 수준이었고 직원들은 존중 받지 못했다.[18] 생산 현장과 동떨어진 고층 빌딩에 위치한 증권가에서는 기업이 이익을 우선시하고 다른 사항들은 부차적으로 취급하기를 바랐다. 당시 미국인들의 교육과 임금 수준은 대부분 매우 낮았으며, 1930년대 이전에는 노동조합이 존재하지 않았다. 산업계나 금융계의 거물들은 직원이나 가처분 소득 수준이 극히 낮았던 일반 고객을 소모품으로 취급했으며, 대놓고 경멸하는 경우도 많았다.

1970년대에 이르러서도 밀턴 프리드먼은 〈뉴욕 타임즈〉 기고문에서 기업의 유일한 책임은 고객과 직원에 어떠한 영향이 미치든 주주 가치를 극대화하는 것이라고 주장했다.[19]

비즈니스 중심 브랜드들은 이런 생각에 편승하여 아직도 직원과 고객을 대체 가능한 소모품인 것처럼 취급하고 있다.

이러한 자세가 고객이나 유능한 잠재 직원을 대하는 태도로써 모범적이라고 생각하는 사람은 거의 없을 것이다. 그렇다면 왜 아직도 많은 기업들이 여전히 이러한 태도에 기반한 전략이나 패러다임에 의존하고 있는가?

수단과 방법을 가리지 않고 이익을 우선하겠다는 경영 방식은 굴

건히 유지되었지만, 늘 역동적으로 변화하는 시장 상황은 그렇지 않았다. 제품 품질이 급락하고 소비자들이 품질과 혁신 신뢰성으로 무장한 일본과 유럽 브랜드로 옮겨 가면서 미국 기업들은 재앙에 빠지게 되었다. 일본과 유럽 기업에 막대한 시장 점유율을 빼앗기고 나서도 많은 기업들은 여전히 고객이나 직원 중심으로 크게 전환하지 않았다. 지난 수십 년 동안 방향을 선회할 시간은 얼마든지 있었다. 기하급수적으로 움직이는 오늘날, 이러한 여유는 눈에 띄게 줄어들었다. 이러한 변화가 어떻게 일어나는지 보여주겠다. 변화를 거부하는 것에 대한 아인슈타인의 말을 기억하는가? 이는 단순히 기억에 남길 만한 명언이 아니라 기업에게 있어서는 존폐가 달린 문제이다.

새로운 태도나 전략, 공감 기술이 없다면 고객·직원 중심의 접근 방식은 여전히 비즈니스 중심의 투자자 중심적 사고방식이 주류를 이루는 세상에서 많은 리스크가 있는 것처럼 보일 것이다.

사각지대
기하급수적 기술이 삶의 모든 측면을 변화시킨다는 사실을 제대로 인지하지 못할 때 기업은 경쟁에서 도태된다.

그런데 정말 리스크가 높을까? 전 세계 최고 석학 중 일부는 기업의 진정한 목적이 무엇인지에 대한 가정에 의문을 제기하기 시작했다.

2020년 8월, 세계 최고의 180개 이상의 기업을 대표하는 비즈니스 라운드 테이블(Business Roundtable)*은 주주의 이익을 극대화하는 것이

---

* 비즈니스 라운드 테이블은 미국 200대 대기업 최고 경영자로 구성된 협의체이며 이익 단체이다. 전미 제조업협회(NAM), 미국상공회의소(US Chamber of Commerce)와 함께 미국에서 가장 영향력이 큰 로비 단체이기도 하다. 한국의 전국경제인연합회(전경련)와 비슷한 성격을 가지고 있다. – 역자 주

기업의 근본적인 목적이라는 정책 성명을 22년만에 바꾸었다.

대표들은 만장일치로 기업이 주주에게 이익을 창출할 뿐만 아니라 고객에게 가치를 제공하고, 직원에게 투자하며, 공급 업체와 공정하게 거래하고, 기업이 기반하고 있는 지역 사회를 지원해야 한다고 결정했다.[20] 비즈니스 라운드 테이블에서 기업이 무엇에 중심을 두느냐가 그 기업의 단기 및 장기 실적에 영향을 미친다고 천명한 것이다. 많은 대표들이 고객·직원 경험과 주주 가치 창출을 동일 선상에 놓았다는 점을 감안하면, 고객·직원 경험을 계량할 수 있는 방식으로 설명할 필요가 있다.

새로운 경영 철학의 뒤를 이어, 그 어느 때보다 빠르게 진화하면서 비즈니스 세계를 변화시키는 기술과 온라인 리뷰의 등장 그리고 높아진 고객과 직원의 기대로 인해 다음과 같은 선고가 내려졌다. 즉, 비즈니스 중심의 기업과 증권가에 기반을 둔 투자자들은 새로운 글로벌 메가 트렌드에서 완전히 소외될 수 있는 심각한 리스크에 노출되었다는 것이다.

> **사각지대**
>
> 고객·직원 경험에 공감적 관점을 도입하지 않는다면 이들의 신뢰와 충성도가 감소하면서 기업의 재무적 성공이 직접적으로 영향을 받는다.

진지한 고민: 의도적인 고객 가치 창출

롭 마키는 〈하버드 비즈니스 리뷰〉에 기고한 '당신은 고객을 과소평가하고 있지 않은가?'라는 에세이에서 우수한 사업 실적을 창출하고 고객 기반 기업 평가(CBCV, Customer-Based Corporate Valuations)를 시작하기 위한 최선의 방법으로 고객 충성도와 고객 평생 가치에 초점을 맞춘 네 가지의 리더십 전략을 정의했다.[21]

- 고객 가치를 위한 경영
- 디자인적 사고와 충성도를 획득할 수 있는 새로운 기술의 결합
- 고객·직원 니즈의 조직화
- 충성도를 제고할 수 있는 리더십

이제 리더들은 공감을 첫 발짝으로 시작하는 문제 해결 방법인 디자인적 사고에 주목하고 이를 활용해야 한다. 무엇을 만들어내든 간에 디자인적 사고를 활용하면 진정으로 고객과 직원의 입장에 서서 이들이 무엇을 원하고 필요로 하는지를 이해할 수 있게 되기 때문에 더 나은 제품과 경험을 개발할 수 있게 된다. 여러 가지 방법으로 이러한 행동을 실행에 옮길 수 있지만, 가장 좋은 방법 중 하나는 그저 온라인 리뷰를 읽은 후, 무엇보다 고객과 직원에게 직접적으로 물어보는 것이다.

어떤 리더들은 회사가 제공하는 경험을 정확히 이해하기 위해 TV 프로그램인 〈언더커버 보스〉[*][22]에 나오는 것과 같이 '미스터리 쇼퍼'나 '미스터리 직원' 제도를 운영하기도 한다. 여기서 잊지 말아야 할 중요한 사실은 공감은 근육과 같다는 점이다. 어떤 사람들은 선천적으로 높은 수준의 공감 능력을 가지고 있지만, 대부분의 사람들은 의식적으로 공감 기술을 개발하기 위해 진지하게 노력하고 창의적으로

---

* 최고 경영자들이 자신들의 회사 일용직 사원으로 취업하여 현장 체험을 하는 몰래카메라 형식의 영국의 TV 프로그램 – 역자 주

생각해야 한다. 혼자 생각하는 것보다는 물어보는 쪽이 낫다.

기업은 고객·직원의 관점에서 경험을 최적화할 수 있는 방법이 필요하며 그 좋은 예로는 경험 지수(Experience Index™)라고 하는 전체적인 설문 기반 방법론이 있다. 공감에서 시작하면 리더들이 전략, 프로세스 그리고 기술을 선택하는 방법이 완전히 달라지기 때문에 기업의 경영이 고객·직원 중심으로 전환될 뿐만 아니라 이들의 경험을 미러링함으로써 발전하게 된다. 고객을 대면하는 직원과 사무 직원, 파트너 및 협력 업체, 이사회 구성원과 투자자에 이르기까지 전체 비즈니스 생태계를 이러한 프로세스에 참여시키고 공감하는 관점에서 브랜드를 혁신한다면 본질적으로 사람 중심적인 기업 및 주주 가치를 확립할 수 있다.

이처럼 공감하는 통찰력을 얻은 기업은 사람 중심의 관점에서 경험을 최적화할 수 있는 확실한 방법이 필요하다. 비즈니스 프로세스를 살펴보고 고객과 직원 중심의 기하급수적 기술에 투자하는 것도 그중 하나이다.

기술 역량의 변화 속도가 빨라짐에 따라 기업은 새로운 사고방식으로 기하급수적 비즈니스 모델과 재무, 전략 및 리더십을 선택해야 한다는 위기감을 느끼고 있다. 이러한 모델과 사고방식은 개인화된 경험을 제공하는 핵심이며, 막대한 충성도를 이끌어내고 획기적인 비즈니스 가치를 제공하기 위한 필수 요소이다.

AI나 머신러닝과 같은 기술은 모든 고객·직원 경험을 통합하여 수십억 건의 상호 작용을 분석하고 패턴을 찾아 경험을 개선할 수 있다. 그 이후 기업은 서비스 수요자의 실제 경험에 맞추어 전략을 조정하면 된다.

재무 상태표보다 더 중요한 것: 고객 가치 측정 지표의 부재

기업이 고객 경험에 필요한 전략적, 운영적, 재정적 관심을 충분히 쏟지 않는 이유 중 하나는 대부분의 손익 계산서나 재무 상태표가 회사고객이나 직원이 가지는 유형적 가치를 계량적으로 나타내지 못하기 때문이다. 매출은 숫자로 보이지만, 매출과 고객·직원 경험 간의 직접 관계는 눈에 보이지 않는다. 이 관계를 깨닫지 못하고 있기에 기업들은 피해를 보고 있으며, 아직 이러한 관계가 존재한다는 사실 자체를 알지 못하고 있다.

고객 가치가 재무 상태표에 반영되지 않는 한, 기업 총수들은 오래 사용되어 온 비즈니스 중심 지표나 표준을 사용하여 기업을 운영하고 측정하고 보고하려는 편향에 빠지게 될 것이다. 투자자들 또한 유형 자산과 금융 자산에만 초점을 맞춘 비즈니스 중심의 회계 원칙에 따라 기업을 평가할 것이다. 고객 가치를 측정하고 보고할 수 있는 표준화되고 일관적이며, 널리 받아들여지는 시스템이 없다면 증권가와 투자자들은 회사의 단기 및 장기 가치를 경쟁사와 온전히 비교할 수 없다.

고객이나 직원들에게 여러 선택지가 있기 때문에 단 한 번의 잘못된 경험만으로 고객이나 직원들의 충성도가 옮겨가기 십상인 현재 경제 구조에서 기업이 성공하기 위해서는 고객과 직원 가치를 측정할 수 있는 새로운 방법이 필요하다. 현재 몇 안 되는 고객 경험과 기업 가치

> **사각지대**
>
> 신뢰할 수 있고 회계적으로 감사할 수 있는 고객·직원 관계 측정 지표를 포괄하는 재무 회계 기준이 확립되지 않으면 고객·직원 자본주의의 새 시대를 열기 어렵다

측정 기준이나 요건이 사용되고 있기는 하지만, 기업을 이끄는 리더들은 건물이나 재고, 설비, 매도 가능 증권과 같은 핵심 자산을 평가하는 것처럼 고객·직원 충성도 창출 지표를 측정할 수 있는 방법을 연구하고 새로운 표준을 세워야 할 것이다.

고객과 직원의 경험을 제공하고 측정하기 위해 사용하는 방법과, 신뢰할 수 있고 회계적으로 감사할 수 있으며, 실행 가능한 표준이 마련되기 전에는 고객·직원 중심 자본주의 시대로 진입하거나 고객·직원 중심의 비즈니스 환경을 조성하기 어렵다. 이 책은 기업의 리더들이 증권가나 투자자들과 함께 고객·직원 중심의 표준을 만들고 이를 구현하고 측정할 수 있는 수단을 개발하기 위해 기업들의 커뮤니티를 한데 모으는 촉매가 될 것이다.

혁신적 이해:
공감의 시대를 열어가기 위한 B2B와 B2C 기술 도입

기술은 본질적으로 고객·직원 경험과 관련되어 있다. 기술은 많은 경험을 전달할 수 있으며, 서로 다른 이해 관계자들이 하나의 기반에 모일 수 있도록 연결하는 역할을 한다.

그러나 현재의 고객·직원 경험 기술은 여전히 비즈니스 중심의 효율성과 효과성 패러다임에 갇혀 있기 때문에 잠재력을 모두 발휘하지 못하고 있다. 다음의 공식은 과거의 비즈니스 중심 접근 방식을 잘 보여주고 있다.

비즈니스 중심 효율성은 시간이나 자원의 낭비 여부를, 효과성은 회사가 브랜드 인지도, 범위, 판매 전환율이 개선되었는지 여부를 판

과거의 패러다임

비지니스 중심 경험의 목표 = 비용 절감	= 효율성 + 효과성
효율성	비용 절감 효율성 기반
효과성	비용 절감 효과성 기반

단한다. 기업을 운영하면서 비
즈니스 중심 효율성과 효과성
지표만을 단기적인 사업 성공
지표로 활용한다면 단기적인
사업 성공에는 도움이 되겠지
만 가치를 창출하는 사람들이

사각지대

비즈니스 중심의 기술이나 효율성
과 효과성에만 치중하면 고객·직
원 경험과 기업의 장기적인 성공
을 저해하게 된다.

장기적으로 충성심을 갖도록 이끌어주는 경험의 본질적인 질을 올려
주는 감정 지수를 완전히 무시하게 된다. 산업의 부문을 막론하고, 고
객·직원 중심의 전략, 기술, 성과 측정 그리고 결과를 소홀히 하는 기
업에는 심각한 차질이 초래될 것이다.

효율성과 효과성은 원래 공감, 즉 고객·직원 관점에서 고려되지 않

았다. 효율성과 효과성이 사업
에 꼭 필요하다는 점을 부정할
수는 없지만, 고객·직원 관점
에서 이 두 지표를 평가해 보
면 셀 수 없이 많은 기업들이
회사의 중심인 사람과의 관계
를 소홀히 했다는 사실을 알

사각지대

낡은 고객·직원 경험 패러다임은
비즈니스에만 초점을 맞추고 고
객·직원 경험을 후순위로 두기 때
문에 충성도, 매출, 마진에 부정적
인 영향을 미쳐 기업을 위기에 빠
뜨린다.

수 있다. 이를 극복하기 위해서는 효율성과 효과성을 기존의 비용 절감 기준에서 충성도 생성 기준으로 측정하는 지표로 전환할 수 있는 전략적인 방법을 개발해야 한다. 이 두 가지 기준은 비용을 얼마나 절감할 수 있는지 판단하는 지표 이상의 역할을 수행하고, 고객·직원의 브랜드 경험에서 핵심으로 기능해야 한다.

선형적 기술의 한계

기업이 신뢰와 충성도를 이끌어내는 경험을 창출하지 못하는 경우를 보면, 대부분은 오래된 선형적 기술을 중심으로 하는 구태의연한 비즈니스 중심 패러다임 안에서 운영되고 있다. 그 이유 중 하나는 기업들이 구식 기술을 계속 사용하고 있기 때문이다. 비효율적이고 구시대적인 도구를 계속 사용하면서 탁월한 경험을 제공하고, 신뢰를 구축하고, 충성도를 제고하거나 브랜드의 사명을 이행할 수는 없다.

공감이 어떠한 역할을 하는지 쉽게 이해하기 위해, 비밀번호를 재설정하려고 하는 사용자를 예로 들어 보자. 상담원과 통화하기 위해 긴 시간 동안 기다리고 싶은 고객은 없다. 비밀번호를 바로 바꾸고 싶을 뿐이다. 이러한 고객의 니즈를 만족시켜줄 수 있는 기술이 이미 존재하는데 투자하지 않을 이유가 있을까?

기업은 고객의 관점에서 원활한 경험을 디자인하고 제공해야 한

> **사각지대**
>
> 기술은 고객·직원 경험을 형성하고, 이 경험은 다시 브랜드의 평판과 재무 실적에 영향을 미친다.

다. 위의 사례를 예로 들자면, 바쁜 서비스 부서와 고객을 직접 연결시켜주기 위해 몇 분에서 심지어 몇 시간을 기다리게 하는 대신 지능형 AI 챗봇을 활용하면 몇 초 안에 비밀번호 재설정을 하도록 해줄 수 있다.

일부 회사에서는 일회성으로 고객에게 이러한 경험을 제공하고 있지만 그것만으로는 충분하지 않다. 고객이 원하는 것이 무엇이든, 고객에게 지속적으로 공감을 전달할 수 있는 전체적인 경험을 의도적으로, 또 열의를 다해 디자인해야 한다. 그와 동시에 직원들의 부담과 노력을 줄여주기 때문에 직장 생활의 질과 가능성을 크게 향상시켜 준다.

전 세계적인 영향력: 더 큰 맥락의 공감

고객·직원 경험뿐만 아니라 더 넓은 범위에서 발생하는 신뢰 및 공감에 대해 생각해 보자. 이해 관계자들에게 공감을 전달하는 방법을 재구상하면서 우리는 이러한 질문에 도달했다. "어떻게 기업이 이윤을 추구하면서 동시에 세계가 더 나은 곳이 되도록 기여할 수 있을까? 기업의 모든 활동이 어떻게 비즈니스 중심에서 공감 중심으로 전환될 수 있을까?"

신입 사원에서 경험 많은 리더에 이르기까지 우리는 모두 사회, 일 그리고 개인들의 생활에서 기술과 공감이 함께 공존할 수 있는지 생각해 보아야 한다. 기업, 기술 그리고 인류가 연결되는 미래를 진지하게 상상해 본다면 공감을 기반으로 하는 기업이 더욱 지속 가능하고 재무적으로도 수익성이 있는 사업 전략을 수행할 수 있다는 사실을 명확하게 이해할 수 있을 것이다.

공동 저자인 우리들은 이러한 변화를 선도하고 있다. 나탈리와 나는 이러한 급속한 변화가 긴 여정이라는 사실을 알고 있다. 그러나 이러한 변화를 따르는 것은 현명할 뿐만 아니라 옳은 일이기도 하다. 이러한 종류의 공감적 변화는 점점 더 역동적으로 빠르게 변화하는 시장에서 우리를 차별화하고 경쟁력을 더해 줄 것이다. 이와 같은 변화를 만들어 냄으로써 우리는 모두 사업의 성공에서 핵심이 되는 똑똑하고 의욕적이며, 성취 지향적인 직원을 채용할 수 있으며, 세계 최고의 고객을 유치하고 유지할 수 있다.

공감을 기본 원칙으로 회사를 운영하면 시너지 효과가 발생한다. 직원과 고객 그리고 회사 브랜드 간에 유대감이 강화되면 '마법의 접착제'가 만들어지면서 실적 달성 가능성과 달성 방법이 크게 달라지게 된다. 그 결과 기업은 일하기 좋은 더 직장이자 함께 사업을 이끌어 나가기에 더 좋은 파트너가 된다.

직원들은 종종 가족과 함께 보내는 시간보다 더 긴 시간을 직장에서 보낸다. 직장 문화는 우리를 둘러싼 문화를 형성하면서 개인의 삶에서 큰 역할을 한다. 우리는 모두 소비자이면서 동시에 직원이기 때문이다. 모든 사람은 물건을 산다. 누구나 끔찍한 고객 경험을 한 적이 있을 것이다. 좋은 경험을 하기도 하지만 불행히도 대단히 좋은 고객 경험은 대체로 극히 드물다. 의식적으로 생각하지 못할 수도 있지만 고객·직원 경험은 매일 모든 사람에게 영향을 미친다.

공감: 역량을 배가시키는 수레바퀴 *

경제학자이자 선도적 사상가인 로저 마틴은 그의 저서『고객 자본주의 시대』[23]와『다다익선의 원칙이 옳지 않을 때: 경제 효율성에 대한 미국 기업의 집착 극복』[24]에서 새로운 '고객 자본주의의 시대'를 향한 계획을 제시했다. 그는 기업이 공허한 구호가 아니라 주주 가치를 극대화하기 위해 고객을 최우선적으로 생각해야 한다고 주장했다.

로저 마틴은 주주 가치만을 맹목적으로 좇다 보면 기업의 고객 가치가 훼손되는 이유에 주목했으며, 효율성에만 치중하는 회사와 단기적인 실적 극대화 대신 고객·직원 경험을 유지하기 위해 노력하는 회사에 대한 사례 연구를 통해 이를 규명하였다. 이 연구가 널리 알려지고, 많은 존경을 받고 있음에도 불구하고 이 원칙에 따르는 기업은 거의 없었다. 아마도 이는 단기 수익이 악화되거나 투자자가 브랜드를 바라보는 관점에 부정적인 영향이 있을까 두려워하기 때문일 것이다. 그리고 기술, 경영 능력, 기업 재무 측정 시스템이 여전히 비즈니스 중심으로 이루어져 있기 때문에 고객·직원 경험은 계속 희생되고, 그 결과 공감적인 접근으로 달성할 수 있는 기하급수적 기업 성장을 경험할 수 없게 된다.

비즈니스 중심적인 관점은 역설적으로 기업의 성장을 방해하고 혁신에서 멀어지게 한다. 고객 충성도와 직원들의 신뢰를 저해한다. 따라서 우리는 현재 사용할 수 있는 수단을 살펴보고 회사에 "역량을 배가시키는 수레바퀴(그림 1.4)를 놓치고 있지는 않은가?" 라고 질문했다.

---

* 수레바퀴(플라이휠)는 아마존 창업자인 제프 베이조스가 정의한 아마존의 성장 전략으로, 바퀴를 처음 돌릴 때는 매우 힘들지만 계속 돌리다 보면 회전에 가속도가 붙으면서 스스로 돌아가 연료 공급 없이도 엔진이 돌아가는 현상을 의미함 – 역자 주

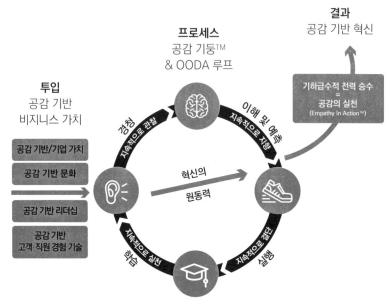

공감: 역량을 배가시키는 수레바퀴

그림 1.4 공감 기반 비즈니스 가치, 공감 기둥, OODA 루프 프로세스 활용시
공감은 기업의 전력 승수로 기능

이 프레임워크가 지향하는 균형은 공감, 신뢰, 충성도의 3대 요소가 결합되고 조율되어 최상의 고객·직원 경험을 일관적으로, 그리고 대규모로 제공할 수 있을 때 달성된다.

우리는 앞으로 이 다이어그램을 살펴보고 이를 구성하는 각 부분에 대해 논의하려고 한다. 각 챕터에서 산업에 공간을 기반으로 한 혁신을 가져오는 데 필요한 추진력을 얻기 위한 필요한 요소를 살펴볼 예정이다. 여기서 기본 원칙은 무엇인가? 리더가 결정을 내리는 방식, 관리자가 구성원을 대하는 방식, 소프트웨어와 하드웨어가 설계되는 방식, 직원·고객에게 기업이 경험을 제공하고 이들이 받아들이는 데 사용되는 기술을 재정의하는 모든 방식에 공감이 적용되어야 한다. 향후 살펴보겠지만, 여기에는 선택의 여지가 없다. 또한 시간이 지남에 따라 이러한 사실은 더욱 확고해질 것이다.

수레바퀴 굴리기: 공감이 혁신을 이끌어내는 방법

IDEO는 어워드 수상 경력이 있는 글로벌 디자인 회사로, 사람 중심의 디자인 기반 접근법을 통해 다른 조직들이 고객·직원 경험을 변화시켜 혁신하고 성장하도록 도와주는 기업이다. IDEO와 같은 기업을 살펴보면 고객·직원 경험의 진정한 파괴와 혁신이 어디에서 오는지 이해할 수 있다.

우리의 연구는 공감과 혁신이 분명히 연관되어 있다는 IDEO의 관점을 대전제로 받아들이고 있다.

> 공감을 디자인한다는 것은 현재의 문제를 해결하기 위해 사람들의 실제 경험을 활용하는 접근법이다. 기업들이 사람들의 니즈를 내면 깊이 이해하여 이들에게 영감을 주고 사람들의 일과 팀, 나아가 조직 전체를 변화시킬 때 혁신을 위한 창의적 역량이 열린다.[25]

IDEO와 같은 회사는 기업들이 현장이나 매장 내 경험에서부터 고객이 집에 돌아가 새로 산 제품의 포장을 풀고 그 회사의 서비스를 경험하는 전체 과정에 이르기까지 모든 수

사각지대

공감, 즉 고객·직원의 입장에서 생각한다는 것은 파괴와 혁신, 그리고 재무적 성공을 위한 주요 원동력이다.

준에서 고객·직원 경험에 집중할 수 있도록 도와준다. 이러한 경험이 어떻게 다가오느냐에 따라 고객이나 직원의 충성도가 유지될지 아닐지가 결정된다. 결국 우리 모두는 경청 받고, 인정 받고, 이해 받고자 하는 인간의 기본적인 욕구를 가지고 있다. 의도적이든 아니든 이러한 욕구를 무시하는 회사는 뒤떨어질 것이다.

사람에 대한 우선순위: 기술과 삶

기하급수적 기술의 발전, 그 기술을 디자인하고 활용하는 방법, 어떤 경험을 하기 전과 하는 중, 그리고 하고 난 뒤에 사람들이 느끼는 감정에 기술이 미치는 실질적인 영향을 살펴본 뒤, 우리는 다음과 같은 원칙이 필요성의 패턴을 반복적으로 형성한다는 사실을 알게 되었다.

- 공감 요소 – 고객·직원 관점에서 보았을 때 공감이 어떠한 형태를 띠어야 하는지 이해해야 한다.(이상적인 지향점)
- 신뢰 요소 – 직원 중심의 경험을 제공하고 직원 신뢰를 구축하여 직원이 진정으로 지지 받고 있다고 느끼도록 해주며, 이상적인 조건이 충족되지 않았더라도 고객들에게 탁월하고 개인화된 고객 경험을 제공할 수 있도록 동기를 부여하고 지원해야 한다.(개인과의 관계)
- 충성도 요소 – 고객·직원의 평생 충성도를 높이고 탁월한 사업 성과를 이끌어낼 수 있는 굳건한 신뢰를 구축하는 고객·직원 중심 경험을 지속적으로 제공해야 한다.(장기적 실행)

가교의 강화:
고객·직원 경험 공감, 신뢰, 충성도에 대한 의미 부여

듣기 좋지만 결국은 말뿐인 구호가 아니라 진정한 비즈니스의 골자로서 공감을 강화하게 위해서는 '공감의 실천*'이 실제로는 어떻게 이루어져야 하는지 범위를 정의할 필요가 있다.

공감을 전달한다는 것은 단순히 '친절'하게 대하거나 인사부의 교육 영상을 통해 상대에게 동정을 표시하는 방법을 배운다는 것과는 다르다. 마찬가지로 이는 회사 내 휴게실 벽에 걸려 있는 동기 부여 포스터에 나열된 마음가짐과도 다르다. 공감을 실천한다는 것은 당신이 업무를 하는 방법과도 같다.

실제로 공감을 실천하기 위해서는 효율성과 효과성에 중심을 두고 있는 낡은 비즈니스 중심 방식을 적극적으로 버려야 한다. 고객·직원 경험을 외면하는 비즈니스 중심의 비용 절감 노력에만 의존하는 대신, 기업은 신뢰와 충성도를 창출하는 효율성과 효과성의 방향으로 나아가야 한다.

기업이나 조직의 의뢰를 받아 각 회사에서 공감을 실천하는 원칙을 정의할 때마다 우리는 몇 가지 간단한 질문을 던진다.

- 기업은 모든 경험을 디자인하고 제공할 때 지속적으로 고객과 직원의 입장에서 생각했는가?

  만약 그렇다면,
- 고객은 많은 수고나 시간을 들이지 않고 필요한 것을 얻었는가?
- 직원은 많은 수고나 시간을 들이지 않고 고객의 요구를 잘 충족시키

---

* 책의 원서 제목이기도 한 Empathy in Action 이 책 내에서 고유명사처럼 되풀이되고 있는데, 해당 용어를 본문 내에서는 공감의 실천이라고 번역함 – 역자 주

기 위해 필요한 모든 자원을 갖추고 있는가?

- 직원이 고객에게 서비스를 제공할 때 동기 부여를 받았다고 느꼈는가?

이 모든 질문에 대한 대답이 "그렇다"라면 공감이 실천되기 시작한 것이다. 충성도를 창출할 수 있는 고객 경험은 다음의 세 가지 기준을 충족해야 한다.

1. VIP나 일대일, 컨시어지 수준의 서비스 질 확보
2. 전체적으로 연결되어 있는 실시간 서비스
3. 모든 고객들에게 개인화된 경험 제공(특정 고객만 VIP 대우를 받는다면 기하급수적 성장을 이루어 낼 수 없음)

이러한 관점에서 우리는 사람이 중심이 되는 경험을 디자인하는 한편, 개인화되고 신뢰를 구축할 수 있는 약속을 이행하기 위해 필요한 기술을 조명하는 고객 경험 행동 10계명을 만들었다.

1. 문제가 생겼다는 사실을 고객이 알아차리기 전에 고객을 도와라.
2. 고객을 대하기 전부터 이미 고객에 대해서 잘 알고 있다는 사실을 보여주어라.
3. 고객의 상황에 공감하라.
4. 고객의 수고에 대해 알고 있다는 사실을 보여주어라.
5. 고객이 필요로 하는 것을 듣고 이해하고 예측한 다음 그에 따라 행동하라.
6. 반복해서 묻지 말라.
7. 고객이 요구하는 대답뿐만 아니라 스스로 필요한지 미처 몰랐던 답변까지 제공하라.
8. 고객의 문제가 해결될 때까지 계속 시도하라.

9. 모든 문제가 잘 해결되었는지 고객에게 확인하고, 해당 고객 경험에서 학습하라.

10. 무엇보다도 고객의 데이터를 안전하게 보관하라.

위의 10계명은 말뿐인 선언문이 아니다. 이들은 고객이 설문 조사나 서비스 평가에서 요청한 사항과 정확히 일치하며 고객·직원 전문가들이 기업들에게 조언하는 방향과도 같다. 하지만 이를 실천하기 위해서는 기업은 고객의 의도를 듣고, 이해하고, 예측한 후 그에 따라 실행할 뿐만 아니라 대규모 상호 작용에서 학습할 수 있는 능동적인 방법을 갖추어야 한다.

또한 기업들은 직원에게 올바른 정보와 도구, 실행 계획을 제공하여 고객에게 잘 서비스할 수 있도록 지원해야 한다. 이는 직원의 업무 경험을 크게 향상시키기 때문에 고객 경험과 직원 경험이 지속적으로 시너지를 형성하며 개선된다.

공감 계수: 새로운 고객·직원 경험 함수

비즈니스 중심으로 정의된 효율성과 효과성을 바탕으로 혁신과 문명의 진보를 이루어 냈지만, 그 원동력을 유지하기 위해 필요한 인간적인 요소는 무시하였던 과거의 산업 혁명을 분석하면서 우리는 한 가지 깨달음을 얻었다.

시대에 뒤떨어진 과거의 주안점은 오늘날의 상호 연결된 세계에 존재하는 무언가를 크게 놓치고 있다. 과거의 기술로 전달된 경험은 대체로 비용 절감에 초점을 맞추면서, 고객·직원 경험을 희생하거나 부

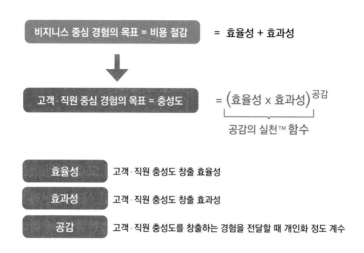

정적인 영향을 미치고 있다.

고객·직원 경험에 대한 기대치가 상승하는 이 시대에[26], 경험 함수
는 다음과 같이 변화해야 한다.

우리는 이를 공감의 실천 함수라고 이름 붙였다.

새로운 고객·직원 중심 함수는 어떻게 작동할까? 표 1.1에 비즈니
스 중심과 C&E 중심 효율성과 효과성에 대한 개념이 비교되어 있다.
비즈니스 중심의 비용 절감 관점에서만 기업의 목표를 바라보는 대
신, 고객·직원 중심 관점은 고객과 직원을 둘러싼 더 넓은 변수를 고
려하고 있기 때문에 고객의 불편을 감소시키고 회사에 대한 충성도를
제고해 준다.

이처럼 탁월한 고객·직원 경험은 회사가 애초에 목표로 했던 것, 즉
비용 절감(직원 이직률 감소, 교육 비용 절감, 고객 획득 비용 하락), 직원 생산성 향
상, 시장 점유율과 판매량, 재구매율을 높이면서 기본 수익과 이익률
이 장기적으로 증가한다.

기업은 어떻게 이처럼 기하급수적이고 측정 가능하게 개선되고, 실

표 1.1 비즈니스 중심과 고객·직원 중심의 효율성 및 효과성 개념 비교

	비즈니스 중심: 비용 절감	고객·직원 중심: 로열티 생성
효율성	낭비된 회사의 시간	• 직원들이 느끼는 부담감 경감 • 고객의 불편 감소
효과성	• 회사의 목표 달성 인지도 ; 구매전환율	• 직원의 목표 달성 · 접객 편의성 개선 · 일에 대한 보람 증가 · 근무 시간 유연제 도입 • 고객의 목표 달성 · 이용과정이 단축되고 빨라짐 · 처음부터 원하는 답을 얻음 · 신뢰가 가고 일관적인 응답

시간이면서, 상황에 적절하고, 개인화된 경험을 제공할 수 있는가? 이후 장(章)에서 이 질문에 대한 더 다양한 답변을 더 살펴보겠지만, 지금은 우선 공감이란 이 모든 것에 적용되었을 때 기하급수적 계수로써 역량을 배가시키는 수레바퀴라는 사실을 말해두려고 한다. 공감의 실천이란 어떤 제품이나 업무 리스트로 구현하는 것이 아니라, 기업의 문화와 그 기업이 제공하는 경험 그리고 그를 통해 기업의 전체적인 성공에 재무적으로 실적에 기여하는 데 긍정적으로 영향을 미치는, 본질적으로 전체적인 과정이다.

이 모든 것은 공감 기반으로 역량을 배가시키는 비즈니스 모델에 기꺼이 투자하고 그로부터 수혜를 얻고자 하는 기업에게는 완전히 새로운 세상의 시작일 뿐이다.

그러나 우선 자신의 의도를 명확히 알릴 필요가 있다. 이 책은 이러한 전환을 이루어내는 방법을 알려주는 공략집과 같은 역할을 할 것이다.

미래의 과거를 바라보는 입장: 당신의 관점은 어떠한가?

더 나은 미래를 만드는 가장 좋은 방법 중 하나는 "나는 어떤 과거를 가지고 싶은가?"라는 질문을 끊임없이 던지는 것이다.

기술과 우리 세계의 미래는 어떠한 우발적인 사건들의 연속이나 우리가 통제할 수 없는 우연의 일치도 아니다. 미래는 결국 '과거'가 되기 때문에 과거를 이해한다면 의식적으로, 또 의도적으로 멋진 미래로 향할 수 있는 확률을 높일 수 있다. 과거의 언젠가를 기준으로 보면 현재는 미래 세계였을 것이며, 오늘날의 세상을 만든 것은 당시 선견지명을 가지고 있었던 사람들이다.

미래는 과거의 영향권 안에 있다는 이 사고방식을 통해 과거를 돌아보고, 그 시대의 사람들에게 어떤 전략과 기술이 효과가 있었는지, 무엇이 그렇지 못했는지 그리고 그 이유는 무엇인지 생각해 보라. 미래를 바꾸기 위해서는 결국 사람이 미래를 만든다는 사실을 기억해야 한다. 대중문화에 흔히 그려지는 기계가 지배하는 미래상에서도 그 기술을 만들고, 전략을 세우고, 프로그래밍하는 것은 사람이다. 앞으로 다가올 산업 혁명과 그 이후에 우리의 선택에 더욱 적합한 기술을 발명하고 사용하는 우리 사람들의 손에 달려 있다. 인류가 알고 있는 것보다는 알려지지 않은 것들이 언제나 더 많을 것이고, 발견되기를 기다리고 있는 새로운 영역이 늘 존재한다는 사실을 기억해야 한다. 무엇보다도 평범한 사람과 혁신적인 사람을 구분하는 것은 바로 이러한 관점이다. 언젠가 과거를 돌아보았을 때 어떤 이야기를 들려줄 수 있는가? 우리는 어떤 유산을 남기고 싶은가? 더 나은 미래의 일부가 된다는 것은 어떤 느낌이며, 오늘날 더 나은 경험을 개발하고 제공하면서 이 비전을 어떻게 실현할 수 있는가?

기술은 우리를 확장시켜 준다. 우리는 인간다운 미래에 대한 희망과 꿈에 기술을 가미할 수 있다. 단지 우리가 무엇을 그리고 누구를 위해 최적화하고 있는지, 애초에 왜 이러한 일을 하고 있는지를 이해하기만 하면 된다. 개인화를 지향하는 변화에 투자하는 회사는 더 나은 경험을 주는 기업에 충성하는 고객과 통찰력 있는 직원을 확보하면서 수혜를 얻게 될 것이다. 기업들은 스스로 이러한 비전을 잘 실천하고 있는지 돌아보고, 그렇지 못한 경우에는 그 이유를 찾아 부족한 곳을 메워야 한다. 글의 말미에 이러한 공백을 어떻게 찾고 메우는지를 다시 살펴볼 것이다.

이 세계는 대화로 이루어져 있다. 진정성을 담아 이야기하라.

〈클루트레인 선언문〉에는 이런 구절이 있다. '시장이란 대화이다.'[27] 이 책을 최대한 활용하기 위해서는 단 한 가지, 열린 마음으로 고객·직원 경험에 대한 새로운 기준을 논하는 대화를 경청할 뿐만 아니라 적극적으로 참여해야 한다. 이 책은 마지막 페이지를 넘긴 후에도 오랫동안 새로운 대화를 이끌어내고 모든 회사가 고객·직원 경험을 제공하는 방식에 대한 인식과 현장을 바꾸기 위해 쓰여졌다.

모든 산업이 비용 중심이 아닌 충성도 중심의 접근 방식으로 전환되는 혁명이 일어났다고 상상해 보라. 우리는 단지 그 가능성을 엿보기 시작한 단계에 지나지 않기 때문에 이 혁명이 일어나기 위해서는 모든 이들이 적극적으로 대화에 참여해야 한다. 공감을 기반으로 하는 기업의 가능성을 온전히 끌어내기 위해서는 모든 산업과 분야를 아우르는 통찰력이 필요하다.

대화에 일단 참여하기로 했으면, 지속적으로 참여해야 한다. 이 대화는 영원히 진화할 것이다. 항상 업데이트 하지 않는 기업은 새로운 경로를 개척하는 회사들에게 뒤처지게 될 것이다. 이번 기회로 당신의 커리어에 활력을 불어넣고, 다르게 생각하고, 변화를 주도하면서 브랜드를 발전시켜 보라. 이 책이 우리에게 그랬듯 당신 내면에도 불을 켜줄 수 있기를 바란다.

∘· 핵심 아이디어 ·∘

- 기술은 역사적으로 삶의 모든 측면에 영향을 미쳤으며, 기업의 사업 성과를 지속적으로 결정해 왔다.
- 오래된 비즈니스 중심 사업 모델은 직원이나 고객의 신뢰의 가치에 초점을 맞추지 않고 있으며, 고객·직원 중심 모델과 같은 수준의 충성도를 얻을 수 없다.
- 이제 기업은 고객·직원 중심의 경험을 제공하고 우선순위를 정하여 더 많은 비즈니스 가치를 창출하는 방법을 모색해야 할 때이다.

토니의 리더십 코너

사각지대: 100% 감에 의존한 의사 결정

나의 초능력은 직관이다.

나는 런던 외곽의 유복하지 못한 가정에서 자라났다. 대학은 첫 해에 중퇴했지만, 런던대학교의 컴퓨터 센터를 첫 직장으로 통근하는 런던 지하철 안에서 코딩하는 방법을 독학했다. 화려한 가정 환경이나 대학 학위는 없지만 나에게는 다양한 사람의 마음을 읽을 수 있는 능력이 있다. 자라면서 나는 터프하고, 똑똑하고, 멋지고, 수줍음이 많은 다양한 아이들과 공감할 수 있었고, 이들 모두와 친구가 되었다. 직장 생활을 하면서는 사람들이 가장 어려워하는 점이 조직 내 정치 관계를 헤쳐 나가는 것이라고 말하는 것을 듣고는 놀랐다. 사람과 상황을 읽고 앞으로 나아가야 할 때를 알고 탐색하는 것이 내게는 늘 상당히 쉬웠기 때문이다.

부모님은 엄격한 양육 환경에서 무거운 기대와 제약을 두고 나를 키우지는 않으셨기 때문에 나는 항상 조금씩은 친구들을 선동하곤 했다. 나는 내 직감을 따랐고, 신념을 위해 모든 것을 주저 없이 걸었다. 나는 영국을 떠나 먼저 암스테르담으로 향했고, 실리콘밸리의 하이테크 분야에서 성공하기 위해 꿈을 좇았다. 인터넷, 통신 기술의 힘, 연결된 소비자 디바이스, 지금은 고객 경험 산업의 경험 등 새로운 물결이 일어날 때마다 본능적인 감각을 느꼈다.

하지만 불행히도 내 직감은 두 번 이상 실패했다. 두 경우 모두 회사 문화를 충분히 알아보지 않은 채 카리스마 넘치는 리더와 흥미진진한 회사 비전에 사로잡혔기 때문이다. 한 조직의 내부에 속하기 전까지 그 조직의 문화를 모두 다 알 수는 없지만, 여러 가지 근거들을 찾고 사람들의 경험을 들어 볼 수도 있었는데 말이다. 순진한 낙관주의의 사각지대를 피할 수 있는 가장 좋은 방법은 자신의 직감을 믿은 후 데이터로 이를 검증하는 것이다!

"파괴적인 혁신이란 시장이나 산업이 작동하는 방식에
상당한 영향을 미치거나 변화시키는 기술이나
이 기술의 응용을 가리킨다."

클레이튼 크리스텐슨

5차 산업 혁명

개인화

1장에서는 기술 발전이 비즈니스와 삶의 방식, 사회 구조에 어떤 영향을 미쳤는지 살펴보았다. 역사를 보면 기술의 진화 및 그 기술에 따른 파급 효과가 반복적이고 일관된 양상을 보이는 한편, 주요 기술 혁명이 일어나는 주기가 단축되고 있다는 사실을 알 수 있다. 이는 기술의 역량이 선형적이 아닌 기하급수적으로 발전하고 있기 때문이다.

기술 혁신 속도가 그 어느 때보다 빠르기 때문에, 리더는 역동적이고 기하급수적 기술을 새로운 방식으로 통합하여 비즈니스 전략을 재편해야 한다. 신기술에 집중하고 지속적으로 적응하여 변화에 대응하는 회사의 실적은 기하급수적으로 변화할 것이다. 반면 뒤처지는 기업들은 점점 더 뒤처지게 된다.

상승 곡선의 분석: 각 시대별 기술 발전

석기 시대는 수백만 년 동안 지속되었지만 철기 시대 이후로는 수만 년 단위로 변화되었다. 산업 혁명과 문명의 발전 기간을 함께 본다면 수십 년의 주기로 새로운 기술 역량이 변화한다는 사실을 알 수 있다. 시간 축을 좀 더 넓혀 본다면 기하급수적인 변화 속도를 볼 수 있다.

근대 이후의 시대에 초점을 맞춘다면, 이와 유사한 양상이 발견된다.(그림 2.1)

- 1차 산업 혁명은 18세기에 발생했다.
- 2차 산업 혁명은 그로부터 거의 2세기 후에 발생했다.
- 3차 산업 혁명은 불과 반세기 후에 발생했다.
- 4차 산업 혁명은 30년 후에 발생했다.

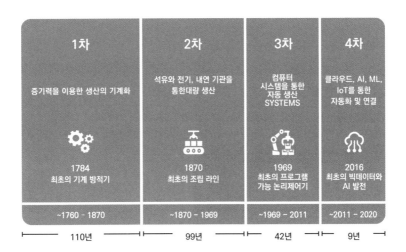

그림 2.1 차세대 혁신에 걸리는 시간은 산업 혁명을 한 번씩 거칠 때마다 비선형적으로 진행된다.
자료 창업 진흥 기구[01]

　기술 역량이 지속적으로 성장하는 요소로 인해 개선되면서 변화의 속도가 빨라지고, 기업 환경 또한 이에 맞추어 기하급수적으로 변화하고 있다.

변화는 왜 중요한가: 산업 혁명의 중요성 이해

산업 혁명의 중요성을 이해하기 위해서는 두 가지 요소를 이해할 필요가 있다.

- 고도의 기능을 갖춘 신기술의 발명
- 새로운 기술이 이전의 방식을 완전히 바꾸는 기제

　1차 산업 혁명은 기계화를 주도했고 증기 기관의 발명에 힘입어 농업과 수공업에 기반한 경제를 대규모 산업, 제조의 기계화, 산업 공장

시스템에 기반한 경제로 전환시켰다. 새로운 기계와 동력원, 새로운 작업 방식 덕분에 기존 산업들의 생산성과 효율성이 개선되었다.

2차 산업 혁명은 전기와 이에 관련된 발명품을 바탕으로 오늘날의 대량 생산 개념을 구현했다. 제조 및 생산 기술의 혁신으로 전신과 철도 네트워크, 가스와 수도 공급 파이프라인, 도시 하수도 시스템을 폭넓게 도입할 수 있게 되었다.

철강, 화학, 전력 산업이 급속히 발전하면서 대량 생산 모델의 효율성이 이전과 비교할 수 없이 높아졌다. 철도와 전신선이 확장되며 사람과 상품, 아이디어의 이동이 예전에는 상상할 수조차 없었던 규모로 확장되고 가속화되면서 세계화에 새로운 물결이 일어났다. 기차, 자동차, 항공기 덕분에 여행은 더 빠르고 쉬워졌다. 사람들의 아이디어와 뉴스는 전신, 대량 부수의 신문, 합리적인 가격의 라디오를 통해 그 어느 때보다 빠르게 퍼졌다.

3차 산업 혁명에서는 컴퓨터, 디지털 기술 및 관련 응용 프로그램이 출현했다. 반도체나 메인 프레임 컴퓨터*, 개인용 컴퓨터, 인터넷 혁신이 합쳐져 디지털 혁명이 일어났다.

그리고 우리는 초고속 모바일 인터넷, AI의 발전에 따른 자동화의 발전, 빅데이터 분석 기술 활용, 클라우드 기술에서 촉발된 4차 산업 혁명의 시대를 지나 왔다. 그 결과 기업과 개인 생활이 실시간적이며 연속적으로 연결되면서 디지털 변화 엔진은 더욱 강화되었다.

기업들은 급진적인 변화를 체감했다. 실시간으로 소통할 수 있는

---

* 기억 용량이 크고 많은 입출력 장치를 신속히 제어함으로써 다수의 사용자가 함께 쓸 수 있는 대형 컴퓨터를 의미 - 역자 주

기술 덕분에 브랜드는 고객의 니즈와 요구에 즉각적으로 대응하는 등 실시간 서비스를 이행할 수 있게 되었다. 또한 비즈니스 모델을 단순한 제품 판매에서 관리 서비스로 확장하기도 했다.(SaaS* 가 가장 대표적인 예이다.)

이제는 '이익을 위한' 것과 '사람을 위하는' 것이 상충되지 않는다. 그에 따라 사람과 기술, 기업 간의 심층적이며 다차원적 협동을 통해 인간의 본질과 개인화에 집중할 수 있게 된 5차 산업 혁명의 시대에 진입했다.(표 2.1)

표 2.1 5차 산업 혁명의 이해

1차 산업 혁명	2차 산업 혁명	3차 산업 혁명	4차 산업 혁명	5차 산업 혁명
수력과 증기력을 바탕으로 생성된 동력으로 생산을 기계화	전기와 석유를 바탕으로 생성된 동력으로 대량 생산 및 조립	전기 전자 및 정보 기술을 바탕으로 자동화	디지털 역량 (클라우드, AI, ML, IoT 등)으로 혁신 주도	사람과 기계, 지성 간의 심층적 다차원 협력
기계화	대량 생산	자동화	디지털	개인화
~1760	~1870	~1969	~2011	~2021

변혁에 적합한 본질: 디지털 파괴의 정의

우리가 정의한 새로운 비즈니스 패러다임에서 혁신과 성공은 더 이상 예전의 비즈니스 중심적 효율성과 효과성 모델에 좌우되지 않는

---

* Software-as-a-Service의 약자로 서비스형 소프트웨어 또는 서비스로써의 소프트웨어로 번역됨. 이는 소프트웨어의 여러 기능 중 사용자가 원하는 기능만을 제공하고 소프트웨어를 사용한 만큼 비용을 지불하는 형태의 서비스를 의미함 – 역자 주

다. 학제 간 연구 대학(Singularity University)에 따르면 과거에 해결할 수 없었던 문제도 두 개 이상의 기하급수적 기술이 결합되면, 그 해결 방법을 개발할 수 있는 가능성도 기하급수적으로 증가한다고 한다. 기하급수적 기술에는 AI와 머신 러닝, AI가 탑재되고 데이터가 강화된 챗봇 및 에이전트, 모바일 비즈니스 애플리케이션, 완전히 디지

표 2.2 현재 주목 받고 있는 기하급수적 기술들.
자료 딜로이트[02], 학제 간 연구 대학[03]

전략적 기술	전술적 기술
AI, 머신 러닝	모바일 비즈니스 애플리케이션
빅 데이터, 데이터 사이언스	AI 챗봇, 보이스봇
IoT	AI를 다룰 수 있는 직원
비즈니스 SNS	AI 챗봇, 보이스봇
오픈 APIs	컨테이너화(Containerization)
디지털 고객 경험 애플리케이션 및 플랫폼	상황 인식 컴퓨팅 (Contextual Computing)
모바일 비즈니스 앱	적응형 보안 구조 (Adaptive Security Architecture)
공유 경제 비즈니스 애플리케이션	가상 현실 및 증강 현실(VR, AR)
팀 협업 소프트웨어 및 플랫폼	3D 프린팅
통합 워크플레이스 애플리케이션	로우 코드 플랫폼 (Low-code Platform)
클라우드 기술	상황 인지 컴퓨팅 (Context-aware Computing)
디지털 학습 애플리케이션	웨어러블 기술
마이크로서비스 아키텍처 (MicroService Architecture)	모바일 결제
하이브리드 및 멀티-클라우드 기술	실시간 데이터 처리 및 애플리케이션
블록체인	암호 화폐
처방적 분석	바이오프린팅
나노 기술	자율 주행차

털화된 고객 경험 관리 플랫폼, XaaS(X-as-a-Service offerings, 서비스형 시스템), IoT(사물 인터넷), 클라우드와 하이브리드 클라우드 서비스 등이 있다.[04](표 2.2) 이 중 많은 기술이 고객·직원 경험을 급격히 개인화할 수 있도록 뒷받침한다.

디지털 파괴는 여러 가지로 정의된다. 학제 간 연구 대학에서 영감을 받아 우리는 선형적 기술에 기반한 앞선 세 번의 산업 혁명과 기하급수적 기술에 기반한 5차 산업 혁명을 비교하면서 통찰력을 얻을 수 있었다.

처음 세 번의 산업 혁명은 선형적 기술을 기반으로 이루어졌기 때문에 이 기술을 사용하는 기업 또한 선형적으로 성장했다. 반면 4차와 5차 산업 혁명은 기하급수적 기술을 기반으로 하기 때문에 이러한 기술을 사용하는 회사는 모든 산업에서 기하급수적인 성장을 구

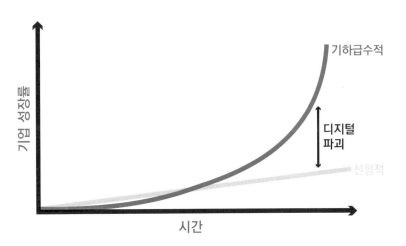

그림 2.2 기하급수적 기업 성장률 vs 선형적 기업 성장률.

가할 수 있는 잠재력을 가지고 있다.

디지털 파괴는 선형적 성장률과 기하급수적 성장률 간의 차이를 나

타낸다. 기하급수적 모델에서는 기업의 성장률이 매우 빠르기 때문에 따라오지 못하는 기업은 갑작스럽게 뒤처지게 된다. 결국 자신이 속한 산업을 완전히 '파괴'하는 회사가 나타나게 된다.(그림 2.2)

시급을 다투는 변화: 기하급수적 기술을 활용한 기업 혁신

세계 경제 포럼의 창립자이자 회장인 클라우스 슈밥은 기술 혁명을 다음과 같이 정의했다.

> … 기술 혁명이란 경제 및 사회 구조의 근원적인 변화를 촉발하는 새로운 기술과 세상을 인식하는 새로운 방식의 출현[05]이다.

기하급수적 기술이 가진 강력한 기능을 결합하여 새로운 제품을 선보이고 공감하는 고객·직원 경험을 제공하는 기업들은 각 산업에 전례 없는 디지털 파괴를 가져오면서 성장 기회를 누리고 있다. 이들 기업들은 다음과 같다.

- 통신: (IP 전화: 보너지, 스카이프)
- 숙박: (에어비앤비, 플립키, 홈어웨이, 루모라마)
- 택시 · 공유차량: (우버, 리프트, 커브, 프리 나우, 디디, 그랩, 캐비파이)
- 특정 계층 광고: (크레이그리스트, 앤지스 리스트, 이베이, OLX)
- 음반 및 음원: 음원 다운로드: (아이튠즈, 냅스터, 더 필터)
- 서적 및 출판: (아이북스, 킨들, 오더블)
- 검색 엔진 및 광고: (구글, 빙, 바이두)
- 금융·지급 결제: (페이팔, 이트레이드, 비트코인, 벤모, 젤, 버트코인, 즈냅)

- 개인 커뮤니케이션 및 네트워킹: (페이스북, 트위터, 위츠앱, 슬랙)

- 기업 및 커뮤니케이션: (줌, 지메일, 스카이프, 줌, 팀즈)

- 전자 상거래: (아마존, 알리바바)

DEC 코퍼레이션, 타워 레코드, 서킷 시티, 미놀타, 토머스 쿡, 왕 래보래토리스와 같이 미래를 대비하는 듯 보였던 회사들조차 산업의 파괴 속도와 규모에 휩쓸려 가버렸다. FAO 슈와츠처럼 막대한 시장 점유율을 자랑하던 회사들조차 매각되었고, 이후 다시 오픈한 뉴욕의 플래그십 스토어만이 남았다. 토이저러스는 파산 후 피인수되었으나, 2019년 연말 휴가 시즌에 2개의 점포를 여는 데 그쳤다. 그 외에도 많은 예가 있다.

지금 우리는 한때 독립적으로 경영되던 회사들이 다른 소매점의 팝업 스토어처럼 전락하는 모습을 목격하고 있다. 비즈니스 모델, 제품, 고객·직원 경험 우선순위를 재정립한 기업들이 기존 방식에 갇혀 있는 경쟁 업체를 밀어내고 있다.

기하급수적 세계에서 살아남으려고 노력하면서도 여전히 선형적 기술을 사용하는 회사는 기하급수적 기술과 전략을 채택하는 선견지명을 가진 경쟁 업체들에게 시장 점유율을 흡수당하거나 심지어는 완전히 사라지고 있다. 한 가지 통계가 이러한 점을 명확하게 보여준다. 이 책을 쓰고 있는 현재, 2000년에 상장되어 있던 〈포춘〉 500대 기업 중 절반 이상이 이미 사라졌다.[06]

데이터에 따르면 디지털 파괴를 이루어 낸 기업은 혁신하기 전에 비해 수익성이 9% 개선되고 매출은 26% 증가하는 것으로 나타났다.[07] 과거 그 어느 때보다 기술 변화가 빠른 21세기에, 새로운 기술은 우리가 일하고, 살아가고, 놀고, 학습하는 방식을 결정하는 고객·직원 경험을 지속적으로 변화시키고, 전체적인 기업 환경을 바꿀 것이다.

데이터와 수많은 전문가들의 연구 결과를 보면 기업이 성공하기 위해서는 고객과 직원에 집중해야 한다는 사실을 알 수 있다. 문제는 그 엄청난 도약을 어떻게 해낼 것인가 하는 점이다. 최고 석학들의 연구를 종합한 결과, 우리는 고객·직원 중심이라는 개념을 한데 모으고 완전히 새로운 차원으로 가져왔다. 즉, 기하급수적 시대를 탐색하고 회사와 고객 그리고 직원들 사이에 지속적인 유대 관계를 구축하여 기업이 공감의 시대를 맞이할 수 있도록 안내서를 만들어 낸 것이다.

빠르게 변화하는 더 넓은 세계에 촉각을 곤두세우지 않는다면 어떠한 회사도 디지털 파괴의 희생자가 될 수 있다. 너무 좁거나 잘못된 목표를 설정하는 기업은 파멸하고 만다.

『파괴의 사고방식: 왜 어떤 조직은 도태되고, 어떤 조직은 변화하는가』에서 저자인 샤를렌 리는 다음과 같이 말한다.

기업은 조직의 모든 측면에 스며들어 미래 고객의 요구 사항을 충족할 수 있도록 설계된 전략, 혁신을 주도하고 지속하기 위한 움직임을 창출하는 리더십, 파괴적 변화로 번창하는 문화라는 세 가지 요소에 중점을 두는 파괴적 사고방식을 개발해야 한다.[08]

사례 연구: 실제 세계에서 사각지대는 어떻게 보이는가

과거의 파괴적 혁신을 대표하는 예 중 하나는 인터넷이다. 인터넷이 보급되면서 기업들이 사업을 하는 방식이 크게 변화했고, 인터넷 환경에 적응하지 못하는 기업들에게는 부정적인 영향이 발생했다.

현재 파괴적 혁신은 그보다는 좀 더 주관적인 수준에서 일어나고 있는데, 조직의 구성이 기하급수적으로 개선되고 있고 또 기하급수적 기술들로 이러한 변화가 가능해지고 있다. 기하급수적 기술을 활용하는 기업은 제품이나 솔루션 이상의 가치를 제공할 수 있다. 즉, 이제는 경험을 서비스로 제공할 수 있게 되었다.

표 2.3의 오른쪽에 표시된 회사는 많은 데이터를 활용할 수 있다는 이점을 가지고 있으며, AI나 머신 러닝을 사용하여 이 데이터를 더 유용하고 더 활용 가능성이 높아지도록 가공한다. 이후 이 풍부한 데이터를 가져와 기존 고객과 파트너, 채널 관계의 경험을 주도 면밀하게 관리하여 파괴적인 비즈니스 모델을 만들어 낸다.

인터넷이 등장한 당시 처음으로 인터넷을 도입한 기업과 같은 전략으로, 이제 기업은 새로운 고객·직원을 위주로 한 사람 중심 전략을 채택하고 이를 위해 기하급수적 기술을 활용하여 기존의 경쟁사들을 밀어낼 수 있는 엄청난 기회를 얻게 되었다.

표 2.3 디지털 파괴에는 새로운 기술의 적용과 비즈니스 모델의 변화가 필요하다.

산업	과거의 비즈니스 모델	비즈니스 모델의 디지털 파괴
교통수단	택시	리프트, 우버
서점	보더스	아마존
영화관	블록버스터	넷플릭스, 훌루
음악	샘구디	아이튠즈, 스포티파이
사진	코닥	스마트폰, SNS

기하급수적 기술: 변화의 엔진 되살리기

X-프라이즈의 창립자이자 회장인 피터 디아만디스는 이렇게 말한다.

> 사람들은 기하급수적 기술이 기업 환경에 어떤 영향을 미치는지 이해해야 한다.
> 미래를 예측하고 모든 산업이 어떻게 진화하고 완전히 전환되고 있는지 살펴보아야 한다.[09]

피터 디아만디스와 스티븐 코틀러(베스트셀러 작가이자 플로우 리서치 콜렉티브의 회장이며, 인간 행동 과학 전문가)가 쓴 『볼드』에서는 21세기 중 기술 역량이 예전에 보지 못한 속도로 가속화되고 있다는 점을 구체적으로 보여주고 있다. 컴퓨터, 연산 능력(AI, 머신 러닝), 데이터 수집 도구 등은 지속적으로 우리 삶의 모든 측면과 고객·직원 경험에 유례없는 방식으로 직접적인 영향을 미치고 있다.

빠른 속도로 기술이 변화하면서 기업의 책임, 기업의 선택이 미치는 영향 및 결정의 중요성 또한 같은 속도로 변하고 있다. 기업이 고객·직원 경험을 어떤 방식으로 제공하느냐만의 문제는 아니다. 본질적으로 고객이 거래할 회사를 선택하는 방법과 직원이 근무할 조직을 선택하는 방법에도 영향을 미친다. 예전에는 고객과 직원들이 온라인에서 언제든지 여러 옵션을 선택하고 자유롭게

사각지대

대부분의 기업은 기술과 변화의 기하급수적인 영향력을 실감하지 못하기 때문에 낡은 고객·직원 경험 패러다임을 시급히 바꾸어야 한다는 필요성을 느끼지 못하고 있다.

그림 2.3 자료: 스티브 치콘[10]

기업과 소통할 수 없었다. 기하급수적 변화는 경쟁사의 수보다 훨씬 중요한 영향을 미친다. 이 변화로 인해 경쟁사들이 시장 기반에서 얼마나 가시적이고, 접근 가능하며, 존재감이 있는지가 결정된다. 기업은 그 어느 때보다 고객이나 직원의 관점에서 자사 제품과 그 제품 이면의 경험을 잘 살펴보아야 한다.

> "1991년 라디오쉐크에서 판매되던 전자 기기들의 모든 기능이 이제는 스마트폰 하나에서 구현된다."

일상생활 속의 기하급수적 기술

기하급수적 기술의 개념을 쉽게 이해하기 위해 우리 일상생활에 이제는 깊숙이 자리 잡게 된 스마트폰을 살펴보자. 현대인의 삶에서 빼놓을 수 없는 이 디바이스는 기하급수적 기술이 전화라는 제품에 대한 우리의 정의와 경험뿐만 아니라 일을 하는 핵심적인 방법까지도 어떻게 변화시켰는지 보여주는 완벽한 사례이다.

전화가 스마트폰으로 발전하면서 이전에는 별도의 제품이나 서비스였던 것들이 수십억 달러 가치의 애플리케이션 시장으로 신속하게 전환되고 통합되었다. 스마트폰은 결국 디지털 시계, 카메라, 비디오 플레이어, 음악 재생 기기, 데스크톱 화상 회의 도구, 디지털 음성 녹음기, 백과사전 등을 대체했다.[11] 모든 기능이 단 하나의 혁명적인 디바이스에 통합되면서 과거에는 번창하던 수백 개의 기업들이 퇴출되었다.

이는 기업들이 사업을 영위할 때 기하급수적 기술을 도입하지 않으면 어떤 일이 일어나는지 보여주는 예이며, 특히 디지털 시대가 초고속 궤적으로 발전함에 따라 도입 속도도 더욱 빨라져야 한다. (그림 2.3)

새로운 게임의 룰:
디지털 파괴는 이미 현실이며 앞으로도 계속될 것이다

우리는 지금 기하급수적 기술의 벼랑 끝에 서 있다. 증기 내연 기관의 출현과 같이, 새로운 기술 혁명은 우리가 어떻게 관여하면서 이끌어 가는지에 따라 사회에 좋은 영향도, 나쁜 영향도 미칠 수 있다. 역사를 통틀어 인류가 이룩한 기술 발전은 제품과 서비스가 개발되고 판매되는 방식에 큰 변화를 불러 왔지만, 이 기술을 실용적으로 적용하고 기업에 유용한 것으로 만들어 나가기 위해서는 훌륭한 리더십이 필요했다. 오늘날에도 마찬가지이다.

지금 사람들은 경험을 주요 기준으로 어떠한 기업을 선택한다. 따라서 리더는 기하급수적 기술이 고객·직원 경험에서 어떻게 실체화되어 사용될 수 있는지를 배워야 한다. 좀 더 넓게 보면, 그러한 기술들이 어떻게 더 많은 공감을 불러 일으키고, 신뢰 관계를 발전시키며, 장기적인 고객·직원 충성도를 발생시키는지를 이해해야 한다.

기업들은 지금 행동으로 옮기지 않으면 어떠한 결과가 벌어지는지 이해할 필요가 있다. 기술의 속도가 이제는 기하급수적으로 변하고 있으므로, 원론적으로 말해 우리 대부분은 이미 '뒤처져' 있다. 과거의 산업 혁명에서는 변화가 느리게 일어났기 때문에 우리는 아직 기하급수적 성장에 대처할 준비가 되어 있지 않다. 종종 우리는 과거의 변화 패턴이 앞으로도 되풀이될 것으로 가정하고 미래를 예측한다. 그 결과 우리는 변화율이 일정하게 지속될 것이라고 가정하게 되며, 이 가정에 따라 기하급수적이 아닌 선형적 경영을 하게 된다.

이는 심각한 판단 오류로 오늘날 세계의 성장과 혁신에 가장 큰 장애물로써 작용한다.

기하급수적 기술은 기업이 과거에 한 번도 경험하지 못했던 방식으로 공감하고, 시행착오하고, 반복할 수 있는 기회를 준다. 기업이 적응하기 위해 더 오랜 시간을 낭비할수록 경쟁력을 유지하기 위해서는 더 절박한 싸움에 뛰어들어야 할 것이다. 고객·직원 경험 비즈니스 관행을 개선하기 위해 이미 방향을 전환하고 있는 회사들은 현저한 우위를 확보하고 있다.

새로운 게임의 룰 중 기업에게 정말 중요한 규칙은 단 하나이다. 적응하지 못하면 도태된다는 것이다.

자체 평가: 디지털 파괴의 사각지대에 맞서기

모든 기업에는 사각지대가 있다. 스스로의 사각지대에 눈을 뜨는 것이 변화의 시작이다. 기업의 성장을 방해했던 결함이 우리의 코 바로 밑에 숨어 있는 것을 알게 되었고, 더 깊이 파고들수록 기하급수적 변화의 속도에서 안전한 피난처는 없다는 사실이 더 분명해졌다. 우리는 이 책을 읽는 독자의 비즈니스가 다채로워질 수 있는 새로운 관점을 제공할 수 있기를 바라며 우리 회사와 다른 회사들을 고찰한 내용을 공유하려고 한다.

과거에 지구가 우주의 중심이라는 관념을 모두가 믿던 시절이 있었던 것처럼, 오늘날에도 너무 많은 기업의 경영진들이 현재의 시장 점유율이 앞으로도 안정적으로 유지될 것이며, 브랜드의 우위가 언제나 브랜드 충성도로 이어질 것이라는 비즈니스 중심적 관점에서 벗어나지 못하고 있다. 이는 낙관주의로 포장되어 있지만 편협한 견해이며, 경영 실적에 실질적으로 해악을 미칠 수 있다는 가능성을 깨달아야 한다.

지구를 중심으로 우주가 존재한다는 오래된 패러다임이 갈릴레이와 코페르니쿠스의 태양 중심설로 대체된 방식과 유사하게, 비즈니스 중심 모델을 버리고 이미 명확하게 눈에 보이는 현실에 기반한 패러다임으로 대체해야 할 때이다. 새로운 사고방식을 기르고 파괴적인 전략의 가치를 우선적으로 이해하지 않는다면 점점 더 가까운 미래에 기업들의 생존 가능성이 사라지게 될 것이다.

'사람 중심'인 디지털 파괴를 예상하고 계획하는 기업들만이 생존하여 앞으로 고객·직원 충성도 및 가치를 놓고 경쟁할 것이다.

타조 효과: "우리에게 사각지대란 없다"

디지털 파괴가 모든 기업에 점점 더 많은 영향을 미치고 있지만, 대부분은 사각지대가 있다는 사실을 깨닫지 못하거나 인정하려고 하지 않는다. 이는 눈앞에 닥친 위험을 피하기 위해 머리를 모래 속에 파묻는 타조와 비슷하다.

만일 지금 우리 회사에는 사각지대가 없다는 생각이 든다면 사각지대가 하나 이상 존재하고 있을 가능성이 높다. 기업의 리더들이 "우리는 늘 이런 식으로 해 왔고 문제 없이 돌아가고 있습니다!"라거나 "다른 사람의 것이라면 가장 좋은 방법이라고 하더라도 채택하지 않겠습니다."라고 말하거나, 새로운 전략이나 방법론이 왜 제대로 작동하지 않을지 핑계를 댈 때마다 우리는 그 기업을 덮치려는 사각지대가 숨어 있다는 사실을 감지한다.(그림 2.4) 예상치 못한 사실 때문에 충격을 받고 싶은 사람은 없으므로, 우리가 YDKWYDK(You Don't Know What You Don't Know, 모른다는 사실 자체를 모른다)라고 부르는 몇 가지 경고 신호를 살

음···

멈추면 안 돼!

발전할 시간이 부족한가?

그림 2.4 사각지대가 존재하는 기업이 보이는 징후.
자료 크리에이티브 커먼즈[12]

펴보자.

지구에 존재하는 모든 기업은 사각지대를 어느 정도 가지고 있다. 하지만 중요한 것은 사각지대가 있다는 사실이 있다는 것이 아니라 사각지대가 있다는 사실 자체가 하나의 명제라는 점이다. 즉, 실적에 악영향을 미치기 전에 실용적이고 문화적인 프레임워크를 통해 사각지대를 찾아내야 한다는 점이 중요하다.

성공적인 기업은 직원들이 사각지대에 대한 우려를 자신의 직장 생활에 문제가 생길 거라고 걱정하지 않고 자유롭게 제기할 수 있는, 심리적으로 안전한 문화를 만든다. 직원과 고객의 솔직함을 중요하게 생각하는 회사는 호기심을 갖고, 질문하고, 공포 때문이 아니라 진정으로 이해하기 위해서 의문을 품고, 일을 하는 방식을 바꾸자고 건의하면 회사가 이 제안을 받아들일 뿐만 아니라 그러한 제안을 선호하는 문화를 만들어 간다. 이러한 문화는 혁신과 파괴의 핵심이며, 성장의 원동력이다. 이런 회사들은 자신의 목소리를 내는 직원들에게 불이익을 주는 기업에 비해 사각지대에 훨씬 더 잘 대비되어 있다.

안전지대가 오히려 방해 요소이다. 이를 꿰뚫어 보는 법을 배우라

우리가 자주 접하는 한 가지 사각지대는 기업이 대표 제품이나 서비스로 대변되는 '안전지대'에 지나치게 의존한다는 것이다. 비즈니스 중심 패러다임에서 보면 안전지대가 좋은 사업처럼 느껴지기 때문에 이는 까다로운 장애물이다. 그러나 마지막까지 두고 보았을 때에는 결코 좋은 사업이 아니다. 사각지대를 확인하지 않고 그대로 두면 과도한 의존 상태가 점점 더 심화된다. 기업을 발전시키고 파괴하는 대신, 같은 방식으로 같은 일을 계속하면 더 큰 그림을 놓치게 된다. 고급 승용차 브랜드인 롤스로이스는 이러한 함정에서 성공적으로 빠져 나간 사례이다. 롤스로이스는 항공기 엔진을 제조해 왔다. 이들의 안전지대는 실체적인 항공기 엔진 제품뿐만이 아니라, 이

> **사각지대**
>
> 안전지대에 끊임없이 맞서지 않는다면 사업이 결국 위기에 처하게 된다.

제품을 효율적으로 제조하고 운영하는 능력이기도 했다.

　제조 설비가 발전하면서 판도가 바뀌었다. 롤스로이스의 경영진은 기술로 엔진 생산 분야가 평준화되면서 일반재(Commodity) 위주로 시장이 재구성된다는 사실을 깨달았다. 그래서 이들은 자사 제품인 엔진을 항공사에 서비스(As-a-Service) 기반으로 판매하면서 자신들의 안전지대를 넘어섰다.

　기존에는 항공사가 자금을 투자하여 유형 자산(항공기 엔진)을 구매하

고, 유지 보수 계약 비용을 지불하며 사용하다가 내용 연수가 끝난 엔진 재고를 떠안아야 했지만, 롤스로이스는 '파워 바이 디 아우어(Power by The Hour, PBTH)'라는 비즈니스 모델을 개발하였다. 모든 비용이 다 포함된 제품 가격을 받고 항공기 엔진을 단순히 판매하던 사업 모델을 탈피한 것이다.[13] 덕분에 롤스로이스는 기술적 진보에 적응할 수 있었을 뿐만 아니라 산업의 새로운 사이클에서 경쟁사들을 제치고 파괴적인 기업으로 차별화할 수 있었다.

사례 분석: 코닥의 사각지대

파괴적 변화가 얼마나 큰 영향을 미치는지 경종을 울리는 최근의 사례로는 카메라 및 필름 산업에서 수십 년 동안 선두 업체였던 코닥을 들 수 있다. 『볼드』에서 저자들이 말하는 바와 같이 코닥은 한때 280억 달러 규모의 회사였다.[14] 하지만 지금 코닥의 가치는 과거의 몇 분의 일에 불과하며 신생 기업들에게 시장 점유율의 상당 부분을 빼앗겼다. 무슨 일이 있었던 걸까?

1878년, 조지 이스트먼이라는 한 은행원은 휴가를 가면서 사진으로 여행 기록을 남기고 싶었다. 불행히도 당시에는 카메라를 가지고 여행하는 것은 끔찍한 경험이었다. 카메라 자체가 전자레인지만 한 크기였고 삼각대와 사진 현상에 사용되는 화학 약품 병은 무거웠다. 풍경을 기록하기 위해서 그 많은 짐들을 끌고 다니기는 엄청나게 번거로운 일이었다. 아주 소수의 애호가들을 제외하고 대부분의 사람은 생각조차 하지 않았다.

조지 이스트먼은 휴가조차 취소하고 이 문제를 해결하겠다는 생각에 골몰하여 작고 휴대할 수 있는 카메라와 함께 사용할 수 있는 경량 부속품에 대한 아이디어를 시험하기 시작했다. 더 좋은 화학 약품을 개발하고 사진 현상할 때 탁월한 고객 경험을 창출하는 데 전념한 나머지, 그는 부엌 오븐 옆에서 잠들기 일쑤였다. 그의 노력은 결실을 맺어 조지는 1884년 롤 필름 발명에 성공했고 몇 년 후인 1888년에는 우리가 지금 알고 있고 폭넓은 인기를 얻게 된 휴대용 카메라를 만들었다.

하지만 이것은 코닥 이야기의 시작에 불과했다.

시장 지배자에서 위기 직전까지: 코닥과 해야 할 일

하버드 경영 대학원 교수인 클레이튼 크리스텐슨 교수가 쓴 『일의 언어(Competing Against Luck)』는 미국 전역의 비즈니스 전문가들 사이에서 큰 화제가 되었다. 그 책에서 크리스텐슨 교수는 기업이 경쟁력을 유지하기 위해 해야 할 일을 찾아내기 위한 핵심 문구로써 단순한 질문을 던졌다. "해야 할 일이 무엇인가?"

기업이 이 질문에 답하는 방식에서 많은 것을 알 수 있다. 코닥의 조지 이스트먼은 고객의 입장에서 공감하고 고객의 경험을 우선시했다. 그는 사람들이 휴가의 추억을 담는 데 어려움을 겪지 않도록 하려고 했다. 코닥이 해야 할 일이 무엇이었을까? 일상 속에서 사람들이 사진을 더 쉽게 촬영할 수 있도록 하여 더 나은 고객 경험을 제공하는 것이었다.

롤 필름, 필름용 카메라, 사진 현상 화학 공정 개선, 대규모 사진 인화용 특수지를 개발한 코닥은 '버튼만 누르시면 나머지는 저희에게 맡기세요.'를 사업 전략이자 마케팅 슬로건으로 내세웠다. 이스트먼의 고객 중심 철학으로 코닥 브랜드는 엄청난 성공 가도를 달렸다. 코닥은 고객의 입장에서 바라봄으로써 기하급수적 속도로 혁신할 수 있었다. 고객의 문제를 진정으로 해결하는 제품을 생산하고 판매했으며, 필름을 처리하고 사진을 인화하면서 수백만 명의 경험을 개선했다.

코닥이 이처럼 혁신을 이루어가는 과정에서 서비스를 제공하는 대상과 생산하는 제품을 무엇이라고 생각했을까? 이들은 사업을 필름 사진의 개념으로 이해하면서, 자신의 사업 영역이 카메라, 필름, 처리 화학 제품, 특수 인화지를 판매하는 것이라고 생각했다. 그러나 당신이 디지털 카메라를 사용하거나 휴대 전화로 셀카를 찍어 본 적이 있다면 이들의 미래를 짐작할 수 있을 것이다.

전체 시장과 기술 발전을 통찰해야만 다가오는 미래에서 살아남을 뿐만 아니라 성장할 수 있다는 사실은 코닥의 놀랍고도 혁신적인 성

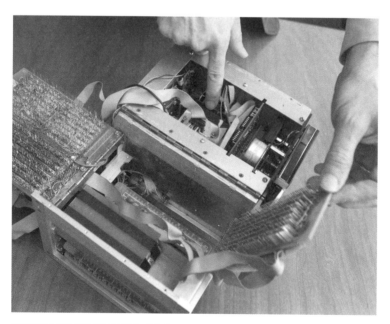

그림 2.5 코닥에서 '디지털' 카메라를 세계 최초로 발명한 스티브 새슨.
자료 게티

공이 지속되지 않았다는 점만 보아도 쉽게 알 수 있다. 이들은 시장에 따라 잡히고 말았고, 시대의 흐름에서 너무 뒤처져 있었다.

지금이 1973년이라고 상상해 보라. 렌셀러폴리테크닉대학교를 졸업한 스티븐 새슨이라는 한 젊은 전기 엔지니어는 코닥에서 전하 결합 장치를 실험해 달라는 요청을 받았다. 그는 칩 크기의 작은 디바이스가 필름과 같은 방식으로 이미지를 투사할 수 있는지 알고자 했다. 1975년, 스티븐 새슨은 세계 최초의 '디지털' 카메라를 발명했다. 오늘날 기준으로 완벽한 디지털 카메라와 많은 거리가 있었지만, 1884년의 시작점과 비교하면 이는 중대한 발전이자 의미 있는 혁신이었다. 새슨은 이 발명을 상사에게 보고하면, 상사가 "천재적이군, 어떻게 한건가?" 라는 반응을 보일 줄 알았다.

그러나 그의 상사들은 "전자 화면에서 사진을 보고 싶어 하는 사람이 있을 것 같은가?"라고 되물었다. 이들의 거부 이면에는 두려움이 깃든 또 다른 질문이 도사리고 있었다. "만약 경쟁 제품으로 떠오르게 된다면, 디지털 카메라는 언제 우리 회사의 화학 약품과 인화지 사업에 위협 요인이 될 것인가?"

디지털 파괴의 사각지대를 이해하기 위해 코닥이 스스로 설정한 비즈니스 모델을 다시 한 번 살펴보자. 실상을 보면 코닥은 사진 장비를 단순히 제조하는 데 그치지 않고 더 나은 고객 경험을 제공하려는 것이었다. 사진은 표현의 수단일 뿐이며, 사진이 실제로 추구하는 개념은 우리의 기억을 보존하고 이를 미래의

사각지대

자신의 현재 제품이나 서비스 너머를 보지 못한다면 사업의 본질을 이해할 수 없으므로 새로운 사업 기회를 놓치게 된다.

자기 자신이나 다른 사람과 함께 나누려는 욕구이다.

코닥은 사업 초기에는 이를 이해하고 있었다. '코닥의 순간(Kodak Moment)'은 사진을 찍고 공유하고 싶은 순간을 나타내는 대명사가 되었으며, 코닥의 카메라와 사진 장비는 수많은 사람들의 추억을 담았다.(그림 2.6) 코닥은 기억을 오래도록 남기고 싶어하는 고객의 마음을 이해한 것이다.

그림 2.5 코닥의 마케팅 문구만 보아도 기억을 남긴다는 기업의 목적에 충실했음을 알 수 있다.
자료 알라미

새슨은 코닥의 철학을 다시 한 번 되새기고 이렇게 생각했다. "디지털 카메라야말로 고객 경험을 최상으로 끌어올려 줄 수 있는 기기가 아닐까?" 그는 고객의 관점에서 디지털 카메라의 가능성을 보았고, 사진 찍는 것을 좋아하는 한 사람으로서 이 아이디어를 한 단계 더 높은 수준까지 끌어올렸다.

하지만 실망스럽게도 코닥은 디지털 카메라 아이디어를 사장시켰다. 디지털 카메라가 화학 약품과 인화지 판매를 둔화시켜 사업을 스스로 잠식하여 자신들의 핵심 사업 영역을 '포기'해야 될 것이라는 우려 때문이었다. 따라서 코닥의 첫 번째 사각지대는 기업의 진정한 목적을 깨우치지 못한 완고하고 방어적인 사고방식이었다.

기하급수적 기술이 사업 모델에 미치는 영향을 인지하지 못하는 리스크

기하급수적 기술은 기능을 빠르게 발전시키면서 그와 동시에 비용을 떨어뜨린다. 새로운 제품, 서비스, 경험을 통합하기에 기하급수적 기술은 매우 매력적이지만, 큰 변화가 닥칠 때 늘 그러하듯 새로운 기술을 도입하기 주저하는 사람들은 항상 존재한다.

코닥의 다음 사각지대는 기하급수적 기술을 알아보기 거부하는 동시에 선형적 기술인 화학 제품과 인화지를 계속 고집한 것이었다. 기하급수적 기술의 급속한 기능 발전을 설명하는 법칙이 있다. 컴퓨터 집적 회로 기판에 관해서는 무어의 법칙이 이를 잘 설명한다.[15] 1965년에 고든 E. 무어는 컴퓨터 집적 회로 기판에 사용되는 부품이 매년 두 배로 증가할 것이라고 예측했다. 개발자와 설계자들이 이를 받아들여 실현했기 때문에 무어의 법칙은 자기 충족적 예언*이 되었다.

그 결과 전자 산업에서는 2년마다 같거나 더 적은 비용으로 더 가볍고 작은 연산 장치가 데이터를 훨씬 더 많이 처리할 수 있게 되었다. 실질적인 맥락에서 무어의 법칙을 보면, 2,000개의 트랜지스터를 탑재한 컴퓨터 칩의 비용이 엄청나게 하락한다는 뜻이다. 2,000개 트랜지스터 탑재한 칩 생산 비용은 다음과 같다.

- 1970년 – 1,000달러
- 1990년 – 250달러
- 1994년 – 0.97달러
- 현재 – 0.0216달러 미만

무어의 법칙에 따르면 칩을 기반으로 한 전자 장치의 비용은 기하급수적으로 하락하는 동시에 기하급수적으로 더 많은 새로운 혁신적 기능을 보유하게 된다.

새슨이 처음으로 디지털 카메라를 시연했을 때, 코닥은 무어의 법칙이 시사하는 바와 같이 0.01메가픽셀의 저해상도 이미지가 머지 않아 디지털 사진을 상용화할 수 있는 고해상도 이미지로 발전할 수 있는 가능성을 예측해 보지 않았다.

그 결과 코닥은 사실상 시장에서 도태되고 말았다. 우리는 기술 역량의 기하급수적 변화로 인해 우리가 일하고, 생활하고, 배우고, 노는 방식이 얼마나 극단적으로 달라지는지 살펴보았다. 그렇다면 우리는 무엇을 해야 하는가? 간단하다. 이제는 좁은 안전지대에 갇힌 오래된

---

* 미래에 대한 예언이 직·간접적으로 예언의 실현에 영향을 주어 결과적으로 예언이 이루어지는 현상을 의미함 – 역자 주

비즈니스 중심 패러다임을 놓아주어야 할 때이다. 고객의 입장이 되어 보라. 의식적인 수준에서 깨닫지 못할 수도 있지만 고객이 당신에게서 구매하는 것은 제품이나 서비스가 아니라 경험이다. 기하급수적 기술을 활용하여 더 나은 경험을 창출하고, 결과적으로는 브랜드를 위해 새로운 사업 기회를 창출해야 한다.

1976년으로 돌아가기: 경고의 목소리

1976년, 코닥은 카메라와 사진 시장의 85%를 좌지우지했다. 그러나 코닥은 아집에 눈이 멀고 과거의 성공에 사로잡힌 나머지 빠르게 다가오고 있는 미래를 깨닫지 못했다.

코닥이 기하급수적 기술을 사용하는 다른 경쟁사들을 인식하고 고객 경험을 제공하는 데 집중했다면, 이들은 디지털 카메라를 개발하고 혁신적인 디자인의 수혜를 가장 먼저 누릴 수 있었을 것이다. 하지만 코닥은 기하급수적 기술을 활용한 디지털 디바이스인 아이폰이 처음으로 출시된 지 단 1년 만에 시장에서 사라지고 말았다.(그림 2.6)

코닥의 실패 사례는 우리 모두에게 경종을 울린다. 디지털 카메라가 시장을 독식한 반면 코닥은 시장에 밀려나고 만 것이다.

이들은 큰 대가를 치르고 나서야 기하급수적 변화를 배웠다. 지속적이고 속도가 점점 더 빨라지는 디지털 기술의 발전으로 컴퓨팅 기능이 개선되면서, 스마트폰은 1970년대의 슈퍼 컴퓨터보다 천 배 빠르고 백만 배 저렴해졌다.(그림 2.7)

이제 코닥의 입장이 되어 보자. 근시안적인 시각을 통해 본다면 시장이 변화할 때 무엇에 얻어 맞았는지조차 모를 것이다. 오늘날에

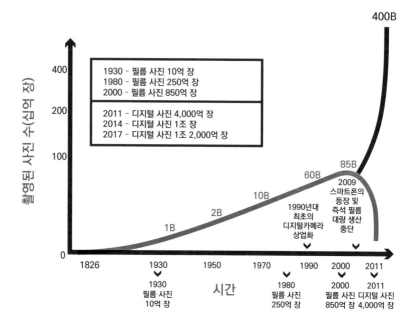

그림 2.6 아이폰의 등장으로 코닥은 사진 시장에서 지배력을 상실했다.
자료 하우 투 시 더 월드[17], 키포인트 인텔리전스/인포트렌드[18], 멀티미디어맨[19]

는 기하급수적 변화가 말 그대로 하룻밤 사이에 일어날 수 있기 때문이다.

코닥은 기하급수적 기술이 산업의 사업 모델에 얼마나 큰 영향을 미칠지 예상하지 못했다. 이들은 선형적 기술을 이용한 제품의 시장 점유율에 매몰된 나머지 사진을 찍는 진정한 목적이 아날로그 방식이든 디지털 방식이든 상관 없이 기억을 간직하고 공유하는 것이라는 점을 간과한 것이다. 또한 기술에서 일어나는 기하급수적 변화가 고객의 기대치 상승에 어떤 영향을 미칠지도 예측하지 못했다. 그래서 코닥은 사업 모델을 혁신하거나, 고객의 경험을 자신들의 서비스로 전환하는 데 실패했다. 반면 스마트폰 제조업체나 앱 디자이너, 인스

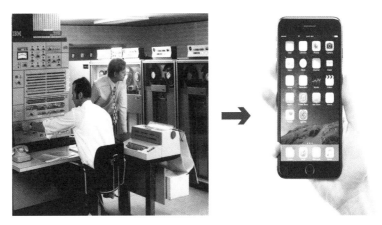

그림 2.7 기하급수적 기술을 통해 현대의 스마트폰은 1970년대의 컴퓨터와 동등한 연산 능력을 지니게 되었다.
자료 알라미

타그램과 같은 스타트업들은 주변의 변화를 관찰하고 고객에게 서비스로써의 기억(Memory-as-a-Service)을 제공하기 시작했다.

코닥의 사례는 경쟁 업체에 뒤처지기 전에 기하급수적 전략과 기술을 활용하여 비즈니스를 혁신하는 것이 중요하다는 점을 잘 보여준다.

마라톤과 단거리 달리기:
경쟁에서 앞서 나가는 기하급수적 기업들

1996년 무렵 16만 명의 직원을 두고 시가 총액이 280억 달러에 이르렀던 거대 기업 코닥은 왜 디지털 카메라를 활용하지 못했을까? 이 거대한 변화에 영향을 미친 요인을 이해하기 위해 두 기업을 비교해 보자. 하나는 선형적 사업 성장 모델인 코닥이고, 다른 하나는 기하급수적 사업 성장의 대표적인 예인 인스타그램이다.

2012년으로 돌아가 보자. 코닥은 파산법 11조에 따라 파산을 신청해야 했고, 직원 수는 1만 7,000명으로 줄어들었다. 반면 인스타그램의 시가 총액은 10억 달러로 증가했지만 직원은 13명에 불과했다.

인스타그램은 어떻게 이토록 놀라운 성장을 달성했을까? 다시 한 번 말하지만 이는 비즈니스 중심 대 고객 경험 중심의 차이에서 비롯되었다.

> ### 사각지대
>
> 기술이 기하급수적 속도로 변화할 때, 대부분의 기업들은 자신들이 사각지대에 놓여 있다는 사실을 자각하지 못한다. 스마트폰 하나에 얼마나 많은 제품들이 통합되었는지 그리고 그 결과 얼마나 많은 기업들이 사장되었는지 생각해 보라

혁신과 기존 산업을 파괴하는 정신이 결여된 기존 회사들이 고객 중심으로 사업을 더 잘 그리고 더 빠르게 전개하려는 창의적인 경쟁 업체들에게 결국 뒤처지게 되는 경우가 종종 발생한다. 코닥 또한 여기에서 예외가 아니다.

인스타그램이나 다른 SNS 그리고 디지털 카메라·핸드폰 기업들은 기하급수적 디지털 기술을 활용하여 추억을 간직하고 공유하는 고객 경험을 재창조했다. '코닥의 순간'은 의미 없는 문구로 전락했으며 이내 더 실용적이고, 눈에 보이는 기능을 제공하는 경쟁사에게 밀려나게 되었다.

기업이 기존의 제품과 서비스를 완전히 재창조하는 대신 단순히 개선하거나 바꾸고자 한다면 이는 선형적 성장 모델을 따라가는 것이다. 이와 달리 기하급수적 기술을 활용함으로써, 인스타그램은 기하급수적 성장 모델에 근간을 둔 자신만의 소프트웨어와 애플리케

이션을 개발했다. 이들은 처음부터 공감 지향적인 고객 경험에 분명히 초점을 맞추었고, 그 결과 기하급수적 속도의 성장을 이루었다.

코닥이 피할 수 없는 변화의 속도를 회피하려고 하는 동안 인스타그램은 소비자의 시각에서 디지털 전략과 스마트폰과 같은 기하급수적 기술로 경험을 제공했다.

기하급수적 비즈니스 전략과 기술을 통해 인스타그램은 추억을 만들고 공유하는 산업에서 코닥을 몰아내고 시장 지위를 차지했다.

현재가 과거가 되기 전에 배워야 할 교훈: 우리는 기하급수적 시대에 살고 있다

지난 100년 동안에 일어났던 몇 가지의 혁신적인 기술 발전을 떠올려 보라. 기술이 발전하면서 5,000만 명의 청중을 확보하는 데 걸리는 시간이 기하급수적으로 변했다.[20] 각 시대별 주요 매체가 5,000만 명의 이용자에 도달하는 데 걸린 시간은 다음과 같다.

- 라디오 – 38년
- TV – 13년
- 인터넷 – 4년
- iPod – 3년
- 페이스북 – 2년
- 포켓몬 고 – 19일

이 책이 출판된 시점에도 구글에서는 연간 1조 2,000억 건 이상 검색이 이루어지고 있다. 20년 전에는 연간 검색량이 210억 건에 불과했다.[21] 2003년에는 네트워크에 연결된 기기 수가 5억 대였다.[22] 하지만

2021년에는 271억 대 이상으로 증가했다.[23] 2014년 아마존 물류 창고에서 사용하는 로봇은 1만 5,000대였지만[24] 2020년에는 20만 대 이상으로 증가했다.[25]

이 급격한 성장률과 이용자 확대 양상은 고객 경험에도 마찬가지로 나타난다. 조직이 미래에 대비하기 위해서는 고객·직원 경험에 적용되는 기하급수적 기술과 전략에 대해 공부하기 시작해야 한다. 기업들은 현재의 사업에 너무 집중한 나머지 기술 발전과 패러다임 변화가 일어나고 있는 외부 환경을 살펴보거나, 경쟁 업체들이 어떻게 혁신을 하고 있는지 탐색하지 못하고 있다. 그러나 이를 민감하게 인지하고, 배우며, 변화에 빠르게 대응하는 것은 더 이상 선택이 아니라 필수이다.

만약 이러한 태도가 현재 당신의 기업 DNA에 정착되어 있지 않은 경우, 더 늦기 전에 사고방식을 바꾸고 적용하도록 도와줄 수 있는 방법을 찾아 줄 다른 조직과 협력해야 한다.

◦ 핵심 아이디어 ◦

- 기업은 고객·직원 경험을 혁신함으로써 본질적으로 디지털 전환에 돌입하고 있다.
- 기하급수적 기술은 매우 빠르게 변화하고 있기 때문에 기업의 문화가 이를 수용하고 변화할 준비가 되어 있지 않으면 그 기업은 사각지대에 놓이게 된다.
- 날이 갈수록 사각지대에서 벗어나기가 기하급수적으로 어려워지고 있다.

토니의 리더십 코너
사각지대: 문화의 힘에 대한 과소평가

우리는 문화의 힘을 과소평가하는 경향이 있다. 나는 시스코가 2005년에 사이언티픽 애틀란타를 70억 달러에 인수했을 때 처음으로 이 교훈을 배우게 되었다. 당시 시스코는 시가 총액 1,150억 달러에 직원 수는 3만 8,000명, 매출은 240억 달러에 달하는 기업이었다. 시스코는 거의 100개에 가까운 회사를 인수했으며, 인수한 회사들을 모두 원활하게 통합해 왔다.

사이언티픽 애틀란타는 매출 20억 달러에 1만 명의 직원을 보유한 회사로 케이블 회사들이 소비자들에게 고속 인터넷 서비스를 제공할 수 있도록 해 주는 셋톱박스를 제조하는 선두 업체였다. 시스코에게 인수되기 전 사이언티픽 애틀란타는 〈포춘〉이 선정한 500대 기업이었으며 조지아주 25대 기업 중 하나로써 거의 60년 동안 '애틀랜타 기술 산업의 기둥'으로 자리매김해왔다.

두 회사의 M&A는 완벽한 선택처럼 보였다. 시장을 선도하는 두 상장 회사는 인수를 통해 시장 내 입지를 기하급수적으로 확장할 수 있을 것이라고 예상되었다. 또한 두 회사의 CEO 또한 문화적으로 공감대가 있다고 생각되었다. 시스코의 CEO인 존 챔버스와 사이언티픽 애틀랜타의 CEO인 짐 맥도널드는 모두 남부 출신이었기 때문이었다.

챔버스는 맥도널드에게 시스코 이사회의 자리를 제안했고, 사이언티픽 애틀랜타가 인수 후에도 독립적으로 경영되는 데 동의했다. 시스코는 과거 인수 대상이었던 다른 회사들과 같은 통합 접근 방식을 채택하여 사이언티픽 애틀란타의 문화를 별달리 이해하려고 노력하지 않았다. 문제가 불거지는 데는 그리 오랜 시간이 걸리지 않았다. 두 회사는 서로 다른 세계에 있어 비전과 기술 로드맵, 업무 방식이 전혀 달랐다. 한 조직의 문화적 기반을 이해하는 것은 중요하다. 귀머거리가 되어서는 안 되고 경청해야 한다. 어떤 조직에서 결정을 내리기 전에 그 문화를 제대로 이해하고 있는지 촉각을 곤두세울 필요가 있다.

혁신이 일어나기 전에는 사람들은 말한다. "미친 생각이군."

피터 디아만디스

과거로부터 예견된
고객 경험 문제

시대를 불문하고 고객·직원 경험에 큰 문제가 일어나기 전에는 항상 경고 신호가 있어 왔다. 조직 문화의 악화, 성장 모델의 지속 가능성에 대한 의문, 노골적인 불평등 등 위기 상황은 하루아침에 발생하지 않는다.

기술은 우리가 어떻게 이용하는지에 따라 놀라운 자산이 될 수도 있지만 부정적인 변화의 근원이 될 수도 있다. 이 기술을 이용하는 주체는 사람인데, 우리는 경고 신호를 소홀히 하기도 하고 큰 문제가 없거나, 기분이 좋거나, 잘 먹고 살고 있다는 생각이 들 때에는 자신의 행동이 불러올 결과를 무심코 넘기기도 한다. 세계를 너무나 이상적으로 볼 때 자기 주위의 현실 세계를 제대로 인식하지 못하는 경우가 많다.

주위를 둘러본다고 하더라도 대개는 근시안적 사고에서 벗어나지 못한다. 고객·직원 경험보다는 투자자나 주주 환원 이익을 좇는다든지, 우리가 하는 일이 빚어 낼 결과를 전체적으로 보지 못한다든지 하는 식으로 말이다. 사람들은 특정한 곳에 돈을 투자했을 때에는 더욱 다른 사람들도 자신의 관점에서 세상을 바라보기를 바란다.

의도적이든 아니든 낡은 사고방식은 경쟁에서 도태될 것이다. 한 걸음 물러서서 멀리서 세상사를 바라본다면 항상 그래 왔다는 사실을 이내 깨닫게 될 것이다. 자신만을 위하는 사고방식으로는 장기적으로 성공하기 위해 필요한 선견지명을 얻을 수 없다.

미래를 만드는 것은 사람들의 행동이다. 어떠한 종류든 간에 기술 자체만으로는 아무것도 할 수 없고, 무언가를 성취하기 위해서는 결국 사람이 목적하거나, 설계하거나, 프로그래밍해야만 한다. 마찬가지로 기술이 스스로 잘못된 길로 가지는 않는다. 결국 그 기술이 개발되고 사용되는 방식이나 이를 이용하는 사람들의 문제이다.

우리가 현실을 인식하고 고객과 직원에게 봉사한다는 본연의 임무에 집중하게 되면, 인간성의 가장 좋은 면을 기술에 융합시킬 수 있을 것이다. 하지만 그렇게 하기 위해서는 스스로에게 이러한 질문을 던져야 한다. "고객·직원 경험의 양이나 효율성이 아니라 질을 가장 우선적으로 고려할 수 있는, 더 나은 미래를 만들기 위해서는 오늘 어떤 결정을 내려야 하는가?"

사람들의 삶과 일, 사회 시스템의 질은 모두 우리가 어디에 가치를 두느냐에 달려 있다. 우리는 인간의 공감과 진실성을 기반으로 하는 시스템을 만들어가는 데 책임이 있으며, 상호 간에 신뢰와 존중을 이끌어내도록 노력해야 한다. 그렇지 않으면 고객·직원 경험을 더 나쁜 사각지대로 몰아갈 위험이 있다. 이는 우리가 현 시점에서 인지하는 것보다 더 큰 파급 효과를 가져 올 것이며 비즈니스를 완전히 다른 방식으로 하겠다는 결심을 해야 이러한 위험을 피할 수 있다.

상품의 대가를 치르지 않으면 네가 바로 상품이다

'프리미엄(Freemium)*'은 언뜻 보기에는 합리적인 비즈니스 모델처럼 느껴진다. 고객은 관심이나 데이터 또는 인지도를 제공하는 대가로 '무료' 서비스나 애플리케이션을 이용할 수 있다. 그러나 한 걸음 물러서서 더 넓은 관점에서 이 비즈니스 모델을 본다면 잠재적으로 문제

---

* 프리미엄(Freemium)'은 공짜를 뜻하는 프리(Free)와 프리미엄(premium)의 합성어로써 기본적인 기능은 무료로 제공하고, 수익이 나는 추가 사양을 제공하거나 지속적으로 사용하는 부가 서비스에 대해선 유료화하는 부분 유료화 전략을 뜻함 – 역자 주

가 있다는 사실을 금세 알아낼 수 있다. 제대로 된 의도를 가지고 접근하지 않으면, 프리미엄 모델은 의도하지 않은 결과를 초래할 가능성이 있다. 가장 흔하고도 바람직하지 않은 결과를 한 마디로 요약하자면, '상품의 대가를 치르지 않으면 네가 바로 상품이다.(If you are not paying for the product, you are the product.)'* 라고 할 수 있다. 우리가 앞서 논의한 모든 실수나 나쁜 결과와 마찬가지로, 이러한 상황도 하루아침에 일어나지는 않는다.

1973년 리처드 세라나 카를로타 페이 스쿨먼 등 영향력 있는 현대 예술가들 또한 이러한 모델이 고객 경험 관점에서 무언가 잘못되었다는 의견을 피력했다. 이들 예술가들은 '텔레비전이 사람을 배달한다(Television Delivers People)'01 라는 영상을 비디오 아트를 제작했다. 이 작품은 사람들을 생각하게 하면서 동시에 불편한 감정을 불러 일으켰다.

문제의 영상에서는 배경 음악이 흐르고, 푸른색 배경 화면 위로는 텍스트가 스크롤되면서 마치 공익 광고나 새벽 3시에나 방영될 법한 인포머셜(informercial)** 같은 느낌을 자아냈다. 그림 3.1을 보면 작품에 나온 자막을 볼 수 있는데, 전체 영상은 유튜브에 게시되어 있다.

세라와 스쿨먼은 텔레비전 방송 뒤에 있는 기업들은 권력을 업고 고객으로부터 이익을 취하는 데에만 관심을 가지며, 사람들을 조작하는 집단이라고 생각했다. 기업은 광고나 마케팅 메시지를 쉽게 소비되는 이야기와 눈에 들어오는 브랜드 슬로건으로 포장했다. 심리학

---

*   넷플릭스 다큐, 〈소셜 딜레마〉에 나오는 유명한 대사 – 역자 주

**   구체적 정보를 제공하는 상업 광고로 인포메이션(information)과 커머셜(commercial)의 합성어임. TV 프로그램 중간에 편성돼 구체적인 상품 관련 정보를 제공함으로써 소비자 구매를 촉진하는 홈쇼핑 프로그램 형태의 상품 광고를 가리킴 – 역자 주

그림 3.1 '텔레비전이 사람을 배달한다'에서 영상에 나온 글의 예시
자료 유튜브[02]

전문가를 고용하고 이들의 메시지를 사람들의 희망과 꿈, 불안감에 녹임으로써 기업들은 사람들이 세상에 대해서 생각하고 느끼는 방법이나, 원하는 상품, '남들보다 앞서고 싶다'는 내면의 소망에 영향력을 행사했다. 기업들이 사람들이 세상과 자기 자신 그리고 다른 사람들에 대해 가지는 인식을 형성하기 시작했다.

텔레비전은 이러한 메시지를 전달하기 위해 사용되는 수단이었으며 텔레비전의 고객 경험은 근본적으로 소비자의 심리에 영향을 미치는 과정이었다. 소비자들은 표면적으로 '무료'인 방송을 시청할 수 있었지만, 광고주들은 자신의 상품을 많은 수익을 올려 줄 수 있는 대규모 시청자들에게 노출할 수 있었다. 이 비즈니스 모델은 스마트폰과 컴퓨터에서 인터넷을 사용할 때 고객을 따라다니며 '무료' 콘텐츠와 계속되는 디지털 광고를 제공하며 소비자를 존중하지 않고 계속적으로 떠드는 지금의 디지털 고객 경험 세계의 원형이다.

점점 더 많은 사람들이 끊임없는 광고에 지쳐간다. 소비자들의 스크린에서 광고와 기업 콘텐츠를 차단하는 새로운 기술이 매년 개발되고 있으며, 젊은 세대들은 공격적이고 소비자를 호도하는 고객 경험 모델을 더 이상 받아들이지 않겠다고 선언하고 있다. 기업이 진정성과 고객 중심 비즈니스 모델을 채택해야 한다고 역설하는 책, 컨퍼런스, 세미나들이 쏟아져 나오고 있는데도, 이러한 비즈니스 모델은 둔화될 기미조차 보이지 않고 계속되고 있다.

> **사각지대**
>
> 과거에는 기업들이 소비자를 하나의 상품으로 취급해 왔고, 그 결과 소비자들은 고객 경험에서 기인한 브랜드 충성도가 아닌 가격이나 제품 기능에 따라 상품을 선택해 왔다.

"그게 저와 무슨 상관인가요?"
내용과 상관 없는 콘텐츠는 예전에도 존재했다

디지털 고객 경험의 발전상에서 비슷한 패턴을 찾아보면, 뭔가 잘못되고 있다는 지표를 더 많이 목격할 수 있다.

〈유즈넷〉은 1979년에 처음으로 구상되어 1980년에 노스캐롤라이나대학교 채플힐에서 공식적으로 출시한 초기 형태의 인터넷 토론 플랫폼이었다. 10년 후 듀크대학교에서는 뒤따라 월드 와이드 웹을 내놓았다.

시간이 지남에 따라 〈유즈넷〉의 운영자는 특히 스팸 글과 관련된 특정 뉴스 그룹의 고객 경험에 대해 우려하게 되었다. 운영자들은 활발하고 격렬한 글로벌 토론의 장이 되어야 할 플랫폼이 쉽게 돈을 벌 수 있다는 사기 광고나 포르노 영상에 대한 거대한 광고판으로 사용되고 있다는 사실에 경악했다. 유즈넷으로 수익을 창출할 방법을 찾는 사람들을 탓할 수만은 없었지만, 운영자들은 이러한 글을 쓰는 사람들에게 고객을 존중하는 마음이 있기나 한 건지 우려했다.

1999년 올어드밴티지는 〈유즈넷〉의 뉴스 그룹 페이지를 보는 동안 컴퓨터 화면의 상단이나 하단에 광고를 띄우는 대신 이용자에게 광고 시청 대가를 지불하는 서비스를 시작했다. 이용자들은 시간당 50센트의 보상을 받을 수 있었고, 한 달에 최대 20달러까지 받을 수 있었다.[03] 1999년 12월, 〈유즈넷〉에서 두 개의 드라마와 연극 뉴스 그룹을 운영하던 스티브 앳킨스는 유즈넷 토론 게시판을 통해 텔레비전에 대한 세라와 스쿨먼의 의견과 비슷한 메시지를 발신했다.

쓰레기 같은 광고를 하고 싶은 광고주들에게 올어드밴티지 이용자는 상당히 괜찮은 기반입니다. 개별 이용자가 호구라는 게 아니라 인구 통계학적으로 그러하다는 이야기입니다. 우리 이용자들은 고객이 아니라 상품입니다. 올어드밴티지 이용자들은 너나 할 것 없이 시간당 몇 페니에

불과한 돈에 팔리고 있다는 겁니다.[04]

즉, 그 당시에도 내용에 관계 없는 콘텐츠나 그에 따른 고객 경험에 대한 우려의 목소리가 존재했다는 것이다. 〈지디넷〉은 이 사태에 대해 이러한 기사를 실었다. "공개적으로 토론을 나누는 장에서, 〈유즈넷〉 사용자들은 언론의 자유에는 대가가 따른다는 것을 배우고 있다."[05]

머신 러닝, 스팸, 의도하지 않은 결과의 홍수: 고객 데이터 오용 또한 새로운 것이 아니다

스티브 앳킨스의 포스팅에 이어, 작가 클레어 울프는 '리틀 브라더가 당신을 감시하고 있다. 자본주의 미국의 위협'이라는 제목의 기사를 통해 다른 측면을 조명했다. 기사에서 울프는 디지털 마케팅이 매우 기업 중심적으로 발전하는 한편, 생체 인식 시스템, 자동차의 블랙박스 기록, 신용 카드 구매 기록 등을 통해 사람들의 개인 데이터를 수집하고 있다고 주장했다.

> [···] 당신은 더 이상 고객이 아닙니다. 단순히 이익을 위해 관리되는 '자원'입니다. 고객은 당신에게 무엇이 최선인지 전혀 관심이 없는 다른 사람들입니다. 고객은 누구일까요? 적어도 당신은 아니지요. 당신의 삶은 다른 사람들이 살 수 있고, 검색할 수 있고, 연구할 수 있는 데이터로 축약되었습니다. 당신의 삶 일부를 소유하고자 하는 모든 사람들이 바로 고객이 되었습니다.[06]

고객은 언제 상품이 되는가

2001년 7월, 톰 존슨이라는 이름의 한 〈유즈넷〉 사용자는 'rec.arts.tv.interactive'라는 뉴스 그룹에 글을 올렸다.[07]

> **제목** 상품의 대가를 치르지 않으면 네가 바로 상품이다.
> **내용** 텔레비전 시청자들은 고객이 아니라 상품이며, 광고주들 입장에서는 광고를 열심히 시청하는 젊고 어리석은 시청자들이 더 바람직한 상품이다.

2010년 9월, 팀 오라일리라는 영향력 있는 한 편집자는 뉴스 사이트인 〈디그〉에 대한 앤드루 루이스의 메타필터* 게시물을 인용하면서 아래와 같이 트윗했다.

동의한다! RT@bryce love "상품에 대한 대가를 치르지 않는 사람은 고객이 아니라 그 자체가 판매되는 상품이다."[08]

2012년에 출간된 『감쪽같이 속여라! 디지털 자기 보호 가이드』라는 책에서, 저자인 스티븐 휴어와 퍼닐 트랜스버그는 다음과 같이 말했다.

> "상품에 대한 대가를 치르지 않는 사람은 고객이 아니라 그 자체가 판매되는 상품이다." 블루비틀이라는 아이디를 쓰는 한 이용자는 2010년 8월에 이런 글을 올렸다. 이 이용자의 이름은 앤드루 루이스로 추

---

* 1999년에 형성된 블로그 형식의 미국의 커뮤니티 – 역자 주

정된다. 이 말은 밈(meme)*이 되어 '무료'라는 탈을 쓰고 인터넷 회사들이 고객을 속이는 행위에 속지 않겠다고 결심한 사람들의 입에 오르내렸다.[09]

지금은 웹사이트에 접속하기만 하면 도움이 필요하지 않은데도 화면에 챗봇이 떠서 고객들의 짜증을 유발하곤 한다. 이는 종종 고객 경험에 부정적인 영향을 미친다. 고객들은 원하는 것을 얻기 전에 화를 내며 팝업 창을 닫거나 그냥 포기하고 크게 성가시지 않은 고객 경험을 제공하는 경쟁 업체로 이동하게 된다.

브랜드의 지지 고객 vs 안티 고객

고객을 조종하려는 기업들은 브랜드를 좋아하거나, 지지하거나 더 나아가 브랜드의 홍보 대사가 되어 줄 고객 기반을 형성하는 대신 부정적인 홍보 효과와 '안티'를 만들어내고 있다. 고객의 신뢰도가 너무 낮아진 나머지 기업의 새롭고, 기발한 마케팅 메시지나 가치 선언 대신한 번도 만난 적 없는 다른 고객의 말을 더 신뢰하는 것이다.

안티 고객은 브랜드 홍보 대사의 반대 개념이다. 이들은 대부분 소셜 플랫폼이나 디지털 미디어를 통해 한 기업에 대한 부정적인 경험에 대해 공개적으로 성토하거나 글을 게시하는 소비자를 말한다. 안티 고객들의 공개적인 불만 의견은 회사의 평판에 큰 흠집을 남긴다.

---

* 사람이나 집단 간 문화가 전달될 때 모방 가능한 사회적 단위라는 학술 용어였으나. 요즘은 인터넷에서 문화 요소로 유행하는 것을 통칭하는 말로 쓰임 – 역자 주

많은 급여를 주고 고용한 유능한 홍보, 광고, 마케팅 팀이 심혈을 기울여 만드는 광고도 불만을 품은 실제 고객이 쉽게 올릴 수 있는 수천 개의 게시물을 이길 수는 없다.

고객들은 자신과 비슷한 사람들의 의견에 공감하고 특정 브랜드의 행보에 관련하여 자신이 속한 소속 집단의 이야기를 신뢰하기 때문에 리뷰와 추천 사이트는 엄청난 인기를 얻게 되었다.

이러한 추세는 전 세계적인 현상이 되어, 앤지스 리스트, 아마존 리뷰, 텀택, 홈어드바이저, 하우즈, 카오딤, 트라보, 웍스팟, 마이 빌더, 58.com, 유에단, 홈스타즈 등의 사이트가 큰 인기를 끌었다. 이 사이트에 들어가서 거기에 올라온 리뷰를 보면 많은 통찰력을 얻을 수 있을 것이다. 공감의 시대에 기업을 경영하고 있다면, 이러한 교훈을 마음에 새겨 브랜드를 좋아하는 고객층과 안티 고객층이 모두 당신의 브랜드 홍보 대사가 되도록 해야 한다. 위기 발생시에 PR에 엄청난 비용을 들이거나 화려한 마케팅에 많은 비용을 지출할 필요가 없다. 브랜드 홍보 대사들은 온라인과 오프라인에서 평범하고 진정성 있는 언어를 통해 영향력을 행사한다. 사람들은 자신의 경험에 대해 이야기하기를 좋아하며, 고도로 네트워크화된 오늘날의 세계에서는 더욱 그러하다.

부정적인 고객 경험은 그에 대응하는 직원의 사기도 저하시킨다. 화난 고객을 계속 응대하다 보면 직원들의 사기 및 생산성 저하, 고객 경험 악화, 직원 이탈 증가로 이어지며, 이 모두는 회사 전체에 막대한 비용을 초래한다. 직원들이 회사의 투명성에 의문을 갖게 되면 회사나 브랜드를 대변하는 대신 마음이 돌아서게 된다.

재난을 불러오기: 왜 고객을 아직 상품으로 대하고 있는가?

아마존, 자포스 그리고 카바나나 와비 파커 등 혁신적인 B2C(Business-to-Consumer) 브랜드의 성공에도 불구하고 여전히 많은 산업에서 고객을 감시하고 조종하려는 관행들이 인터넷 기술을 기반으로 이어지고 있다. 잘못 설계된 프리미엄(Freemium) 광고나 '동의 강요(manufactured consent)'가 어디에서나 벌어지고 있다. 불행히도 많은 고객들이 아직 상품으로 취급을 당하고 있으며, 이제는 고객들도 그 사실을 알고 있다. 디지털 시대에는 회사의 마케팅 부서가 아니라 엄청난 정보로 무장한 고객들이 브랜드의 평판을 좌우한다.

> **사각지대**
>
> 대부분의 기업들은 고객 경험을 고객 우선 방침이 아니라 비즈니스 우선 방침에 따라 디자인한다.

우리는 전환점에 서 있으며 기업 모델을 처음부터 다시 구상해야 한다. 새로운 고객을 확보해야 한다는 이야기가 아니다.(그림 3.2) 고객을 생각하는 방식을 바꾸자는 것이다. 조직 전체적으로 공감을 제고하겠다는 확고한 의지를 가지고 고객 접점의 모든 부분에서 경험을 강조한다면 조직 문화는 완전히 새롭게 탈바꿈할 수 있다. 이를 통해 기업은 단순히 성공하는 것을 넘어 의미 있는 존재가 될 수 있는 기회를 얻게

"고객들이 우리가 하는 일이 모조리 잘못되었다고
하네요. 고객을 바꿀 때가 왔군요."

그림 3.2 신규 고객을 찾으라는 것이 아니라 현재 고객과 잠재 고객에 대해 기업이 생각하는 방식을 바꾸어야 한다는 뜻이다.

된다. 또한 의미는, 무엇보다도 오늘날의 시장에서 수익을 창출하는 원천이다.

고객 중심적이지 않은 문화는 고객 평생 가치를 훼손시키며 고객이탈을 유발한다. 마케팅과 영업, 서비스 그리고 지원 부서 운영에 이르기까지 고객 중심적이지 않은 기업들은 엄청난 비용을 낭비한다. 말뿐인 약속으로 고객을 끌어들인 다음 제대로 관리하지 못해서 고객이 결국 그 기업을 외면하게 되기 때문이다.

지금까지의 내용을 다시 한 번 정리해 보자.

- 1차 산업 혁명 이후 기업은 고객이나 직원 가치가 아닌, 기업 및 주주 이익을 중심으로 형성되어 왔다.
- 이러한 가치가 기업의 의사 결정 과정, 리더십 스타일, 조직 구조, 임

직원 채용 관행, 교육에 대한 인식, 보상 체계를 이끌었다.

- 고객을 대하고 서비스하는 관행 또한 기업 우선적인 사고방식으로 디자인되었다.
- 대부분의 회사들은 고객과 소통할 때 고객 스스로가 특별하다고 느끼거나 기업이 고객의 목소리를 경청하거나 인정하고 있다고 해주지 않는다.
- 기업들은 매일 생성되는 250경 바이트에 달하는 고객 데이터를 천문학적인 금전 이득을 위해 유출이나 오용하곤 한다.
- 오랜 기간 동안 기업들은 제품 매출이라는 패러다임 틀 안에서 경영되어 왔기 때문에 실제로 자신들이 판매하는 것이 경험이라는 사실을 깨닫지 못하고 있다. 그에 따라 연구 결과에서 지속적으로 고객들에게 더 나은 경험을 제공할 때 매출이 증가한다는 사실을 시사해 준다고 하더라도 기업들은 경험에 충분한 공감을 싣지 않는다.

기업 경영 전략의 변화 방향

경쟁 업체와 차별화하기 위해서는 과거에서 배운 교훈을 실천에 옮기고 기하급수적 기술과 사람 중심의 전략적 혁신에서 엿볼 수 있는 잠재력을 통합해야 한다. 오늘날의 초고속 문화에서는 상황 인식 능력이 생존 여부를 판가름할 것이며, 초기의 산업 혁명 거물들이 지배하던 시대 이후 시장 구도가 어떻게 변화했

> **사각지대**
>
> 대부분의 기업들은 민첩한 경쟁 업체들에 한참 뒤처져 무슨 일이 일어났는지도 알아차리지도 못한 채 흙먼지 속에 남겨져 있다는 사실을 알아채지 못한다.

는지 인지해야 한다. 즉, 이는 기업 경영 전략도 다음과 같이 변화해야 한다는 뜻이다.

- 비즈니스 중심 사업 모델에서 고객·직원 공감 중심에 기반한 사업 모델
- 선형적 기술에서 기하급수적 기술
- 선형적 비즈니스 성장 모델에서 기하급수적 비즈니스 성장 모델
- 비즈니스 중심적 효율성과 효과성에 초점을 맞춘 평가 지표에서 고객·직원 관점에서 공감의 눈으로 본 평가 지표

당신 자신의 언어로 선형적 비즈니스와 기하급수적 비즈니스 성장을 정의하라

선형적 비즈니스 성장 모델과 기하급수적 비즈니스 성장 모델을 비교해 보면 공감이 바탕이 된, 고객·직원 중심 기업으로 시급히 거듭 나야 한다는 사실을 쉽게 이해할 수 있다. 선형적 비즈니스 성장 모델은 선형적 기술에 의존하는 반면, 기하급수적 비즈니스 성장 모델은 성장 속도를 가속화하는 기하급수적 기술을 통해 이루어진다.

기하급수적 비즈니스 모델의 세 가지 영역

비즈니스 성장률은 기반 기술의 유형과 직접적인 관련이 있으므로, 기하급수적 비즈니스 모델의 세 가지 구성 요소를 살펴보려고 한다.(그림 3.3) 그래프에서 x축은 시간을, y축은 시간에 따라 기하급수적으로 확장되는 기술 역량의 증가를 나타낸다.

많은 전문가들은 그래프를 이용하여 기하급수적 기술의 기능이 산업에 어떻게 침투하는지 설명하고, 이를 세 가지의 뚜렷한 구간으로 구분한다.

> **사각지대**
>
> 기하급수적 비즈니스 성장 모델의 세 영역을 이해하지 못하는 회사는 이를 알고서 활용하는 경쟁사에 비해 사각지대에 놓이게 된다.

- 실망 구간(경각심을 느끼지 못함)
- 귀환 불능 지점
- 혼란 구간(이미 늦은 시점)

그래프의 첫 번째 영역인 실망 구간은 선형적 성장 비즈니스 모델과 관련이 있다. 기술 능력의 변화 속도가 눈에 띄는 차이를 만들기에는 너무 느리기 때문에 그래프가 거의 직선처럼 보인다. 이러한 이유로 기업의 리더들이 경각심을 느끼지 못하게 된다. 이는 또한 많은 기업들이 기하급수적 기술을 무시하거나 이를 비즈니스에서 우선순위

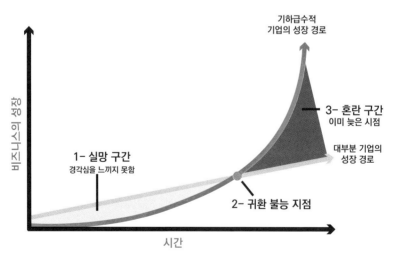

그림 3.3 기하급수적 기업 성장 곡선의 세 구간:
1. 실망 구간; 2. 귀환 불능 지점; 3. 혼란 구간.

에 두지 않는 이유이기도 하다. 경이로운 무언가가 태동하고 있다는 사실을 깨닫지 못하기 때문이다.

그래프의 두 번째 영역은 상당히 흥미롭다. 그래프를 따라 가다 보면, 해당 기술의 역량이 두 배로 증가한다는 사실을 우선 볼 수 있다. (.02 ⇨ .04 ⇨ .06 ⇨ .08 ⇨ 1.0) 귀환 불능 지점에서 저지선을 뚫고 나면, 기술 역량이 실망 구간에 비해 기하급수적으로 성장하게 된다. 기술 역량의 성장으로 인해 혁신적 파괴가 가시화되고 나면, 기술이 기업에 적용된 후에는 비즈니스가 기하급수적으로 성장하기 시작한다. 귀환 불능 지점은 경쟁사들이 방심하고 완전히 사각지대에 빠지게 되는 시점이다.

그래프의 세 번째 영역은 혼란 구간으로, 불행히도 많은 기업들은 이 시점에서 너무 늦어 버렸다는 사실을 깨닫게 된다. 기술 역량이 실질적인 비즈니스 제품과 서비스로 전환되면서, 기하급수적 기술을 활

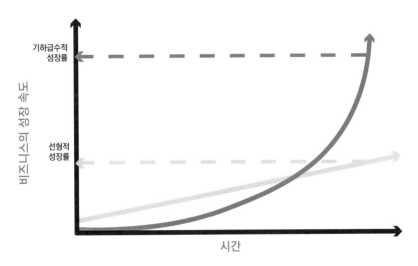

그림 3.4 선형적 성장률과 기하급수적 성장률 비교.

용하는 사람들은 선형적 기술과 전략을 사용하는 사람들 대비 기하급수적인 비즈니스 성장을 경험한다. 성장의 속도가 이전과는 비교할 수 없이 빠르기 때문에, 귀환 불능 지점을 지나게 되면 따라잡기가 거의 불가능하다. 선형적 비즈니스 성장 모델과 기하급수적 비즈니스 성장 모델을 비교하면 2장(그림 2.2)에서 이야기한 '디지털 파괴'가 얼마나 큰 차이를 불러오는가를 볼 수 있다.(그림 3.4)

만약에 ~ 했다면 어땠을까?: 코닥 비즈니스 모델의 파괴

산업 또는 기업의 진정한 혁신에는 새로운 기술뿐만 아니라 새로운 비즈니스 모델도 필요하다. 이러한 점이 인스타그램이나 다른 스마트폰 기반 애플리케이션의 출현으로 기하급수적 기술 파괴의 영향력에 잠식되고 말았던 코닥의 사례에 어떻게 적용되었는지 살펴보려고 한다.

우선, 코닥은 이미지를 담는 필름, 필름 현상을 위한 화학 처리, 사진 인쇄를 위한 특수 인화지 등 선형적 기술을 계속하여 채택해 왔다. 이들의 비즈니스 모델은 선형적 기술을 고집하여 혁신적 파괴를 거부했다. 코닥의 매출은 필름을 구입하는 소비자와 이 소비자들에게 사진을 현상하고 인화해주는 회사들이 구입하는 화학 제품과 특수 인화지 판매에서 발생했다.

디지털 카메라 기술이 출현하면서 고객은 더 이상 필름을 구입할 필요가 없어졌고, 사진을 현상화고 인화하는 회사는 더 이상 코닥의 화학 제품이나 특수 사진 인화지를 구입할 필요가 없어졌다. 고객들은 집에서 자기 프린터로 사진을 인쇄할 수 있게 되었다.

또한, 소셜 미디어 플랫폼 창업자들과 디지털 카메라 제조업체들은 이러한 질문을 던졌다. "사람들과 연락하고 추억을 남기며, 공유할 수 있는 다른 방법은 없을까? 사진을 굳이 인쇄하거나 여러 장 인화하지 않고서도 친구나 가족들에게 보내고 디지털로 공유할 수 있는 방법은 없을까?" 새로운 디지털 플랫폼과 기술이 개발되면서 화학 물질과 인화지 처리에 대한 수요가 대폭 감소했다. 거의 하룻밤 사이에 코닥의 주요 수익원인 필름, 사진 화학 제품, 인화지 판매가 거의 사라진 것이다.

뒤늦은 움직임:
기하급수적 기술을 적용한 비즈니스 모델 변화에 뒤떨어짐

어떻게 기업에 이러한 일이 발생하게 될까? 사실 이러한 현상은 하루 아침에 일어나지 않는다. 코닥이 기하급수적 비즈니스 사고방식을 함양했다면 시장에서 큰 변화가 발생하기 몇 년 전부터 나타나는 징후를 눈치챘을 것이다. 시장은 저절로 바뀌지 않는다. 패턴을 주도하는 힘은 항상 존재하며, 핵심은 이러한 움직임을 조기에 발견하는 방법을 배우는 것이다.

스마트폰 기술이 처음 개발된 당시에는 별 일이 없었을 것이다.(실망 구간)그러나 일부 디지털 디바이스 기업들은 무어의 법칙에 주목하고 있었다. 이 회사들이 디지털 디바이스 기술 개발에 투자하면서 처리 속도, 메모리 용량, 센서, 심지어 디지털 카메라의 픽셀 크기와 수까지 기능이 두 배로 향상되면서 실질적인 소비자 디바이스를 제조할 수 있는 지점까지 빠르게 나아갔다.(귀환 불능 지점)

신기술에 투자를 하는 기업들과 달리 코닥의 경영진은 가까운 미래를 보지 못했다. 이들은 필름, 화학 제품, 인화지 사업의 너머를 볼 수 없었다. 기하급수적 기술 적용 사례를 연구하지도 않았을 뿐더러 이러한 기술을 활용하여 디지털 카메라를 제조했을 때 얻을 수 있는 이점을 생각해 보지도 않았다. 이미 30년 전부터 기술을 개발한데다 시장에 신기술을 도입하기에 최적의 위치에 있는 기업이었는데도 말이다. 잘못된 인식으로 말미암아 코닥은 그 30년 동안 엄청난 기회를 놓치고 말았다.

디지털 카메라, 스마트폰, 소셜 플랫폼, 인스타그램 등의 소프트웨어와 애플리케이션은 디지털 기술의 기하급수적 기능을 활용하고, 이를 통합하는 새로운 비즈니스 모델을 만들어 냈다. 이들은 기억을 간직하고, 저장하고, 공유하는 방법을 재발명했다. 디지털 카메라 판매나 기억을 공유할 수 있는 소셜 플랫폼 개발로 수익 모델을 전환하지 않고 필름, 화학 제품, 인화지 판매에 머물러 있었던 코닥은 시장 위치를 잃었다.

결론적으로 보면 기하급수적 모델은 항상 우위에 있다. 선형적 모델은 새로운 차원의 기업이 시장에 도입되는 즉시 퇴출된다.

기하급수적 비즈니스 성장에서 배울 수 있는 교훈

이러한 트렌드가 고객·직원 경험 산업과 어떤 관련이 있는가? 고객·직원 경험에서 공감을 제공하고 확장하는 데 필요한 기하급수적 기술을 통해 기하급수적 변화가 일어나고 있다. 단, 이번에는 기업이 직접 이 기술을 개발하지 않아도 된다. 기하급수적 고객·직원 경험 기술의 초기 중요 개발 단계(실망 구간)는 가시적이고 실행 가능한 비즈니스 제품으로 성숙되었다. 이는 즉 우리가 이미 귀환 불능 지점에 도착했다는 뜻이다. 또한 고객·직원 경험 기술의 가속화가 가까운 미래에 계속해서 그 속도와 폭이 넓어질 것으로 예상된다는 뜻이기도 하다.

기하급수적 비즈니스 성장 곡선에서 얻을 수 있는 교훈은 단순하다. 기업이 체계적이고 공감을 기반으로 한 고객·직원 경험에 기하급수적 기술을 도입하기 시작해야 한다는 것이다. 경쟁 업체가 이를 통합하고 공감 기반 비즈니스 모델로 전환했을 때에는 이미 늦다. 진작이 기술을 사업에 도입했어야 한다. 그렇다. 이미 늦었기 때문에 '시급함'을 느껴야 한다. 만약 당신이 여전히 선형적 고객·직원 경험 기술을 사용하고 있다면 지금 바꾸거나 파괴할지를 결정해야 한다. 그렇지 않으면 잘 해야 시장 점유율을 잃는 데서 그치고, 최악의 경우에는 사업을 더 이상 할 수 없게 될 것이다.

한 기업의 리더로서 당신은 다음과 같은 질문에 대답해야 한다.

- 어떻게 나의 비즈니스를 더 민첩하게 바꿀 수 있는가?
- 기술 발전이나 회사의 경영진들이 원하는 것만큼 조직 문화도 빠르게 변화할 준비가 되었는가?

현재 시장 상황에서 전환점에 다다른 것과 마찬가지로 우리도 이 책에서 전환점에 이르렀다. 이제는 지난 장(章)에서 배운 교훈을 실제로 어떻게 활용할지에 대해 논의해 보고자 한다.

4장에서는 고객·직원 경험에서 예전부터 사용되던 선형 기술에 대해 자세히 살펴볼 것이며, 5장에서는 열악한 경험이 어떻게 '나쁜' 이익, 즉 직원과 고객의 이익을 희생하여 얻은 이익으로 이어지는지 볼 것이다. 이러한 전략을 깊이 받아들이지 않는 기업의 경우, '귀환 불능 지점'에 이어 '혼란 구간'이 찾아올 것이며, 경쟁업체들이 갑자기 나타나 시장을 폭풍 속으로 몰아 넣는 혼란스러운 시기가 닥칠 것이다. 여기에서 명심해야 할 것이 있다. 이 경쟁업체들은 느닷없이 나타난 것이 아니라는 점이다. 이들은 기하급수적 법칙을 활용하여 차고에서 창업하고 성장한 기업이거나, 또는 아무도 모르게 고객·직원 경험 전략과 기술을 재구성하여 파괴적인 최신 비즈니스 모델을 활용할 준비가 된 기존 기업이다.

당신의 기업이 바로 그러한 기업이 되어야 하지 않을까?

승수의 힘을 과소평가하지 말 것

코닥이나 기하급수적 비즈니스 성장 기회를 놓친 다른 기업을 너무 가혹하게 비난하지 말자. 기하급수적 성장의 힘을 과소평가하기는 쉽기 때문이다. 이는 비교적 최신 트렌드이며, 그렇기 때문에 우리가 앞선 두 장(章)에서 많은 시간과 지면을 할애하여 과거의 기술 발전 변화 속도를 고찰한 이유이기도 하다. 과거에 비해 최근 변화의 속도가 왜 그리고 어떻게 기하급수적으로 빨라졌는지 이해하기 위해서는 상당한 배경 지식이 필요하다. 사실 우리 조상들의 비즈니스 성장 모델은 훨씬 더 선형적이었고, 당시에는 아무런 문제가 되지 않았다. 지구 반대편에서 무슨 일이 일어나든

> **사각지대**
>
> 기하급수적 기술에 대한 변화는 너무 빠르게 일어나기 때문에, 미리 준비하지 않은 기업은 이 속도를 따라갈 수 없다.

알 수가 없었다. 시장 자체가 선형적이었고, 이는 사람들의 삶이 선형적이었기 때문이었다. 다음 혁명이 일어나기 전 수세기 동안 상황은 변하지 않았다.

상대적으로 비교해 보지 않으면 이 기하급수적 변화가 얼마나 빠른지 실감할 수 없을지도 모른다. 비유를 해 보자. 30걸음을 직선 즉, 선형적으로 걸으면 30미터만큼 이동할 수 있다. 하지만 같은 시간 동안 기하급수적으로 30걸음을 걸으면 지구를 26바퀴 돌 수 있다.

오늘날에도 기업을 경영하는 많은 사람들은 비즈니스 모델과 기술이 대체로 선형적이었던 시절에 직장 생활을 시작했다. 이런 점을 감안해 보면 기하급수적 기술과 비즈니스 성장 모델의 이면에 있는 이런 생각들은 매우 새로운 것이며 많은 기업가와 경영진들은 이 관점에 대해 학습할 기회가 없었다. 경영학 대학원이나 MBA 프로그램의 커리큘럼에도 이러한 개념을 거의 소개하고 있지 않기 때문에 최근에 학위를 마친 사람들도 기하급수적 비즈니스 성장 모델을 오늘날의 경영에 적용하는 것에 대해 '자신이 모르고 있다는 사실조차 모른다.'

이러한 유형의 정보는 마치 미래주의적 헛소리처럼 보이기 때문에, 이러한 문화적 배경에서 몇몇 앞서 나가는 리더나 직원들이 이를 끌고 나가야 한다.

문제는 이들이 헛소리를 하는 것이 아니라는 점이다. 이들은 미래를 말하고 있다. 누구보다도 미래가 어떻게 변화할지 내다보고 있다.

경험적 연금술: 고객 중심 경영 전략

기하급수적 비즈니스 모델을 도입하거나, 이를 실현하기 위해 기하급수적 기술을 도입하는 것만으로는 충분하지 않다. 기하급수적 결과를 얻기 위해서는 고객과 직원에게 집중해야 한다. 성장 모델에서 핵심적인 이 요소를 무시할 때 어떤 일이 일어나는지 그루폰의 사례에서 명확히 볼 수 있다. 그루폰의 사례는 가장 혁신적인 최신 기술을 활용하고 있더라도 고객을 중심에 두지 않으면 기업에 해악이 미친다는 사실을 경고해 준다. 시장의 주목을 받는 혁신적인 제품이나 서비스 이상의 것이 필요하다는 것이다.

그루폰의 창업자이자 CEO인 앤드루 메이슨은 미국 역사상 두 번째로 큰 IPO 이후 15개월만에 당시 최악의 수준까지 치달았던 회사의 주가 폭락과 부진한 경영 실적에 대한 책임으로 인해 해고되었다. 메이슨은 사임하면서, "고객과 함께 시작하려는 용기를 가져라."는 말을 남겼다.

> **사각지대**
>
> 대부분의 기업들은 경영 결정을 내릴 때 고객이나 직원에 어떠한 영향이 미칠지를 고려하지 않는다.

이와 반대로, 최신 디지털 기술 활용의 선두 기업인 아마존 창업자인 제프 베이조스는 회의실 탁자에 빈 의자를 두는 것으로 유명하다. 그가 특이한 습관을 고집하는 이유는 무엇일까? 회의에 참석한 모든 사람들에게 빈 의자에 "방에서 가장 중요한 사람", 즉 고객이 앉아 있다는 사실을 주지하도록 하기 위해서이다. 빈 의자는 직원과 경영진이 이미 알고 있다고 생각하거나 집단 사고에서 벗어나 고객의 관점에 집중하는 사고방식으로 전환하도록 하는 강력한 상징물이다.

사람 중심 패러다임으로 전환하기 위해서는 모든 의사 결정이 다음과 같은 관점에서 이루어져야 한다. 이 결정이 직원·고객 경험에 어떤 영향을 미칠까? 회의를 개최하고, 모든 결정을 내릴 때 이러한 질문에서 시작한다면 어떨까?

이는 현재 대부분 기업의 의사 결정 방식과 크게 괴리가 있다. 그러나 이 질문은 이 기업들이 단순한 현상 유지가 아니라 고객과 직원을 최우선으로 생각하고, 공감을 가이드로 삼아 비즈니스를 이끌도록 해 줄 것이다.

디자인 사고의 개념을 사용하여 고객과 직원 중심의 사고방식을 경영의 모든 부분에 도입해야 한다. 첫 번째 핵심 원칙은 먼저 공감하고, 정의하고, 반복하고, 실험을 해 보고, 적용해 보는 것이다. 이러한 사고방식은 극히 비즈니스 중심적이며 선형적으로 측정하는 효율성이나 효과에만 집중하는 엔지니어링, 소프트웨어 코딩이나 제조와 같은 영역에 특히 필요하다.

이는 새로운 개념이기 때문에 먼저 최고 경영진에서 공감하는 사고방식을 도입한 다음 조직 전체적으로 모범을 통해 전파해야 한다. 그리고 이는 대부분의 회사가 운영되는 방식과도 차이가 있다.

선두를 유지할 것:
뒤처진 기업들은 혼돈 상태에서 쟁탈전을 벌인다

기하급수적 전략에 투자하는 기업은 경쟁사를 훨씬 앞질러 가기 때문에 뒤처진 기업은 결국 혼란에 빠지고 살아남는 방법을 찾기 위해

허둥지둥하게 된다. 이들의 수익 구조는 너무 빨리 망가지기 때문에 이를 맞추기 위해 극단적인 비용 절감 조치를 실시하기도 한다. 하지만 우리는 기업의 핵심은 매출 성장에 있다는 사실을 모두 알고 있다. 비용 절감은 기업을 성장시켜주지 않는다. 사업을 운영하는 데 드는 비용을 줄일 뿐이다. 이는 수익 감소의 전조 증상으로, 비용 절감 뒤에는 거의 항상 수익이 줄어든다.

> **사각지대**
>
> 기하급수적 비즈니스 모델과 기술을 도입하지 않으면, 경쟁력을 유지하기도 기하급수적으로 힘들어진다.

기하급수적으로 변화하는 시장을 따라잡고, 비즈니스 모델을 지속적으로 발전시키고, 매출을 기하급수적으로 늘리며, 디지털 혼란에 대비하는 경쟁업체에 대적하기는 어렵다. 이러한 경쟁자들은 변화에 열려 있을 뿐만 아니라 적극적으로 변화를 모색하고 있다.

이러한 사례를 공유한 이유는, 긴박감을 일깨우고 기하급수적 승수로 작용할 기하급수적 기술을 도입하여 당신의 사업 전략을 변화시키기 위해서이다. 또한 다음과 같은 것들이 얼마나 중요한지 경영자, 직원 그리고 회사 전체가 다시 한 번 상기할 필요가 있다.

- 새로운 방식으로 협업 및 혁신 장려
- 새로운 유형의 조직 만들기
- 자신의 팀이 선두에 서고자 하는 확신, 신념 및 열망
- 공감적 접근 방식을 통해 사각지대를 돌아보는 법 배우기
- 동원할 수 있는 모든 것을 활용하기
- 공감과 함께 이러한 능력들을 지침으로 사용하기

- 고객·직원 경험에 대한 공감에 완전히 집중하는 기하급수적 디지털 조직으로 거듭나면서 기하급수적 성공 거두기

◦ 핵심 아이디어 ◦

- 기업에서 고객 중심 경영이 이루어지지 않을 때에는 늘 조기 경고 신호가 발생한다.
- 기업은 비즈니스 중심 모델에서 고객·직원 중심 모델로 진화해야 한다.
- 기하급수적 비즈니스 성장 모델과 고객·직원 중심 기술을 통해 기업은 경쟁이 점점 더 격화되는 시장에서 경험을 최고의 차별화 요소로 내세울 수 있다. 그렇지 못한 기업들은 사각지대에 빠지게 될 것이다.

토니의 리더십 코너

사각지대: 시장 변화와 혁신을 주도할 때 밀어야 할 때와 놓아야 할 때를 파악하라

내 경력에서 가장 큰 성공 경험 중 하나는 수십억 달러 규모의 사업부로 성장한 시스코 CRS-1 라우터 사업팀을 구축한 것이다. 1996년 내가 시스코에서 컨설팅 엔지니어로 근무할 때 고객의 목소리를 대변하기 위해 경영진 회의에 참여하면서 이 사업이 시작되었다. 차세대 엔지니어링 제품의 우수함에 대해 경영진과 격렬하게 토론하는 회의였다. 문제는 우리가 업계 최고의 엔지니어 와 함께 최신 운영 체제와 최신 실리콘칩으로 놀라운 네트워킹 기술을 구축했음에도 불구하고, 빠르게 부상하는 인터넷과 함께 이 제품의 필요성에 대해 제대로 인식하고 있는 사람이 없었다는 점이었다.

보통 엔지니어와 고객 사이에는 거리감이 있다. 제품의 기능과 고객이나 운영 업체들이 이 제품을 사용하는 방법 사이에는 언제나 차이가 있었다. 나는 이러한 사실을 적극적으로 지적했고, 그 결과 시스코의 고사양 코어 라우터(코드명 BFR)인 시스코 12000의 제품 관리 책임자로 임명되었다. 이후 나는 차세대 라우터(코드명 HFR)인 시스코 CRS-1 팀을 이끌게 되었다. 이는 마치 우주 왕복선을 만드는 것과 같은 5년짜리 프로젝트였다. 사업을 맡은 첫 해에 나는 시스코의 독점 인터넷 운영 체제(IOS, Internet Operating System)를 새로운 라우터의 요구 사항에 맞게 확장할 수 없다는 사실을 알게 되었다.

당시 시스코에서 전체 R&D 전략 및 11개의 기술 그룹을 이끄는 최고 개발 책임자(CDO, Chief Development Officer)인 마리오 마졸라(크레센도의 전임 회장, CEO, 전기 공학 석사인데다 여러 개의 네트워킹 특허 보유자)와 미팅을 하면서 개발이 진척이 되면 차세대 라우터를 개발하는 우리 팀이 시스코의 핵심 IOS 플랫폼에서 떨어져 나와야 한다고 말했던 기억이 선명하다. 당시 시스코는 기술에 너무 집착한 나머지 시장의 움직임을 읽지 못하는 사각지대에 빠지고 있었고, 실제 문제를 해결하는 대신 기술 그 자체에 몰입하고 있었다. 이러한 상황을 지적하며 CDO에게 맞서는 것은 내 커리어를 끝낼 수도 있는 행동이었다.

그러나 혁신에 관해서는 고객 우선 정신이 중요하다. 현상을 유지하겠다는 생각의 한계를 뛰어넘고 회사 안에서 가장 영향력 있는 사람에 맞서야 할 때가 있다. 하지만 반대로 놓아야 할 때도 있다.

시스코에서 또 한 번은 특허를 취득하고 사실상 IEEE 표준이 된 자가 치유 링에 대한 새로운 MAC 계층 기술을 개발한 뛰어난 엔지니어 팀과 함께 일한 적이 있었다. 그 작업은 즐거웠고, 당시 나는 그 제품이 내 인생에서 가장 위대한 창의적 발명이라고 생각했다. 상사는 나에게 권한을 부여했고 모두가 나를 믿고 하드웨어 관련 경험이 전혀 없는 나에게 하드웨어 개발을 이끌어 달라고 부탁했다. 그러나 성공에 점점 가까워지면서, 모든 사람들이 나를 지지하고 있음에도 불구하고 내게는 프로젝트를 대규모 성공으로 이끌기 위해 필요한 적절한 경험이 없다는 사실을 깨달았다.

여기에서의 교훈은 '놓아야 할 때를 아는 것'이었다. 대담하게 도전하되 무엇이 필요한지 이해해야 한다. 자기 자신을 돌아보고 올바른 팀을 구성하라. 지금 나의 경력을 돌아보면서, 나는 많은 회사 창업자들에게서 이 사각지대를 본다. 뛰어난 발명을 해 낸 천재와 오래 지속되는 강력한 문화를 통해 수익성 있는 글로벌 회사를 일구어 나갈 수 있는 리더는 다를 수도 있다.

"진정한 변화와 지속적인 변화는 한 번에 한 단계씩 일어난다."

루스 베이더 긴즈버그

어떤 기술을
활용하느냐가 중요하다
선형적 기술에서 기하급수적 기술로

고객 서비스에 대한 불만은 인류가 출현한 이래 늘 있어왔다. 기원 전 1750년, 구리와 철 제품 무역상인 에아 나시르에 대한 고객의 불만이 처음으로 문서화되어 남아 있다. 고객의 끊임없는 불평들이 남아 있어 나시르는 당대 최악의 사업가로 알려져 있다. 고객인 나니는 주문한 것과 다른 구리 등급을 배송 받았으니 환불을 해 달라고 석판 앞뒤에 빼곡하게 설형 문자로 채운 편지를 보냈다.[01] (그림 4.1)

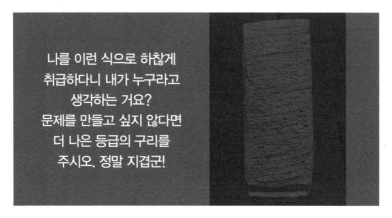

그림 4.1 기원전 1750년의 고객 서비스 불만.
자료 크리에이티브 커먼즈[02]

불만이 이토록 익숙하게 느껴지는 것이 이상하다. 에아 나시르의 열악한 고객 서비스에 대한 사례는 오래된 일이지만, 브랜드 신뢰와 공정한 대우에 대한 사람들의 욕구는 과거의 일이 아니다. 고대인인 나니와 마찬가지로 고객들은 자신들과 소통하는 기업이 그들을 경청하고 이해해 주기를 바라며, 기술은 이러한 소통을 촉진하는 데 핵심적인 역할을 한다. 석판에 날카로운 물체로 설형 문자를 새기는 기술이든 SMS를 보내는 기술이든 말이다.

역사를 뒤돌아보면 기술의 발전이 문명과 사회 전반에 걸쳐 힘과 풍요를 길러준다는 것을 알 수 있다. 물론 사회가 발전함에 따라 가치는 변한다. 사람들이 원하고 필요로 하는 것들이 자연스럽게 진화하면서 현재와 미래의 수요를 충족하기 위한 혁신을 주도한다. 우리는 조지 이스트먼이 기억을 보존하기 위해 어떻게 사진 기술을 발명하게 되었는지 보았다. 오늘날에는 디지털 카메라와 소셜 네트워크가 추억을 완전히 새로운 차원으로 끌어올렸다. 과거에서 통찰력을 얻을 수 있는 경우가 많으므로 우리는 고객·직원 경험 기술 진화의 핵심 포인트를 몇 가지 짚어 보고 지금 필요한 것이 무엇인지 그리고 과거의 한 계점이 무엇인지를 고찰하려고 한다.

고객·직원 경험 기술의 기원은 경영자들의 사고에서 지배적인 패러다임으로 자리잡았던 비즈니스 중심적인 효율성과 효과성에서 시작되었다. 비즈니스 중심의 선형적 기술은 그 당시로서는 최신 기술이었지만 현재 고객이나 직원이 갖고 있는 기대치를 충족해 줄 수 없었다. 가장 최근에 고객·직원 경험의 변화를 주도하는 것은 기술의 소비자화이다. 즉 제품, 서비스, 경험 디자인이 회사에 초점을 맞추지 않고 최종 사용자에게 초점을 맞추어 변화하고 있다. 기술의 소비자화로 인해 기업들은 디자인적 사고를 통해 직원과 고객이 소통할 때 사용하는 기술을 재구성해야 한다. 과거의 고객·직원 경험 산업 기술을 돌아보면, 5차 산업 혁명에서 현재 기업들이 기하급수적으로 해 나가고 있는 일들이 지금까지의 모든 변화를 합친 것을 훨씬 능가한다는 사실을 알게 될 것이다.

고객 경험 기술의 진화 및 기업들의 적용 사례

1830년대와 1840년대에 새뮤얼 모스를 비롯한 사람들이 전신 기술을 개발하고 1866년에 이르러 미국에서 유럽까지 닿는 전신선이 설치되면서 장거리 통신은 혁명을 맞이했다. 사람과 조직들이 메시지를 거의 실시간으로 주고받을 수 있게 되었기 때문에 기업들의 사업 방식이 크게 변하게 되었다.

기술의 발전은 개인적인 이유에서 시작되기도 한다. 알렉산더 그레이엄 벨은 음향 기술에 깊은 관심을 가지고 있었다. 그의 아내와 어머니가 모두 청각 장애인이었는데, 이 사실은 과학자이자 엔지니어로서의 그의 업적에 큰 영향을 미쳤다. 그의 연구와 실험으로 전신 기술이 개선되었고 이는 전화기의 탄생으로 이어졌다. 최초의 개인 수동 지점 교환기(스위치 보드)로 전화기를 대규모 전화 시스템에 연결할 수 있게 되면서 고객 경험의 지평이 확장되었다. 보스턴의 발명가이자 사업가인 에드윈 홈즈는 상업적으로 실행 가능한 최초의 전화 네트워크를 개발하고 전화 교환기로 작동할 수 있도록 개조했다. 보스턴 전화 발신 회사를 설립한 후 홈즈는 벨과 함께 벨 전화 회사를 설립했다.

그러나 새로운 기술이 등장하면서 고객 경험 관련 문제도 불거지게 되었다. 홈즈는 십대 소년들을 고용하여 배전반을 작동하고, 발신자와 용건을 물어본 후 전화 코드를 올바른 잭에 연결하도록 했다. 고객들과 소통이 필요 없는 전신선을 이용할 때는 문제가 없었지만, 소년들이 고객과 이야기를 하게 되자 상황이 바뀌었다. 소년들의 태도나 인내심 부족, 욕설 등은 실시간 전화 연락에 용납할 수 없는 문제였고 기업의 평판이 악화되었다. 벨은 이 문제를 해결하겠다고 나서서 엠마 넛과 그녀의 여동생을 최초의 여성 전화 교환원으로 고용했다. 시리(Siri, 음성 인식 서비스)가 발명되기 수십 년 전, 넛의 부드러운 말투는 통신 산업 최초의 인내심 있고 공손하고, 친절한 여성의 목소리를 나타내게 되었다. 그녀는 고객 중심적으로 접근했고, 이는 고객들로부터 긍정적인 반응을 이끌어냈다. 하지만 그 이후 오랫동안 기업들은 공감과 고객 경험에 대해 진정으로 생각하지 못했다.(그림 4.2) (흥미롭게도 저자인 토니의 할머니는 런던 지하철 전화 교환원이었다.)

그림 4.2 1880년대 런던의 여성 전화 교환원들의 모습.
자료 알라미

통신에서 이렇듯 혁신이 일어나자, 기업들은 오래지 않아 전화를 통한 세일즈와 마케팅의 잠재력을 깨닫게 되었다. 뉴욕에 소재했던 멀티-메일링은 통신 기술을 사업에 일찍이 활용한 예시이다. 멀티-메일링은 지역 전화번호부의 목록을 수집하고 판매했는데, 전화를 소유하고 있는 고객들이 영향력 있는 계층이라고 판단하여 고객의 정보를 분석하고, 분류하고, 세일즈의 대상으로 삼았다.

1920년대에는 다이얼을 돌리는 전화기가 등장하면서 교환원이 필요하지 않게 되었다. 1950년대에는 아웃바운드 콜센터 상담원이 등장했는데, 이들 중 다수는 집에서 빵을 구워 팔면서 가계 소득에 보태던 주부들이었다. 1957년 콜센터를 갖춘 최초의 텔레마케팅 회사인 다이얼아메리카가 설립되었다. 자동 통화 분배기 시스템이 등장하자 기업들은 고객 문의에 답해 줄 상담원을 대규모로 고용했다. 업무에 대한 전문적인 이해가 없는 상담원이 고객을 응대하자 효율성은 좋아졌지만 고객의 경험은 악화되었다. 상담원마다 다른 대답을 하기도 했고, 상담원이 다른 부서에 문의를 하거나 또는 관련 부서로 전화를 연결하는 동안 고객이 오래 기다리는 경우도 많았다. 전화를 돌릴 때마다 고객은 확인 절차를 다시 거쳐야 했고, 매번 전화를 한 이유를 다시 설명해야 했다.

사설 자동 지점 교환기는 수동 교환기를 대체하여 통화 연결을 자동화해주었다. 1970년대 대화형 자동 응답(Interactive Voice Response, IVR) — "…를 원하시면 1번을 누르시고, …를 원하시면 2번을 누르시고…" 기술 — 은 고객이 담당자와 직접 통화를 할 수 있게 해 주었다. 이후 광역 전화 서비스의 발달로 기업들은 전국으로 전화를 걸 수 있게 되어 텔레마케팅 산업이 성장하게 되었다.

그러나 곧 기업 입장에서 효율성을 제고해 주는 좋은 아이디어가 고객에게는 좌절감을 주게 되었다. 전화를 거는 고객에게 "고객님의 전화는 소중합니다, 조금만 기다려 주세요"라고 말한 뒤 40분 동안 전화기에서 바이올린 연주만 들려주면 고객들이 당황할 수밖에 없다. 이런 기업들의 행태는 자주 패러디되기도 하지만, 궁극적으로 고객에 대한 공감이 부족하다는 상징성을 띠는 이야기이기도 하다.

통신 산업을 독점한 벨 시스템이 그 이후 전용 지역 번호로 시작하는 수신자 부담 전화번호를 도입하자 많은 기업들이 광고와 마케팅을 보고 문의하는 고객들을 상대하는 콜센터를 만들면서 수신 전화 상담원이라는 직업이 생기게 되었다. 1971년에 레이 톰린슨이 이메일 프로그램을 개발하면서 이메일과 유선 전화가 고객 경험의 주요 채널로 떠올랐다. 1980년대에 컴퓨터가 급속히 보급되자 관계형 데이터베이스 시스템이 상업적으로 성공을 거두었고, 이는 마케팅이나 영업 및 서비스 부서에서 고객 정보를 기록하고 저장할 때 사용하는 고객 관계 관리 (Customer Relationship Management, CRM) 소프트웨어로 발전하게 되었다.

월드 와이드 웹의 등장은 전화가 발명된 이후 고객 경험을 가장 크게 바꾸는 사건이었다. 이제 고객은 집에서 편안하게 온라인 쇼핑을 즐길 수 있게 되었기 때문이다. 온라인 쇼핑은 1990년대 닷컴 붐과 함께 수세기 동안 자리를 지켜 온 많은 회사의 비즈니스 모델을 혼란에 빠뜨렸다. 회사가 온라인 채널을 운영하면서, 소비자들도 도움을 받기 위해 매장에 갈 필요 없이 콜센터를 찾았다. 기업들은 경쟁력을 유지하기 위해 휴대 전화, 인터넷, 이커머스를 통해 서비스를 디지털화했고, 그 결과 고객 지원 소프트웨어나 온라인 헬프 데스크가 확산되었다.

고객들의 요구가 늘어나며 이들의 수요에 대응하기 위한 고객 센터나 상담원들의 수도 늘어나야 했기 때문에 고객 서비스 비용도 점점 증가하게 되었다. 그래서 고객 센터는 '비용 센터'라고 불리게 되면서 다른 국가로 아웃소싱하게 되었다. 그 결과 미국 고객들은 서비스 질 하락과 언어 소통이 제대로 되지 않아 좌절감을 겪었다. 기업들은 전 세계에 수십 개의 고객 센터를 두고 있고, 주문이나 청구, 배송 등 고객 정보를 저장하는 데이터베이스가 연동되지 않는 경우도 있다. 고객이 전화했을 때 어느 고객 센터에 연결이 되는지에 따라 상담원이 접근할 수 있는 정보가 크게 달라지면서 고객 경험이 훼손되었다.

2010년대에는 소셜 미디어 플랫폼이 넘쳐났다. 소셜 미디어는 공개적인 특성을 가지고 있으므로 고객은 소셜 미디어 채널을 통하면 회사의 관심을 끌 수 있다고 생각하게 되었다. 특히 다른 채널로는 만족스럽지 못한 반응을 얻은 경우 고객들은 소셜 미디어 플랫폼을 이용하기 시작했다. 고객들이 소셜 미디어 플랫폼에 공개적으로 불만을 토로하는 것이 일반화되면서 기업들은 고객의 불만에 응대하지 않을 수 없게 되었다. 이 불만 사항을 잘 처리하지 못하는 경우 막대한 브랜드 손상으로 이어질 수 있다는 사실을 깨닫게 된 것이다. 전화와 이메일을 담당 직원에게 연결하는 기술을 활용하여 기업들은 소셜 게시물도 담당 직원이 직접 응답할 수 있도록 했다. SMS나 채팅 기능과 같은 디지털 소통도 보편화되어 모바일 디바이스를 통해 미리 알림, 광고, 다른 알림 등의 기업 중심 메시징 프로그램도 사용할 수 있게 되었다. 셀프 서비스 채널을 도입하자 고객들은 스스로 서비스를 찾아갔고, 기업들은 이론적으로는 소비자와 소통하는 비용을 절감할 수 있었다.

대부분의 고객 센터 소프트웨어 솔루션은 단일 소통 채널을 뜻하는 포인트 솔루션으로 개발되었다. 소프트웨어 개발 업체들이 솔루션 우선 접근 방식을 사용하기 시작하면서 많은 채널들이 하나의 솔루션으로 통합되었다. 그리고 나서는 특정 서비스를 대상으로 패키지로 묶여 판매되었다. 오늘날 많은 고객 센터에서는 고객과 직원 모두가 불편을 겪고 있는데도 고객·직원 경험을 위해 여전히 10~30개 이상의 소프트웨어 개발 업체를 이용하고 있다.

이처럼 모든 기술 발전은 고객·직원 경험에 영향을 미쳤으며, 이 변화가 기술을 도입한 회사들에게 어떠한 편익을 제공했는지는 쉽사리 알 수 있다. 기업들은 비즈니스 중심의 효율성과 효과성에 초점을 집중하고, 고객을 위한 개인화된 경험에는 주의를 기울이지 않았다.

고객·직원 경험의 네 가지 시대

고객들이 불만을 더 이상 돌에 새기지는 않지만, 기업들이 더욱 개인화되고 공감하는 경험을 제공하기 위해서는 아직 갈 길이 멀다. 이해를 돕기 위해 고객·직원 관점에서 경험을 살펴보자. 4차 산업 혁명과 마찬가지로 고객 서비스의 발전 과정을 살펴보면 오래된 비즈니스 중심 패러다임에서 최근의 공감의 시대에 이르기까지 고객·직원 경험을 네 가지의 시대로 나누어 볼 수 있다.

- 거래의 시대
- 소통의 시대
- 참여의 시대
- 공감의 시대

경험을 전달하기 위한 고객·직원 프로세스를 평가하기 위해 우리는 네 가지의 공감 기둥(Empathy Pillars™)을 고안했다.

- 경청
- 이해 + 예측
- 실행
- 학습

가족이나 친구와 나누는 대화를 떠올려 보라. 소통을 하기 위해서는 먼저 경청해야 한다. 우선 필요한 모든 정보를 받아들인다. 그 다음 두뇌와 경험을 이용하여 그 정보를 이해로 바꾸고 대화에 어떻게 반응할지 예측한다. 그 후에는 대화를 돌려주면서 행동을 취한다. 소통을 하는 동안 상대방의 반응을 통해 학습을 하면서 시간이 지남에 따라 관계를 지속적으로 개선해 나간다. 상대방에게 주의를 기울인다면, 상대방은 당신이 이 과정을 거치면서 자신을 알고, 경청하며, 이해했다고 느끼게 된다. 당신은 상대방의 눈을 통해 세상을 보고 경험을 개인화했으며, 그 결과로 이들의 신뢰와 충성도를 얻거나 유지하게 되었다.(그림 4.3)

그림 4.3 개인화된 경험을 통합함으로써 공감, 신뢰, 충성도를 제고할 수 있다.

이러한 공감 기둥을 활용하여, 각각의 시대에 가장 지배적이었던 기술을 바탕으로 고객·직원 중심주의가 어떻게 변화했는지 분석하였다.(그림 4.4)

Y축은 공감 축으로 개인화의 정도를 나타낸다. 초기에는 경험이 매우 비즈니스 중심적으로 거의 개인화되지 않았다. 기업들이 점차 고객·직원 중심 접근법을 택하게 되면서 경험이 개인화되었고 그래프 아래의 면적도 증가하게 되었다.

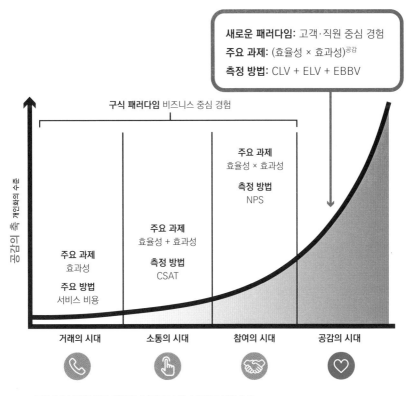

과거와 최근 패러다임의 개인화 수준 비교

새로운 패러다임: 고객·직원 중심 경험
주요 과제: (효율성 × 효과성)^{공감}
측정 방법: CLV + ELV + EBBV

구식 패러다임 비즈니스 중심 경험

공감의 축 개인화의 수준

주요 과제
효율성 × 효과성

측정 방법
NPS

주요 과제
효율성 + 효과성

측정 방법
CSAT

주요 과제
효과성

주요 방법
서비스 비용

| 거래의 시대 | 소통의 시대 | 참여의 시대 | 공감의 시대 |

그림 5.4 시간에 따라 개인화 수준으로 나눈 네 가지 시대 흐름
주: CSAT(Customer Satisfaction): 고객 만족도
　　NPS(Net Promoter Score): 순고객 추천 지수
　　CLV(Customer Life Value): 고객 평생 가치
　　ELV(Employee Life Value): 직원 평생 가치
　　EBBV(Empathy-Based Business Value): 공감 기반 비즈니스 가치

거래의 시대

공감의 시대에 들어가기 전, 다른 시대들과 마찬가지로 거래의 시대는 비즈니스 중심의 효율성을 기반으로 했다. 기업들은 여러 채널에서 고객에게 서비스를 제공하는 인건비 대비 사업 실적의 균형을

어떤 기술을 활용하느냐가 중요하다: 선형적 기술에서 기하급수적 기술로

맞추려고 했다. 기업들은 현재 보유하고 있는 인력과 예상되는 소통의 양 사이에서 균형을 맞추기 위해 많은 노력을 기울였다. 고객의 소통량이 너무 많은 경우 기업들은 부담을 느꼈다.

기업들이 비용 절감에 주력하는 한편 고객·직원 중심 기술 또한 부재했기 때문에 고객이나 직원의 개인화나 공감 수준이 낮았다. 기업들은 경청할만한 데이터를 얻을 수가 없었다. 고객 연락은 대체로 수신자 부담 전화번호를 통해서 분류되었으며, 분류의 수준도 기껏해야 구매 관련인지 서비스 관련인지 하는 정도였다. 맥락이나 의도가 갖추어지지 않은 소통 방식으로 인해 통화가 길어질 수밖에 없었다. 고객들은 행동을 취하기 전에 직원에게 일일이 말을 해야 했다. 또한 소통을 평가할 수 있는 유일한 수단도 월말에 한 달치의 과거 데이터를 취합하여 평가한 개선 방안 보고서뿐이었다.

소통의 시대

소통의 시대에 이르러서도 기업들은 여전히 비즈니스 중심적 접근 방식에 매달려 있었지만, 효율성과 효과성 사이의 균형을 개선하고, 기업 중심의 효율성을 최적화하여 사업 실적을 개선하려고 했다. FAQ나 챗봇 등 새로운 셀프 서비스 채널이 개발되면서 조금은 더 개인화된 경험을 제공하는 기능이 등장하기 시작했다. 그러나 초창기의 챗봇은 미리 준비된 답변만 돌려줄 수 있었기 때문에 고객이 원하는 특정 질문에 대한 답을 주지 못하는 경우가 많았다. 소통의 시대로 오면서 고객 경험은 향상되었지만 여전히 고객 만족도(Customer Satisfaction, CSAT)를 충분히 측정할 수 없었다. 기업은 몇 가지 채널에서 데이터를 받아 처리할 수 있었지만 여전히 고객의 의도나 상황을 전체적으로 이해할 수 없었다. 행동들은 사일로에 갇히게 되었고, 소통 개선을 위한 학습은 여전히 정적 비즈니스 인텔리전스 보고서를 통해 수동적으로 이루어졌다.

참여의 시대

새로운 기술을 사용하여 고객의 행로를 이해하고 파악하면서, 참여의 시대에서 기업들은 소셜 미디어나 동기화된 채팅, SMS를 사용하여 최신화된 고객 경험을 구현하여 고객 충성도를 높이고자 했다. 이 시대는 고객·직원 중심주의에 가까워졌지만 여전히 비즈니스 중심의 효율성과 효과성, 비용 절감 및 과거에 사용되었던 선형적 기술이 주도하고 있었다. 기업은 더 많은 채널을 통해 더 폭넓은 데이터를 수집할 수 있게 되었지만 직원들은 여전히 고객의 상황과 의도를 일일이 파악해야 했다. 기업은 순고객 추천 지수(Net Promoter Score, NPS)를 이용하여 고객 소통 점수를 평가했다.

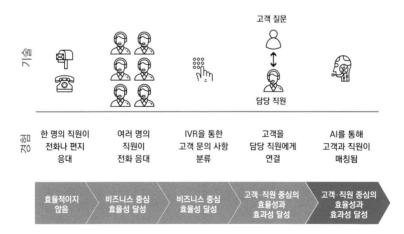

그림 5.5 시간과 고객·직원 경험 기술 발전에 따른 고객 경험의 진화.
주: IVR(Interactive Voice Response): 대화형 자동 응답

돌이켜보면 당시로써는 비즈니스 중심의 최적화가 가장 나은 선택지였겠지만 사업의 근간을 이루는 사람들, 즉 직원과 고객은 희생되었다는 사실을 알 수 있다.(그림 4.5) 슬프지만 많은 기업의 경영은 여전히 앞선 세 시대에 머물러 있는 것을 볼 수 있다.

공감의 시대

기하급수적 기술을 이용하여 고객·직원 경험을 재설계하기 전에는 고객들의 경험을 개인화하는 능력에 괄목한 변화가 있었다는 사실을 깨닫기 어렵다. 고객이 인식하고, 고려하고, 구매하고, 장바구니에 담고, 배송을 받고, 지원을 받는 여정을 거쳐 갈 때 모든 채널에서 발생하는 데이터를 통합하게 되면 기업들은 공감 시대에 체계적이고 전체적으로 고객의 목소리를 듣게 된다. 기업은 AI와 같은 스마트 자동화 기술을 사용하여 고객이 무엇을 원하는지 정의하고, 이해하고, 예측할 수 있기 때문에 직원들도 예방적이고 예측적이며 규범적인 조치를 취할 수 있다.

예측 모델을 사용하여 고객을 구분하고 그 의도를 명확히 파악하면 기업들이 고객의 고유한 요구를 이해하고 예측할 수 있는 능력이 향상되므로 직원들은 적절한 콘텐츠와 해결 방안이 무엇인지 적시에 파악할 수 있게 된다. 이 모든 정보를 통해 브랜드는 각 고객에게 적절한 지원과 콘텐츠를 제공함으로써 노력과 마찰을 최소화하는 한편 고객의 관점에서 필요한 결과를 얻을 수 있다.

> **사각지대**
>
> 기업들은 기하급수적 기술을 활용하여 더 나은 경험을 제공하고 능력을 보여줄 때 얻을 수 있는 이점을 이해할 필요가 있다.

또한 공감 시대에 진입한 기업들은 AI와 머신 러닝을 활용하여 수십만 건의 소통을 분석하여 성능과 품질을 평가하면서 지속적으로 학습하고 개선할 수 있다.

앞선 세 시대에서 놓쳤던 긍정적인 고객·직원 소통을 달성하는 데 필요한 핵심은 무엇인가? 그 당시 사용된 기술들은 어떤 면에서 개인화와 훌륭한 고객·직원 경험을 제공할 수 있는 능력을 제한했을까? 이것을 살펴보자.

셀프 서비스가 좋기만 한 것은 아니다

기업은 고객 서비스 비용을 통제하기 위해 셀프 서비스를 도입하기 시작했다. 기술을 제외한다면 고객 센터에서 가장 큰 비용을 차지하는 것은 인건비이다. 혼란스러운 IVR(대화형 자동 응답) 시스템, 저기능 챗봇, 도움이 되지 않는 홈페이지 등의 단점에도 불구하고 셀프 서비스는 고객 센터의 직원 수를 크게 줄일 수 있는 공신이었다. 고객이 스스로 서비스를 찾아가면 되었기 때문이다. 셀프 서비스를 도입하려는 처음의 시도는 이론상 훌륭했지만, 지금 시점에서 보면 자신이 원하는 것을 얻지 못한 고객들의 좌절로 이어졌다.(그림 4.6) 고객들은 자동 응답이나 챗봇으로 문제를 해결하는 것을 포기하고, 그 대신 직원과 통화하기 위해 전화를 걸었다. 결국 '셀프 서비스'에 따른 비용 절감은 수포로 돌아갔고 문제를 해결하려는 고객들과의 접점을 늘리느라 때로는 더 많은 비용을 지출하기도 했다.

"상담원과 통화하고 싶으시면
1번을 누르세요. 문제 해결 방법을 아는 상담원과
통화하고 싶으시면 2번을 누르세요. 통화가 가능한
직원과 통화하고 싶으시면 3번을 누르세요."

그림 **4.6** 비즈니스 중심적인 셀프 서비스는 고객의 좌절을 불러 일으키는 경우가 잦았다.

대화형 자동 응답 시스템

기업들은 더 효율적으로 고객 서비스를 제공하기 위해 대화형 자동 응답 시스템을 도입했다. 그러나 고객들이 자동 응답 전화번호를 홈페이지에서 찾아냈다고 하더라도 사용하면서 좌절하는 경우가 많았다. 여러 가지 옵션이 너무 혼란스러웠기 때문에 어떤 메뉴 버튼을 눌러야 하는지 결정하기 어려웠기 때문이다. 엘리베이터에서 들을 수 있는 배경 음악을 들으면서 오랜 시간 기다리다 보면 고객은 불안해졌다.(그림 4.7) 그리고 셀프 서비스를 신뢰하지 않는 많은 소비자들은 필요한 것을 얻기 위해 어떤 버튼을 눌러야 하는지도 알고 싶어하지 않았다. 자동 응답 서비스 경험이 너무 형편없었기 때문에 플리스프레스1.com이나 겟휴먼.com처럼 직원과 직접 전화할 수 있는 방법을 알려주는 웹사이트들이 등장하기 시작했다.

"저런, 아직 기분이 많이 상하셨군요.
진정하시라고 음악을 5분 더 들려드릴 테니
조금 더 기다려 주세요."

그림 **4.7** 기업들은 실제 고객 경험을 개선하는 대신 음악의 힘으로 고객들을
진정시키려고 했다.[03]

결국 회사가 셀프 서비스로 비용을 절감하고자 했던 의도는 빗나가
게 되었다.

이 경험이 그토록 형편없었던 이유는 무엇인가? 자동 응답 시스템
은 선형적 기술이었고 고객의 관점에서 보면 효율적이지도 효과적이
지도 않았기 때문이다. 직원과 통화가 될 때쯤 고객은 이미 화가 난 상
태였다. 불쾌한 분위기로 대화가 시작되었고 화난 고객과 소통해야
하는 직원들은 회사를 떠났다.

혼란스러운 홈페이지

기업들이 온라인 브로셔가 아니라 홈페이지를 통해 고객에게 경험을
제공하기 시작했을 때에는 개인화된 참여 수단이 매우 적거나 전혀

없었다. 고객은 스스로 모든 문제를 해결해야 했다. 답변을 찾아 홈페이지 안의 메뉴를 계속 찾아야 했으며 FAQ를 층층이 찾아보는 수밖에 없었다.

많은 기업들이 통화량을 줄이기 위해 홈페이지에서 전화번호를 없애거나 숨기고 그 대신 이메일로 연락하라고 고객들에게 요청한다. 고객들은 특정한 요구나 질문 등 자신의 의도를 회사에 전달하지만 허공에 대고 소리지르는 기분을 느낀다. 부분적으로 홈페이지를 찾는 고객들은 실시간 소통을 원하기 때문에 이메일로는 아예 충족할 수가 없는 사항이기도 하다. 고객이 장바구니에 담긴 항목에 대한 질문이 있는 경우에는 즉각적인 답변이 필요하다. 지능적으로 이를 해결할 수 있는 방법이 없으면 결국 통화량이 늘어나거나, 장바구니가 비워지기도 하며, 이는 결국 기업의 매출 감소로 직결된다.

저기능 챗봇

저기능 챗봇은 비즈니스 중심의 비용 절감에만 집중하는 고객 경험을 구체적으로 보여주는 사례이다. AI가 등장하기 전에는 챗봇 기술이 상당히 제한적이었다. 기업은 챗봇이 고객에게 서비스를 제공할 때 도움이 되는 저비용 셀프 서비스 채널 중 하나라고 생각했다. 하지만 저기능 챗봇에는 상황에 맞춰 고객에게 실시간 경험을 제공해 줄 수 있는 소통 채널 기록, 고객 데이터, 인공지능이 탑재되지 않았다. 결과적으로 저기능 챗봇은 고객의 문의에 정확한 정보를 제공하지 않는 일반적인 FAQ 답변을 주는 데 그쳤다. 그 당시로써는 이것이 최고의 기술이었지만 고객은 반복적으로 다른 채널을 통해 소통을 시도하거나 경쟁사로 옮겨갔다.

실제로 저기능 챗봇 사용은 회사에 효율적이거나 효과적이지 않았다. 이 기능은 통화량 감소라는 원래의 목표를 달성하는 목적을 이루지 못했고 원콜처리율(First Call Resolution, FCR)[*]은 대체로 '한 번에 처리'하지 못했다. 고객은 다른 채널로 소통을 시도해야 했고 이로 인해 기업이 부담해야 하는 비용은 늘어났다. 심지어 고객은 다음에 찾는 채널이 자신이 원하는 정보나 가치를 제공해줄지도 확신할 수가 없었다.

직원 지원 서비스

우리는 필요한 정보와 도구를 충분히 주지 않은 채 직원에게 고객 서비스를 제공하도록 요구하면 어떤 결과가 발생하는지 살펴보았다. 직원들의 좌절감과 불만이 증가하며 고객 경험 저하로 이어졌고 결국은 직원들이 이탈하게 되었다. 고객 센터를 운영할 때 직원 이탈은 엄청난 비용을 야기하기 때문에 직원의 좌절감을 유발하는 시스템과 기술을 이용하는 것은 합리적이지 못하다.

직원들이 회사 웹사이트에서 고객 관련 업무에 접속할 수 없는 경우가 종종 발생했다. 그래서 고객에게 계좌 번호를 묻고 고객 정보 데

---

[*] 고객의 처음 연락에서 고객의 요구를 완벽하게 충족하는 능력 – 역자 주

이터베이스를 수동으로 검색한 다음 어떤 도움이 필요한지 물어야
했다. 고객의 전화가 정확한 담당자에게 연결이 되지 않으면 다른 직
원에게 통화를 다시 넘겨야 했다. 소통이 중간에 끊어지기 때문에 이
경우 고객은 다음 직원에게 상황을 처음부터 다시 설명해야 했다.

고객이 직원들을 거치면서 시시각각 더 짜증이 나면 과연 다음 직
원이 문제를 해결할 수 있을지 의심하게 된다. 문제가 커지면서 고객
이 관리자나 상급자와 통화를 요구하면 다시 처음부터 문제를 설명하
고 더 많은 시간을 낭비하게 된다. 고객이 이 정도로 노력해야 하는 상
황에 부딪치면 고객의 신뢰와 충성도는 없어진다.

고객 센터를 운영하는 대부분의 회사는 고객과의 소통을 가능한 한
짧게 하는 것이 효율적이라는 사고방식을 가지고 있다. 많은 산업에
서는 대개 4분 통화를 기준으로 잡는다. 상담원들이 고객의 문제를 이
해하고 해결하는 데에 4분의 시간이 주어지며, 이 시간을 넘기면 보너
스를 못 받는 것부터 해고되는 것까지 다양한 불이익을 받을 수 있다.
그러므로 상담원들은 불이익을 피하기 위해 3분 50초가 지났다는 경
고가 뜨면 고객의 문제가 해결되었건 그렇지 못하건 간에 통화를 종
료하곤 한다.

소통의 전환

고객 센터의 소통 채널이 전화나 이메일 말고도 다양화되면서, 애널
리스트들은 새로운 채널을 열면 기존 채널의 소통량이 줄어들 것이라
고 예측했다. 매일 시간당 1,000번의 전화가 걸려온다고 가정하자. 채
팅 채널을 열면 통화 중 일부가 전환되면서 전화량이 줄어들 것이라
고 예상한 것이다. 그런데 경험적으로 보았을 때 새로운 채널을 열더

라도 언제나 전체 전화나 소통의 양이 전환되거나 감소하는 것은 아니라는 점이 밝혀졌다.

어떤 회사는 일부 셀프 서비스 채널이 도움이 되었지만 더 복잡한 도움이 필요한 문제에 전화가 집중되면서 소통의 절대양이 오히려 증가한다는 사실을 목격했다. 하지만 새로운 소통 채널을 여는 회사의 목표가 단순히 통화의 양과 비용을 줄이려는 것이라면 이는 경험의 개인화가 아니라 비용 통제에 초점을 맞춘 것이다. 기술 업체들이 선형적 기술이 회사 관점에서 더 효과적이고 효율적이라고 주장하지만 기술이 고객이나 직원을 만족시

> **사각지대**
>
> 기업들이 선형 기술을 도입하면서 비용이 감소할 것이라고 기대하는 경우가 많다. 하지만 이 기술로 인해 공감, 신뢰, 충성도를 제고하면서 동시에 소통을 전환하고 비용을 절감할 수 있는 능력에 제한을 받는다.

키지 못하고 충성도를 떨어뜨린다면 이 기술은 궁극적으로 실패한 것이며 브랜드는 타격을 입게 된다.

더 나은 방법은 없을까?

고객이 아니라 회사에 초점을 맞추는 선형적 기술 때문에 비즈니스 중심의 고객 센터는 직원과 고객 모두에게 미움을 사게 되었다. 직원들은 20~30개는 보통인 수많은 창에서 고객에게 필요한 정보와 데이터베이스를 찾아야 하며, 그럼에도 불구하고 고객 중심적으로 정돈되지 않은 프로세스나 분산된 데이터베이스에 접속하는 데 너무 많은 시간이 걸리기 때문에 자주 사과를 해야 한다.(그림 4.8) 그 결과 기업에

연락을 하는 것 자체가 귀찮은 일이 되고 만다. 많은 소비자들은 자동 응답 시스템에 전화를 걸고 싶어하지 않는다. 고객은 기다리는 것은 물론 강제로 사용할 수밖에 없는 열악한 기술에 불만을 품은 직원과 소통하기도 원하지 않는다.

이제는 비즈니스 중심적인 장밋빛 안경을 벗어야 할 때이다. 고객과 직원은 당신의 브랜드를 어떻게 생각하고 있는가? 이들의 경험은 어떠한가? 더 나은 방법은 없는가? 훌륭한 경험을 제공하겠다는 약속을 지킬 수 있느냐는 순전히 우리의 사고방식과 기술에 달려 있다. 이 두 가지 모두 선형적 기술과 구시대적 개념에서 벗어나야 한다.

고객이 통화, 채팅, 메시지 중 어떤 채널을 선호하는지 알고 있는가? 당신은 고객의 개인적인 선호도를 기억하고 모든 고객의 소통을

© 2021 Ted Goff

"저희가 배송을 엉뚱한 곳으로 보냈군요.
하지만 고객님이 어디서 상품을 찾을 수 있는지
다른 주소를 알려 드릴게요."

그림 4.8 직원들은 고객 경험이 잘못되었는데 자신이 적절한 조치를 취할 수 없을 때 종종 좌절감을 겪는다.

하나하나 개인화해줄 수 있는 시스템을 사용하고 있는가? 이것이 바로 공감의 실천이다. 기업이 고객을 경청하고 직시하며, 고객을 진정으로 위하고 있어 신뢰할 수 있다고 느끼면, 고객과 직원의 충성도는 뒤따라 올 것이다.

◦ 핵심 아이디어 ◦

- 역사적으로 보았을 때, 고객·직원 경험 기술은 고객과의 소통을 최소화하기 위한 비용 절감의 수단으로 진화해 왔으며 4개 시대로 구분할 수 있다.
- 선형적 고객·직원 경험 기술은 효율성과 효과성이라는 두 가지 비즈니스 중심 버전에 초점을 맞추고 있어 기업의 요구 사항과 우선순위를 중시한다.
- 전형적인 비즈니스 중심의 지표에서 공감이 기반이 된 고객·직원 중심의 효율성과 효과성에 초점을 맞춘 방법론으로 전환하면서 오늘날에는 경험을 더욱 인간화할 수 있게 되었다.

"아무런 리스크도 감수하지 않는다면, 모든 것을
리스크에 빠뜨리게 될 것이다."

지나 데이비스

경험이 이익의
질을 결정한다

비즈니스 전략가이자 충성도 마케팅 연구자인 프레드 라이켈트는 그의 저서 『궁극의 질문』에서 이익을 좋은 이익과 나쁜 이익으로 구분한다. '나쁜 이익'이란 무엇인가? 라이켈트에 따르면, 나쁜 이익이란 기업이 고객이나 직원과의 관계를 희생하면서 수익성을 달성하는 경우를 가리킨다. 그는 지루하고 다소 기만적인 고객·직원 경험과 비즈니스 관행에서 나쁜 이익이 비롯된다는 사실을 발견했다.[01] 우리는 나쁜 이익이 다음과 같은 경험에서 발생할 수 있다고 판단한다.

- 혼란스러운 가격 책정 전략
- 고객에게 가치를 창출하기보다는 고객으로부터 가치를 추출(고객의 데이터를 판매하거나 판매 광고 팝업을 계속 띄우는 등의 경우)
- 고객 데이터를 오용하거나 보호하지 않는 경우
- 특별할 것 없는 구매 전, 구매 중, 구매 후 경험을 제공하는 경우
- 기업 중심적인 효율성 지표를 강요하는 경우(직원에게 고객과의 통화 시간을 줄이라고 지시하는 등의 경우)
- 비용을 절감하기 위해 훌륭한 고객·직원 경험을 제공하는 데 의도적으로 인색하게 구는 경우

이는 모두 사각지대로써 고객의 신뢰와 충성도가 떨어지면서 결국 공감 기반 가치(EBBV), 고객 평생 가치(CLV), 직원 평생 가치(ELV)가 훼손된다.

기업의 목적이 이익을 창출하는 것이라는 사실에 이의를 제기하는 사람은 없다. 수익보다 더 많은 비용이 지출되는 경우 기업은 비용을 감당할 수 없고, 적절한 영업 이익을 확보할 수 없으며, 고객 경험 프로그램 예산을 대거나, 직원 교육 및 훈련, 자기 계발 프로그램을 지원하거나, 성과에 대한 보상을 하거나, 혁신적인 기술을 도입하거나,

R&D나 M&A를 시행하거나, 주주와 이해 관계자, 투자자에게 이익을 환원해 줄 수 있는 재원을 마련할 수 없다. 궁극적으로 기업을 성장시킬 수 없다.

나쁜 경험의 대가는 고객·직원 충성도에서 끝나지 않고 비즈니스의 모든 면으로 퍼진다. 앞에서 했던 이야기를 기억하는가? 고객이 없이는 기업도 없다. 나쁜 경험은 매출과 이익, 그리고 마진을 증폭시켜 줄 수레바퀴를 굴리고 지탱하기 위해 필요한 좋은 비즈니스 관행에 역행한다.

나쁜 이익 개론학

라이켈트는 열악한 고객 경험과 그 결과 발생하는 나쁜 이익에 대한 직관적인 사례를 제시했다. 그는 은행에서 수표를 재발행해야 하는데 수수료가 120달러라는 사실을 알게 되었다. 아들이 와서 코스트코에 가면 12달러에 수표를 재발행할 수 있다고 알려 주었다. 라이켈트는 "코스트코에서는 단돈 12달러에 할 수 있는 일을 왜 은행에서는 100달러도 더 넘는 비용을 청구하는거지?"라는 의문을 갖게 되었다.[02] 바가지를 씌워서 고객의 신뢰가 떨어지는 것을 은행에서 깨닫지 못하는 것도 의아한 부분이었다. 라이켈트의 관점에서 보면 이는 나쁜 경험이면서 나쁜 이익이기도 했다.

예전에는 수표를 발행할 수

> **사각지대**
>
> 기업들이 자신들에게만 이득이 되는 행위를 함으로써 고객 경험의 질을 떨어뜨린다면 고객의 신뢰와 충성도가 저하되고 장기적으로는 고객 평생 가치가 훼손된다.

있는 곳이 은행뿐이었기 때문에 고객에게는 선택의 여지가 없었다. 그러나 시장이 진화하면서 고객은 대체할 수 있는 제품과 경험을 소비할 수 있게 되었고, 차별화의 수준이 높아지면서 선택의 폭도 넓어졌다.

우리는 사람들을 속임으로써 고객들이 후회를 하게 만드는 것을 나쁜 이익과 나쁜 경험으로 정의하였다. 예를 들어, 사람들은 극장에서 군것질을 하기 위해 비싼 가격에 팝콘을 사 먹지만, 외부 음식은 극장에 반입하지 못하게 되어 있기 때문에 구매 결정에 갇혀 있다고 느낄 수 있다.

사람들은 때로 편의를 위해 비용을 추가로 지불하기도 한다. 택배를 빨리 배송 받고 싶을 때나 멀리 있는 마트에 가는 대신 동네 슈퍼마켓에서 우유를 사고 싶을 때 비용을 기꺼이 더 낸다. 요금 차이가 과도하거나 고객이 이 결정을 후회하지 않는 한 이는 나쁜 이익이 아니다. 사람들에게 선택권이 있기 때문이다. 자율성을 갖는 것이 핵심이다.

> **사각지대**
>
> 고객들은 기업이 제공하는 고유의 가치를 느끼지 못하도록 하는, 획일적이고 탈개인화된 고객 경험을 배제한다.

이제는 모든 경험을 적은 비용으로 대규모로 개인화할 수 있게 되었는데 왜 기업들은 여전히 획일적인 고객·직원 경험을 제공하고 있는가? 기업들은 아직 공감을 실천하고 있지 못하기 때문이다. 고객의 결정은 90% 감정에 의해 좌우된다.[03] 즉, 고객들은 어떤 제품의 객관적인 품질보다는 그 회사와의 소통에서 느낀 감정을 바탕으로 서비스나 제품의 품질을 판단한다는 뜻이다. 마케팅, 영업, 서비스의 인간적인 측면은 객관적인 품질 이상으로 중요하다. 고객이 필요로 하고 원하는 것을 달성하지 못한다면, 더 이상 전환율이나 평균 처리 시간 같은 객관적 지표에 기반해서 고객 경험을 평가할 수 없다.

진정한 성공이란 충성도와 더 높은 공감 기반 비즈니스 가치, 고객 평생 가치, 직원 평생 가치를 이끌어낼 수 있는 경험을 제공하는 데 있다. 장기적으로 이들 가치가 높을수록 기업뿐만 아니라 고객에게도 좋다. 고객이 더 좋은 경험을 누렸고, 그 결과 기업에 대한 충성도가 높아졌다는 뜻이기 때문이다. 그 결과는 무엇인가? 기업은 고객에게서 더 많은 이익을 창출하고 고객과 기업 모두 원하는 것을 얻게 된다. 그러나 장기적인 시각을 가지기 위해서는 단기적인 실적이나, 증권가와 투자자, 주주 목표에만 집착하는 마음을 버리고 패러다임을 전환해야 한다. 다시 말해 직원, 고객, 기업 그리고 장기적으로는 증권가와 투자자들에게 모두 이익이 되는 공감 기반의 고객·직원 경험에 집중할 필요가 있다.

기업이 낡은 고객·직원 경험 전략과 프로세스 그리고 기술을 이용하여 나쁜 이익이나 수익 저하로 이어지는 나쁜 경험을 제공하고 사각지대로 이어지는 구체적인 사례 몇 가지를 살펴보자.

> **사각지대**
>
> 고객 평생 가치 상승은 기업이 자기 자신과 이해관계자의 이익을 증진시키면서 고객에게도 더 나은 가치를 제공한다는 의미이다. 오늘날의 기업에서 흔히 놓치기 쉬운 장기 사고방식이기도 하다.

획일화된 고객 경험

평균적으로 고객은 기업이 보내는 메시지를 하루에 1만 개 이상 받는다. 기업들은 CRM(고객 관계 관리)이나 마테크* 데이터, 분석 시스템에서 추출한 개인 정보를 이용하여 고객을 공략한다. 그러나 고객의 관심을 끌기 위해 경쟁하는 이러한 기업들은 고객의 마음을 움직이기는커녕, 소비자들을 무감각하게 만들어 버린다.

마테크 유형의 전략을 사용하여 넓은 목표 시장 고객군을 공략하는 오래된 패러다임에 머무른 회사들은 고객 데이터를 활용하여 소비자를 5~6개의 고객군이나 성향으로 나누어 고객 경험을 제공한다. 탈개인화된 마케팅이나 판매, 고객 서비스 전략 하에서 커다란 그물을 던져 고객의 관심을 끌어 보려는 것이다.

기업 관점의 효율성과 효과성 측면에서는 이러한 유형의 고객 참여 전략이 좋아 보인다. 여기서 문제는 무엇인가? '평균적인 고객'은 존재하지 않기 때문에 '평균적인 고객'을 공략하는 제품이나 서비스가 실패할 가능성이 높다는 점이다. 평균적인 고객이란 없다. 지금까지는 이런 방법이 기업들이 소비자들에게 어느 정도 개인화된 경험을 줄 수 있는 그나마 효율적인 길이었다. 그러나 4장에서 살펴보았듯 앞선 세 시대에서는 경험의 개인화 정도가 상대적으로 낮았다.(그림 5.1)

고객의 관점에서 보면, 기업이 예상하는 평균적인 소비자의 성향에 따른 경험은 공감이 없을 뿐만 아니라 고객에게 하찮은 존재 같은 기분이 들게 한

> **사각지대**
>
> '평균적인' 고객을 겨냥하여 제품이나 서비스를 판매하려는 전략은 실패할 가능성이 높은데, 그 이유는 평균적인 고객이 애초에 존재하지 않기 때문이다.

---

* 마케팅 기술(Marketing Technology)의 줄임말 – 역자 주

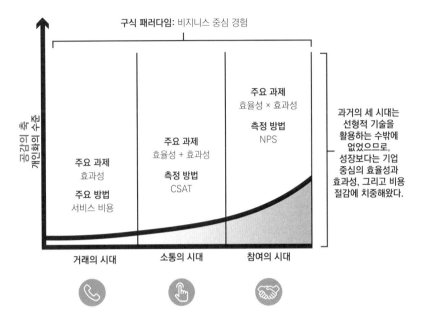

과거의 패러다임에서는 기술적인 한계로 인해 경험도 제한될 수밖에 없었다

구식 패러다임: 비지니스 중심 경험

주요 과제
효율성 × 효과성

측정 방법
NPS

주요 과제
효율성 + 효과성

측정 방법
CSAT

주요 과제
효과성

주요 방법
서비스 비용

과거의 세 시대는
선형적 기술을
활용하는 수밖에
없었으므로,
성장보다는 기업
중심의 효율성과
효과성, 그리고 비용
절감에 치중해왔다.

거래의 시대   소통의 시대   참여의 시대

공감이 촉
개인화의 수준

그림 5.1 비용 절감에 치중하던 과거의 시대는 당시에 활용할 수 있었던 비즈니스 중심적인 선형적 기술에 따른 한계를 벗어나지 못했다.

주: CSAT(Customer Satisfaction): 고객 만족도
　　 NPS(Net Promoter Score): 순고객 추천 지수

다. 기업이 모든 고객을 고유한 욕구를 가진 개인으로 인식한다면, 각각의 고객의 상황에 관련되어 있는 제안을 실시간으로 제시할 수 있는 맞춤형 마케팅 및 매출 전략이 필요하다는 사실을 깨닫게 될 것이다.

경험이 장기적인 고객 충성도에 어떤 영향을 미치는지 알지 못한 채 기업들은 스스로의 상황을 악화시키고 만 것이다. 이 비즈니스 중심적인 경험은 우리의 지향점과 상반된다. 공감이란 기업이 아니라 고객이나 직원의 관점에서 경험을 바라볼 뿐만 아니라 제공한다는 뜻이다.

고객 행로의 파악

기업은 종종 자신들이 파악한 고객이 회사와 소통하고 싶어하는 이유를 알고 있다고 생각하며, 광고 캠페인, 마케팅 슬로건, 서비스 제공옵션 등이 바로 그 이유라고 생각한다. 그러나 이러한 전술은 대체로 선형적이며, 각각의 개인이 서비스를 알아보고, 구매하며, 참여하는 방식을 반영하지 않는다. 그러나 기업들은 여전히 낡은 고객 경험 패러다임에서 효율적으로 고객을 상대하기 위해 소비자를 그룹으로 묶는다. 기하급수적 기술을 통해 우리는 고객 행로를 파악하고 각 고객의 브랜드 경험에 대한 정확한 전략을 수립하여 고객이 필요로 하는 바로

> **사각지대**
>
> 고객이 스스로 서비스를 찾아 가게 하는 기업 중심적인 고객 행로는 대체로 근시안적으로, 고객이 원하는 것과는 동떨어진 경험을 제공한다.

그때 실시간으로 맞춤형 소통을 할 수 있게 되었다.

멀티채널 vs 옴니채널 경험 [*]

멀티채널과 옴니채널을 사용하는 기업들이 소비자와 소통하는 방식에는 차이가 있다. 많은 사람들이 두 용어를 혼동하지만, 기술이 소통을 전달하는 방식이나 제공하는 경험 측면에서 매우 다르다. 멀티채

[*] 멀티채널은 여러 판매 채널에서 소비자들이 교차적으로 구매할 수 있도록 하는 전략이며, 옴니채널은 소비자들이 온·오프라인, 모바일 등 다양한 채널을 통해 상품을 검색하고 구매할 수 있도록 하는 O2O 서비스를 의미함. 멀티채널은 각 채널이 독립적으로 운영되어 온·오프라인이 경쟁 상대인 반면 옴니채널은 고객 중심의 유기적인 채널 전략으로 상호 보완적 관계라는 것이 차이점임 – 역자 주

널 시스템에서 소비자들은 전화나 이메일, SMS, 채팅, 소셜 미디어 등 다양한 채널을 통해 기업에 연락하고 소통할 수 있다. 옴니채널 전략 및 기술은 여러 채널에서 소통할 수 있도록 해 주는 동시에 모든 채널에서 이루어진 각각의 소통 맥락과 의도를 추적하고 보존한다. 고객이 기대하는 것은 옴니채널 경험이지만, 실제로는 멀티채널을 경험하는 경우가 많기 때문에 기업들은 이 중대한 차이를 이해해야 한다.

소통의 맥락과 의도를 그대로 유지한 채 채널을 바꿀 수 있게 되면 고객들은 매번 같은

> **사각지대**
>
> 멀티채널을 이용하는 고객들은 채널이 바뀔 때 소통의 맥락을 유지하지 못하기 때문에 고객들이 챗봇이나 상담원에게 매번 같은 내용을 다시 설명해야 하므로 고객의 노력이 증가하고 그 결과 충성도와 선호도가 하락한다.

내용을 챗봇이나 상담원에게 설명하지 않아도 되므로 고객의 노력이 감소하고 그로 인해 브랜드에 대한 충성도와 선호도가 상승하게 된다. 또한 챗봇이나 직원이 소통의 맥락이나 원인을 이해하고 있기 때문에 고객의 의도에 부응하는 해결책을 제시하고 올바른 경험을 제공하기 위한 노력도 적게 든다. 맥락과 의도를 공유할 수 있느냐가 전부이다.

채널 간 맥락 소실

기업이 과거 소통의 맥락을 동기화할 수 있는 기술을 사용하면, 소비자들이 경험을 시작하고 완료한 다음 쉽게 다시 시작할 수 있게 된다. 친구나 가족들과의 동기화된 채팅 소통에 대해 생각해 보라. 처음에 메시지를 보낸 후 다음 메시지를 보낼 때에는 이전의 메시지를 다시

보낼 필요없이 대화를 중단한 곳에서부터 이어 가면 된다. 이제는 기업도 이런 식으로 고객과 소통할 수 있게 되었다.

그러나 기업들은 종종 한계가 있는 기술을 채택한다. 예를 들어 미용실에서 예약을 확인하는 메시지를 고객에게 보내는 경우 고객은 '예'와 '아니오'로 답할 수 있다. 하지만 여기에 이어서 대화를 하거나, 과거 대화의 내용이나 의도를 다시 불러와서 이야기를 이어 나갈 수는 없게 되어 있다.

최상의 소통 방식을 위해서는 옴니채널과 비동기적 기술이 모두 필요하다. 고객들은 대체로 한 번의 대화나 소통이 일어나는 동안 여러 개의 채널을 사용하는데, 심지어 한꺼번에 여러 채널을 이용하는 경우도 있다. 이를 실현하기 위해 필요한 기술 기반을 갖추지 못한 회사는 채널 간 고객 경험을 추적하거나 과거 고객의 소통 맥락을 다른 채널로 전달할 수 없다. 고객의 행동이나 요구는 소실되고 다음 행로에서 다시 반복되어야 한다.

채널 간의 단절

일반적으로 고객 센터에서는 다양한 고객 경험 기능을 제공하기 위해 10~50개의 프로그램 개발 업체를 이용한다. 기술이 이런 식으로 진화해 왔기 때문이다. 예를 들어 한 업체에서 수신 또는 발신 음성 채널 기술을 제공하고 다른 업체들에서 이메일이나 SMS, 소셜미디어, 웹사이트, 메신저 앱을 각각 제공하는 식이다. 주문 관리, 배송, 청구 등 고객 지원에 필요한 정보 관리가 고객 경험의 핵심이기 때문에 지원 부서에서도 채널을 이용한다. 각각의 시스템은 이질적으로 구성되어 있어 관리하고 유지하기에 비효율적이다. 그러나 통합 엔진 플랫폼을 사용하면 이질적인 모든 시스템을 연결하여 훌륭한 고객 경험을 제공할 수 있다. 경험을 서비스로 제공할 수 있게 해 주는 기능이다.

사각지대

고객 참여 채널은 늘어나지만 대부분의 기업들은 AI와 고객 데이터를 결합할 때 발생하는 시너지를 이용하여 전체적으로 연결되어 있는 경험을 제공해줄 수 있는 통합 경험 엔진을 보유하고 있지 않다.

서비스로써의 경험을 제공하기 위해서는 모든 고객과의 소통을 실시간으로 통합하여 오류를 피하고, 차이를 감지하고, 고객이 원하는 결과를 위한 경험을 형성하는 엔진이 항상 작동하고 있어야 한다. 나쁜 고객 경험을 사후에 만회하려고 하는 것보다 경험 오류를 예방적으로 피하도록 노력하는 것이 훨씬 나은데다 비용도 적게 든다. 기업이 고객 경험을 연약하고 손상되기 쉬운 것으로 인식한다면 이에 대한 사고 및 접근 방식이 바뀔 것이다. 미국 재계 거물이며 투자자이자 자선 사업가인 워렌 버핏은 이렇게 말했다.

명성을 쌓아 올리는 데에는 20년이 걸리지만 망치는 데에는 5분이면 충분하다. 이러한 사실을 염두에 둔다면 당신이 일하는 방식이 달라질 것이다.[04]

탈개인화된 직원 그룹

기업들은 고객뿐만 아니라 직원들도 기술이나 지식을 기반으로 계층 또는 그룹으로 한데 묶었다. 낡은 패러다임에서 하에서 고객이 기업에 연락을 하면, 회사들은 고객의 요청을 효율적으로 처리하기 위해 각 고객을 평균 숙련 직원 중 미리 지정된 그룹에 매칭하고 연결해 준다. 이 경우 회사는 고객의 페르소나* 가 가지는 요구 사항을 인지하여 직원을 배정하게 된다. 새로운 패러다임에서는 페르소나가 가지고 있다고 인지된 요구 사항이 아니라, 각 고객의 실제 요구 사항과 의도에 따라서 고도로 개인화된 경험을 제공해 줄 수 있는 적임자를 배정한다. 직원은 자신이 잘 하는 일을 할 수 있고, 고객은 자신을 가장 잘 도와줄 수 있는 사람과 연결된다.

열악한 직원들의 업무 맥락

기업들은 고객들의 실시간 소통 맥락을 직원이나 챗봇에게 전달해주지 않는 경우가 많다. 고객이 채널을 바꾸어 소통을 하고, 기업이 옴니채널 기술을 사용하고 있지 않은 경우 챗봇이나 직원은 고객의 신상 정보나 무슨 문제가 있는지 질문할 수밖에 없고, 고객은 자신의 문의 내용을 처음부터 반복해야 하기 때문에 고객과 직원의 노력이 엄청나게 들게 된다.

　일관된 경험을 제공하기 위해 기업은 개인화를 부여해줄 수 있도록 직원 스크립트를 만들기도 한다.(예를 들어 상담을 하는 동안 직원이 최소 3번 이상 고객의 이름을 불러야 한다든가) 그러나 이런 식의 개인화는 직원이 자동

---

* 다른 사람들 눈에 비치는, 특히 그의 실제 성격과는 다른, 한 개인의 모습을 의미하여, 여기서는 고객의 실체가 아닌 막연한 이미지를 의미하는 뜻으로 사용됨 – 역자 주

응답기처럼 보이게 할 따름이다. 고객의 상황이나 의도에 대한 이해 없이는 직원들이 자신의 능력을 충분히 발휘하거나 고객의 문제를 진정으로 해결해 줄 수 없기 때문이다.

오늘날 사용할 수 있는 기술을 감안하면 이는 바람직한 개인화 유형이 아니다. 기업들의 과거 행태가 잘못되었다는 것이 아니라 과거에는 기술의 한계로 어쩔 수 없었다는 이야기이다. 우리는 새로운 기술을 조명하여 앞으로 나아갈 새로운 길을 밝히고자 한다. 이 길은 기다

> **사각지대**
>
> 기업이 회사 중심적인 비용 절감 지표에서 고객 중심적인 충성도 제고 지표로 전환한다면 비용도 절감할 수 있을 뿐만 아니라 재무 실적도 개선될 것이다.

리거나, 허를 찔려 따라 잡히거나, 뒤처지거나, 성과가 뒤떨어지거나, 경쟁자에게 잠식당하지 않는 매력적인 길이다.

비즈니스만을 위한 지표

너무나 많은 기업들이 획일적인 경험을 제공하고 있기 때문에 고객들은 기업과 소통할 때 평범한 수준을 예상한다. 과거의 효율성과 효과성에 초점을 맞춘 낡은 패러다임의 핵심 성과 지표(Key Performance Metrics, KPI)에 따라서 경험은 평균화된 후 평균 처리 시간(Average Handle Time, AHT)이나 원콜 처리율(First Contact Resolution, FCR) 등 비즈니스 중심의 비용 절감 기준에 따라 평가된다.

그러나 소비자의 눈을 통해 이 지표들을 보게 되면 고객 경험을 개선하는 다른 목적으로 눈을 돌리게 될 것이다. 평균 처리 시간 같은 지

표를 예로 들면, 직원에게 고객과의 소통 시간을 줄이라고 지시할 때 이 KPI가 고객 경험과 어떠한 충돌을 빚게 될지 쉽게 예상할 수 있다. 고객의 문제가 해결되지 않으면 추가적으로 연락해야 하므로 회사의 추가 비용이나 노력이 들게 된다. 그렇지 않으면 경험을 더 잘 디자인한 경쟁 업체에 고객을 빼앗기게 될지도 모른다.

고객, 즉 우리가 정의하는 공감의 관점에서 효율성과 효과성 지표를 살펴보자. 모든 경험 지표가 고객의 충성도를 제고하기 위하여 설계되었다면 어떨까? 원콜 처리율을 예로 들어 보자. 고객들도 이유는 다르겠지만 기업과 마찬가지로 평균 처리 시간은 짧고 원콜 처리율은 높기를 원한다. 원콜 처리율이 높으면 평균 처리 시간을 늘리지 않더라도 고객 경험을 개선할 수 있다. 고객이 개인화된 소통을 원하는 이유는 자신의 요구 사항이 정확하게 관철되기를 바라기 때문이다. 고객은 기업의 비용을 아껴주기 위해서가 아니라, 더 나은 경험을 위해 자신의 시간과 노력을 아끼고 싶어한다.

고객이 직원과 대화한다고 가정해 보자. 직원이 고객이 누구인지 알아보고 고객의 의도와 상황을 이해하고 연락한 이유를 알기 위해 이런 저런 질문을 해야 한다면 평균 처리 시간은 길어질 수밖에 없다. 그러나 이 직원이 고객의 맥락과 의도를 알고 있고 필요한 지식과 여러 가지 차선책을 가지고 있다고 가정하자. 이 경우 평균 처리 시간은 짧아지게 될 것이다. 개인화된 경험 덕분에 회사는 평균 처리 시간이 짧아지며 비용을 아낄 수 있고, 직원과 고객에게 더 나은 경험을 줄 수 있으므로 이들의 충성도를 얻을 수 있을 것이다. 우리는 무엇을 왜 측정해야 하는지 결정해야 한다. 그와 동시에 고객을 정당하게 대우해 줄 새로운 방법으로 경험을 전달하는 방법을 깨우쳐야 한다. 공감 경제 측면에서 볼 때에는 고객 경험을 훼손할 이유가 없다. 한 조사에 따르면 전체 고객 중 12%만이 "고객을 가장 먼저 생각합니다."라는 기업의 메시지를 믿는다고 응답했다.[05] 고객 경험이 기대치를 충족하거나 능가하지 못하는 것도 놀라운 일이 아니다.

디지털 숙련도에 대한 오해

고객 경험은 더 이상 디지털 숙련도에 좌우되지 않는다. 지난 몇 년 동안에는 디지털 기술에 익숙한 젊은 세대는 디지털 채널을 통해 소통할 가능성이 더 컸다. 그러나 온라인 쇼핑에서 소셜 플랫폼에 이르기까지 디지털 기술이 발전하면서 사용자 인터페이스나 디지털 경험이 훨씬 더 직관적으로 변했기 때문에 모든 세대나 계층에서 디지털 기술 활용도가 증가했다. 밀레니엄 세대나 Z세대 또는 베이비 붐 세대 등 특정 소비자군만 겨냥하여 설정된 고객 소통 선호 유형 그룹은 더 이상 유효하지 않다.

기업이 고객을 평균화된 페르소나나 소비자군 또는 프로필로 분류한다면 이는 일종의 가정을 하는 행동이다. 예를 들어 밀레니엄 세대들은 모바일 디바이스를 통해 디지털 채널로 소통하는 것을 선호한다

그림 5.2 기업은 고객의 페르소나를 통해 각 세대별 선호 소통 채널을 가정한다.

거나, 베이비 붐 세대들은 전화 통화를 선호한다고 가정하는 것 말이다.(그림 5.2) 기업이 이런 전략을 구사하는 것은 경험을 효율적으로 미리 재단하여 멀티채널 전략을 체계화하고 확장하기 위해서이다.

그러나 고객은 사용이 편리하거나 다양한 상황에서 이용할 수 있는 채널을 선택하는 경우가 많다. 예를 들어 사무실이나 시끄러운 술집에서는 채팅을 선호하지만 집에서는 음성 통화를 선택할 수 있다. 또한, 회사와 소통하는 이유에 따라 다른 채널을 선택하기도 한다. 경우에 따라서는 사람들은 귀찮게 직원과 대화하는 대신 의도와 맥락을 이용하

> **사각지대**
>
> 기업들은 대화를 이어갈 수 없고, 처음부터 새로 소통하고 설명해야 하는 채팅 시스템을 구현하여 고객의 시간과 노력을 낭비하게 하는 경우가 많다.

는 셀프 서비스 AI 챗봇을 이용하기도 한다. 주문 내용이나 배송지 주소를 바꿀 때가 그 예이다. 그러나 수술을 앞두고 질문을 해야 한다면, 고

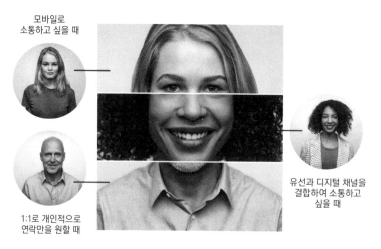

모바일로
소통하고 싶을 때

1:1로 개인적으로
연락만을 원할 때

유선과 디지털 채널을
결합하여 소통하고
싶을 때

그림 5.3 실제 고객은 과거에 페르소나로 분류했던 고객군들의 집합에 가깝다.

객은 직원과 대화하고 싶어할 것이다.

현명한 기업들은 고객을 특정 집단으로 분류할 수 없다는 사실을 알고 있다. 어떤 고객은 처음에는 밀레니엄 세대와 비슷한 선호도를 보이다가도 선호도를 베이비 붐 세대 쪽으로 바꿀 수도 있다.(그림 5.3) 이제는 인구통계학적 분류가 아니라 전체적으로 연관성이 있는 경험이 실시간으로 필요하다.

고객 관리 시스템의 한계

고객 관리 시스템은 비즈니스 생태계의 중요한 부분이지만 사실 이 시스템은 실시간 고객 중심 소통이 아니라 기업 중심의 고객 관계를 관리하기 위해 구축되었다. 이는 예전에 영업 사원이 고객명이나 주소, 계정 등 고객 기록을 추적하기 위해 사용되었지만 실시간 옴니채널 소통에는 적합하지 않다. 고객 경험을 위해서는 실시간으로 맥락을 유지하면서 고객의 채널 간 이동을 반영해 주는 옴니채널 라우팅*이 필요한데, 사전 구축된 고객 관리 시스템 워크 플로**에서는 이를 대응할 수 없다.

> **사각지대**
>
> 고객 관리 시스템은 비즈니스 생태계에서 중요한 부분을 차지하지만, 옴니채널의 소통을 실시간으로 라우팅할 수 없으므로 고객 경험을 제한한다.

---

* 한 네트워크 안에서 통신 데이터를 보낼 경로를 분류하고 선택하는 것을 의미함 – 역자 주

** 업무의 절차 또는 활동이 플로 차트처럼 시스템화된 소프트웨어 등을 의미함 – 역자 주

데이터 유출

당신의 회사가 고객 신뢰의 절벽 가장자리에 간신히 손 끝을 걸치고 매달려 있다고 상상해 보라. 에델만 신뢰도 지표 특별 보고서 〈우리는 브랜드를 신뢰하는가?〉에서 구매 결정 요인에서 기업 신뢰도는 가장 높은 점수를 차지했다. 81%의 고객은 구매를 결정하거나 취소할 때 기업의 신뢰도를 고려한다고 응답했다. 응답자의 67%는 "입소문이 좋으면 제품을 써 보겠지만, 그 제품을 만드는 기업을 신뢰할 수 없다고 생각되면 구매하지 않겠다"고 대답했다. 또한 고객의 55%는 고객 데이터를 추적하여 표적 마케팅에 이용하는 기업에 우려를 표명했다.[06]

많은 회사의 사례를 보면, 고객들은 자신의 데이터를 보호해주지 않는 기업에게는 반드시 필요하지 않은 데이터를 제공하지 않으려고 한다. 〈소비자 인텔리전스 시리즈: 나를 보호하라〉와 같은 연구에 따르면 소비자는 랜섬웨어 등 사이버 보안 위협을 인식하고 있으며, 기업이 공격을 방어하거나 공격 후 반복 발생을 방지하는 능력에 대해 여전히 회의적인 시각을 가지고 있다. 실제로 고객의 87%는 기업이 고객 데이터를 책임감 있게 관리하지 못할 경우 다른 곳으로 거래처를 옮기겠다고 응답했다.[07] 데이터 유출은 기업의 실적 악화의 원인이 될 수 있다. 리더들은 신뢰를 얻기 위해 공감을 가지고 고객을 대해야 할 뿐만 아니라 이들의 프라이버시를 존중하고 고객 데이터를 적극적으로 보호해야 한다. 이제는 데이터 신뢰 문제와 직원·고객 무관심 사이에서 회사 신뢰 지수를 재건해야 한다. 기업이 나쁜 이익의 길에 빠지고 난 후에는 고객의 신뢰를 회복하기 어렵다. 소비자가 시간을 들여 회사가 행동을 바로잡는지 확인해주지 않기 때문이다. 이미 시간

과 노력을 낭비한 기업에게 소
비자들은 또 다른 소중한 시간
을 할애하지 않을 것이다. 고
객은 이미 떠나버린 뒤이다.

기업은 고객 데이터를 회사
이익이 아닌 고객들의 이익을
위해 활용하는 것으로 전환할
수 있는 기회가 있다. 효율성

> **사각지대**
>
> 기업이 자신의 데이터를 어떻게
> 이용하는지 고객들도 점점 더 명
> 확히 인지하고 있으며, 자신의 데
> 이터를 보호해 주지 않는 기업과
> 는 관계를 맺고 싶어하지 않는다.

이나 광고, 구매 전환과 같은 단기적인 기회에 초점을 맞추는 대신 기
업은 고객 데이터를 활용하여 특별한 경험을 제공해야 한다. 또한 '제
대로 된 가치' 원칙에 따라 고객 동의 기반으로 일대일 개인화에 데이
터를 활용해야 한다.

훌륭한 고객 경험은 브랜드의 원동력

지금까지 우리는 고객 경험을 통합하는 회사의 경우를 살펴보았으므
로 이제 이를 좋은 이익에 나쁜 이익에 연결시켜 보자. 고객을 기쁘게
함으로써 고객의 충성도를 높이고 반복 구매를 유도하는 회사는 좋은
이익을 창출한다. 충성도 높은 고객들은 이 기업이 얼마나 훌륭한지
다른 사람에게 알리고 싶어한다. 브랜드 홍보 대사가 된 것이다.

PR이나 마케팅, 광고에 지출하는 비용을 감안해 보면 신규 고객 확
보 비용 때문에 수익성을 유지하면서 성장하기 어려울 수 있다. PR, 마
케팅, 광고에 지출하는 비용과 나쁜 경험으로 고객이 이탈하는 비용
을 비교해 본다면 어떨까? 나쁜 경험으로 결국은 떠날 고객을 확보하

기 위해 돈을 쓰는 셈일 테니 말이다. 반면, 고객 중심으로 내실 있게 성장하는 탄탄한 계획을 가지고 있으며, 충성도 높은 고객이 마치 내부의 PR이나 마케팅 팀처럼 기업을 홍보하도록 할 수 있는 기업을 생각해 보라. 이는 공감을 바탕으로 한 경험을 제공하여 좋은 이익을 창출하겠다는 원칙 하에 기업을 경영할 때만 가능하다.

오늘날 나쁜 이익이 불러오는 결과는 라이켈트가 1996년에 충성도 효과에 대해 처음으로 책을 썼을 때보다 더 심각해졌다.[08] 불만족스러운 고객 경험은 실시간으로 블로그, 트윗, 별점, 포스팅, 문자로 수백만 명의 사람들에게 전달된다. 한 번의 나쁜 경험은 당사자에게 영향을 미치는 데 그치지 않고 많은 사람들이 알게 된다.[09] 실제로 기업의 관심 부족이 소셜 및 디지털 미디어, 스마트폰과 인터넷을 통해 수천 명에서 때로는 수백만 명의 고객에게 노출되고, 나쁜 경험은 비호의적인 입소문을 타고 공개적으로 질타를 받는다.

> **사각지대**
>
> 좌절하거나 실망한 고객들은 자신의 경험을 디지털 및 소셜 채널을 통해 공개적으로 알리기 때문에 기업은 부정적인 PR에 노출된다.

한 연구에 따르면 응답자의 95%가 자신의 나쁜 경험을 즉각적으로 한 사람 이상에게 공유하겠다고 답했고, 54%는 5명 이상과 공유할 것이라고 응답했다.[10] 대부분의 기업은 소비자들이 서로 소통하고 있으며, 고객 충성도에 온라인 소통이 엄청난 영향을 미친다는 사실을 알고 있음에도 불구하고 여전히 나쁜 경험을 제공하고 있다. 소셜 플랫폼이나 리뷰 사이트(특히 회사에서 통제하지 않는)의 포스팅은 마치 동굴의 벽화와 같다. 앞으로 몇 년 동안 모든 사람들이 볼 수 있는 위치에 게시되어 있기 때문이다.

부정적인 게시물을 삭제할 수 있는 권한이 있는 경우에라도 이를 삭제했을 때 소비자의 반발이 원래의 게시물보다 더 악영향을 미칠 수 있다. 가장 좋은 방법은 사건을 고객의 관점에서 이해한 다음, 부정적인 게시물에 대응하고 회사가 문제를 바로잡는 데 관심이 있다는 사실을 보여주는 것이다. 솔직하게 설명하며 대응한다면 그 회사가 성실함과 품질에 열과 성을 다하고 있다는 사실을 보여줄 수 있을 것이다.

기업에게 무시당하고 있다고 느끼고 싶은 소비자는 없다. 기업들은 깨끗이 사과하고 상황을 바로잡겠다고 인정하는 편이 낫다.

이와 동시에 브랜드는 온라인 리뷰를 피드백으로 받아들여 사과를 해야 할 만큼 나쁜 경험이 다시는 발생하지 않도록 운영을 개선해야 한다. 소셜 채널을 활용하면 경험에서 제품, 가격 그리고 품질에 이르기까지 모든 부분에 대한 정보를 얻을 수 있기 때문에 고객이 어떤 감정을 느끼는지 평가할 수 있다.

> **사각지대**
>
> 다른 소비자들의 구매 행위에 영향을 미치는 브랜드 홍보 대사를 양성할 수 있는 훌륭한 경험을 제공하는 기업들의 재무 성과나 브랜드 평판은 제고된다.

고객이 기업이 아니라 경험에 충성한다는 사실을 깨닫게 되면 경험은 브랜드의 원동력이 된다. 연구 결과에 따르면 특별한 경험을 한 단골 고객은 자신의 친구, 가족 그리고 동료에게 브랜드를 추천하는 것을 좋아한다. 이 충성도는 기존 고객 및 브랜드의 홍보 대사들에게서 기업을 추천 받은 미래 고객의 반복 구매로 이어질 수 있다.

대부분의 고객들은 경험을 통해 자신의 의견을 경청하고, 인지하고, 존중한다고 느끼지 않는 기업을 추천하지 않는다. 결국, 기업을 추천한다는 행위는 고객들이 영향을 미칠 수 있는 범위 내에서 자신의 평판을 걸어야 하기 때문이다. 놀라운 경험이 지속되면 브랜드를 지지하는 고객은 브랜드의 홍보 대사가 된다. 이들은 다른 사람들도 훌륭한 경험을 하게 될 것이라고 확신하기 때문에 회사에 대한 입소문을 퍼뜨리고 브랜드에 투자하는 시간을 늘리고, 다른 사람들도 그렇게 하도록 영향을 주어 장기적인 이익을 창출한다. 브랜드 홍보 대사는 고객 평생 가치, 직원 평생 가치, 공감 기반 비즈니스 가치를 창출하는 비즈니스 지표가 된다.

과거의 답습

이제까지 논의한 내용을 정리해 보자. 기업들은 고객과 직원을 과도하게 세분화하고 표적화하여 고객 경험을 제대로 제공하지 못하고 있다. 데이터를 보면 전세계 고객의 97%는 평균 5.6개의 채널을 사용하는 옴니채널 이용자이다. 그리고 소비자의 51%는 열악한 고객 경험 때문에 지난 해에 구매처를 옮겼다. 연구 결과에 따르면 소비자의 81%는 더 나은 경험을 위해 기꺼이 비용을 지불할 의향이 있다. 그런데도 기업들은 고객에게 공감하는 경험을 제공함으로써 창출할 수 있는 비즈니스 가치를 놓치고 있다.[11]

기업들이 계속해서 고객을 과도하게 분류하고 표적화하는 이유는 무엇인가? 그 이유 중 일부는 이들은 수십 년 동안 그렇게 해왔기 때문이다. 기업들은 이제는 시대에 뒤떨어진 효율성 전략에 맞추어 구축된 회사 중심의 고객 관리 시스템이나 마테크 절차 상에서 고객을 마치 조립 라인 위의 물건처럼 처리하고 있다. 평균화된 업무 능력을 가진 직원들이 평균화된 고객 페르소나에게 평균화된 경험을 제공하는 식이다. 이제 기업들은 스스로에게 질문을 던져야 한다. 고객과 직원을 위해서는 어떻게 해야 하는가?

공감이 결여된 경험은 기업의 진실성에 의문을 갖게 하고 신뢰를 손상시킨다. 신뢰 부족은 나쁜 이익과 낮은 고객 평생 가치, 직원 평생 가치, 공감 기반 비즈니스 가치로 이어진다. 어떤 회사들은 여전히 비즈니스 중심적 패러다임을 고수하고 있지만, 최고의 기업들은 이 패러다임이 이제는 시대에 맞지 않다는 사실을 깨달았다.

이 공감의 시대, 특히 구독 기반 경제에서 고객 충성도는 그냥 주어지지 않는다. 기업들의 제품과 서비스는 쉽게 대체될 수 있기 때문에 전체 고객 생애 주기에 걸쳐 지속적으로 신뢰를 유지하는 것이 무엇보다 중요하다. 잠재 고객 전환과 같은 단기 목표에 집중하면 꾸준한 수익 흐름을 유지할 수 없다. 기존 고객도 잠재 고객처럼 관리하면서 충성도를 유지하면서 홍보 대사의 역할을 하도록 해야 한다. 그렇게 했을 때 장기간에 걸쳐 구매 금액을 늘려가는 반복 고객으로부터 장기적인 수익 흐름과 좋은 이익을 만들어 낼 수 있을 것이다.

새로운 기준점: 공감, 신뢰, 충성도

기업이 고객과 직원 경험에 대한 핵심을 놓치게 되는 이유는 무엇인가? 많은 기업들은 소통을 사람 사이의 관계가 아니라 하나의 거래로 간주한다. 열악한 고객 경험은 관계를 손상시키고 고객의 신뢰를 깨뜨린다. 이러한 불신은 결국 고객 평생 가치, 매출, 수익 및 마진을 떨어뜨리는 나쁜 이익으로 이어진다.

그러나 개인화된 고객 경험은 좋은 이익과 회사 평판, 고객 신뢰, 장기적인 고객 평생 가치, 수익, 이익 및 마진 개선으로 이어지며 이것들은 기업의 사업을 지탱하는 요소이다. 나쁜 이익의 패러다임은 가까운 시일 내에 깨져야 한다. 공감 경제에서 우리는 더 이상 이를 외면할 수 없다.

> **사각지대**
>
> 열악한 고객 경험은 고객의 인식과 회사에 대한 신뢰에 영향을 주며 고객 이탈로 이어진다.

개인화된 경험은 보기 좋은 겉치레와는 다르다. 경험으로써의 서비스는 개인화를 확장하고 실현하는 방법이다. 또한 고객을 확인하고 가치 있는 정보를 제공하여 기업이 경청하고 이해했다고 느낄 수 있도록 해 주는 기하급수적 기술을 사용함으로써 사람들과 경험의 과정에 대한 접근 방법을 변화시킨다는 뜻이기도 하다.

현재 상태에 머물러 있는 기업들은 나쁜 이익의 패러다임에 빠져 있으며 지금 즉시 벗어나야 한다. 공감, 신뢰, 충성도라는 세 가지 가치가 서로 얽혀 있는 새로운 패러다임으로의 전환이 그 중 하나이다. 이 세 가지 기준점은 나쁜 이익 패러다임을 전환할 수 있는 틀을 구성한다. 이제 기업들은 고도로 개인화된 실시간 고객 경험을 제공하여 한 때 작은 마을의 시장이나 바자회에서 느낄 수 있었던 인간적인 소통으로 돌아가야 한다. 이 모든 것을 감안하여 우리는 신뢰의 형태를 정의하고, 기업과 직원에 대한 고객의 충성도를 높이고, 좋은 이익으로 이어지는 고객 경험을 디자인할 수 있다.

이끌어주는 빛을 따라 우리는 직원 충성도를 높이고 궁극적으로는 고객 경험이 어떻게 전달되는지 보여주는 사내 문화와 인적 자원을 개발할 수 있다. 직원들이 고객과 신뢰 관계를 구축하고 유지한다면, 충성도를 강화해 줌으로써 결국 기업과 고객 모두의 시간, 비용, 노력을 줄일 수 있을 것이다.

고객은 자신의 경험을 제품과 서비스 이상으로 중요하게 생각한다. 그러므로 고객은 더 이상 브랜드에 충성하는 대신 경험에 집중한다. 신뢰할 수 있는 놀라운 경험은 기업을 진정으로 차별화해 주는 요소이다. 고객 경험을 일련의 과정과 기술로 촉진하고 공감을 통해 이를 활용하는 데 집중하는 기업은 수많은 경쟁사들 가운데에서도 두드러진다.

◦ 핵심 아이디어 ◦

- 나쁜 경험은 나쁜 이익으로 이어진다.
- 나쁜 경험은 획일화된 고객·직원 경험에서 비롯되며, 멀티 채널이나 고객 관리 시스템을 옴니채널 기술과 혼동하며, 비즈니스 중심 평가 지표와 디지털 숙련도를 잘못 이해하며, 고객의 의도나 감정 상황을 잘못 전달한다.
- 고객·직원 경험에 공감을 통합하면 훌륭한 경험을 제공하고, 이를 통해 브랜드 홍보 대사가 만들어지기 때문에 고객 평생 가치, 직원 평생 가치 및 공감 기반 비즈니스 가치 그리고 수익을 제고하는 데 무엇보다 중요하다.

"사물을 상대의 관점으로부터 생각하기 전에는
당신은 결코 그 사람을 진정으로 이해할 수 없다."

하퍼 리, 『앵무새 죽이기』의 등장인물 애티커스

직원 경험의 개선

행복한 직원이 행복한 고객을 만든다는 말이 있다. 고객 경험 개선 방법 중에서 직원 경험은 종종 과소평가된다. 그러나 공감 실천 수레바퀴(그림 1.4)에서 설명했던 공감이 기반된 혁신을 달성하기 위해서는 공감이 기반된 업무 문화가 반드시 먼저 조성되어야 한다. 고객 경험과 함께 기업은 직원들의 회사 경험이 고객에게 직접적인 영향을 미친다는 사실을 인식하고 이를 혁신해야 한다. 헌신적인 직원은 반복 고객을 창출하기 때문이다.

역사는 우리에게 교훈을 준다. 지금까지 직원 경험은 회사 중심의 효율성과 효과성을 기반으로 마치 제조 조립 공장과 같은 방식으로 전달되었다. 이러한 방식은 과학적인 관리 이론을 바탕으로 효율성을 향상시키는 프레드릭 테일러의 관리 방법에서 시작되었다.[01] 그의 이론은 최초로 직원의 업무 흐름을 체계적으로 분석하고 종합하였으며, 비즈니스 중심적인 효율성과 효과성 패러다임에 기반하여 업무 공간을 최적화하였다.

> **사각지대**
>
> 기업에만 초점을 맞춘 경영 이론은 직원의 목표 의식, 열정, 참여를 저하시킨다.

안타깝지만 많은 직원 관리 이론은 100년 전에 발전을 멈추었기 때문에 인적 자원의 목적 의식, 열정, 참여를 소모시킨다. 미래의 업무 환경에서 성장하기 위해서 기업은 직원의 입장이 되어 직원 참여에 공감 실천을 적용할 수 있어야 한다.

프레드릭 테일러 식의 업무 스타일

테일러나 다른 경영학자들의 이론을 살펴보면 이 이론이 왜 지금은 맞지 않는지 알 수 있다. 1877년에 테일러는 장갑판 공장의 관리자로 빠르게 승진했다. 그는 직원들의 생산량이 이상적인 수준 대비 3분의 1이 부족하다고 느꼈다. 1915년, 테일러는 『과학적 관리의 원칙』을 출간했는데, 그 책에서 직원들의 직무를 단순화하고 조정한다면 회사의 관점에서 생산성이 증가할 것이라고 주장했다. 이는 업무 과정을 설계할 때 과학을 적용하려고 시도한 초기 사례였다.

기업 중심의 경제적 효율성을 추구하기 위해 업무를 과업 중심으로 최적화하기로 한 테일러는 경험적 방법을 이용하여 새로운 절차를 개발하기 시작했다. 그는 노동자들의 작업 방식에 차이가 있기 때문에 손실이 발생한다고 생각했다. 그래서 회사 관점에서 모든 작업을 효율적이고 효과적으로 수행할 수 있는 '하나의 최상의 방법'을 찾아내기 위해 시간과 동작 연구와 합리적인 분석을 접목했다.

시간과 동작 연구가 완결된 이후, 경영진은 근로자들이 작업 방식 개선을 위해 실험이나 제안을 하도록 허용하지 않았다. 테일러는 회사 중심의 패러다임에 걸맞은 경제적인 효율성을 추구하고자 했다. 그 결과 의도하지 않게 업무가 단조로워지면서 만족도가 떨어지게 되었다. 테일러주의는 이후 근로자들을 자동화했다는 비판을 받게 되었다.

테일러주의에서는 근로자가 엄격하고 제한된 범위의 프

> **사각지대**
>
> 비즈니스 중심적인 관점에서만 직원들을 관리하면, 직원들이 발전하고 성취하려는 의욕과 태도의 핵심을 구성하고 있는 직원 관점을 잃어버리게 된다.

로세스에 따라 업무를 완료하도록 강제하기 때문에 직원들은 작업을 수행할 수 있는 최상의 방법을 스스로 찾아내지 못하게 되었다. 과학적

인 관리에 기반한 사고방식에
서는 경영 계획, 예산 수립, 직
원들의 보상 체계를 더 구조적
으로 접근했기 때문에 경영진
들이 이를 환영했으며, 이들은
비즈니스 중심적인 효율성과
효과성을 극대화하는 것이 기
업의 유일한 목표라고 생각했
다. 그러나 강요와 지위에서 나오는 권력으로 근로자들을 관리하게 되
자 직원들은 공허함을 느끼게 되었다. 직원들의 충성도는 커녕, 더 나
은 자리를 구한 직원들은 회사를 떠났다.

기업 중심 경영 이론

비즈니스 중심의 효율성과 효과성에 기반한 경영 이론이 계속해서 주
류를 이루었다. 1920년대와 1930년대에는 통계적 방법의 발전과 함
께 품질 보증 및 관리가 시작되었다. 1940년대와 1950년대에 과학적
관리를 수행하기 위한 지식 체계는 운영 관리로 발전했다.

도요타는 1940년대 후반에 린(Lean) 경영을 확립했다. 도요타는 생
산 라인 시스템 성공을 기반으로 도요타 방식이라고 부르는 5가지 원
칙 하에 가치를 창출하지 못하는 과정의 수를 줄여 나갔다. 린 경영에
서는 효율성과 품질을 개선하기 위해 생산 과정을 체계적으로 이루어
나갔다. 도요타와 린 경영 실천가들은 사업의 각 단계를 식별한 다음,
가치를 창출하지 않는 단계를 수정하거나 없애 시간, 노력, 비용의 낭

비를 제거하고자 했다. 이들은 기업 중심 관점에서 생산성, 비용 효율성, 사이클 시간*을 의미 있게 개선해 나갔다.

린 경영으로 사업의 일부 측면이 실제로 개선되기는 했지만, 회사의 가장 귀중한 자산

중 하나인 직원들의 잠재력은 낭비되었다. 린 경영에서 정의하는 협의의 개념에는 필요하지 않겠지만 사람의 독창성, 열정, 그리고 혁신을 통해 기업을 다음 단계로 끌어올릴 수 있는 직원들의 재능과 기술을 간과했던 것이다.[02] 세상은 그때까지도 아직 새로운 패러다임을 발견하지 못했다.

이와 마찬가지로 1986년, 모토롤라의 빌 스미스와 봅 갤빈은 식스 시그마 품질 개선 프로세스를 개발했다. 식스 시그마의 목표는 품질을 개선하여 통계적으로 무의미해질 때까지 결함을 줄이는 것이었다. 그리고 1990년대에 리엔지니어링 운동은 직원들의 업무 성과를 평가하지 않고 노동력으로 보는 관점

으로, 경영학 이론으로써 널리 인기를 얻었다. 그러나 이 이론은 나중

---

* 기계가 작업할 때 반복 작업으로 시공할 경우, 1공정에 요하는 시간 – 역자 주

에 인간성을 배제했다는 비판을 받게 되었다.[03] 사람들이 조직적 학습 접근법을 사용하여 리엔지니어링했다고 가정해 보자. 이들은 직접적인 책임을 지는 사람들의 동기까지 함께 포함하여 프로세스를 개선할 수도 있었을 것이다.

전쟁의 영향

전쟁으로 세상에 폐허가 된 이후 회사의 직원을 관리하는 구조화된 접근 방식이 등장했다. 제1차 세계 대전, 제2차 세계 대전, 베트남 전쟁 그리고 그 다음에 이어진 전쟁들을 겪은 군 지도자들은 전역 후 기업에서 리더십 역할을 맡거나 관리자로 일하게 되었다. 이들은 위계적이고 명령 및 통제, 권위 지향적 리더십 스타일을 기업으로 가져왔다. 명령하고, 결정을 내리고, 복종을 강요할 수 있는 권력은 전쟁이 아니라 업무에도 잘 통했다.

군대 리더십의 접근 방식은 위기에 대한 대응, 명령을 통해 문제를 극복하는 신속하고 결단력 있게 행동에 기반을 두고 있다. 군사적 위기 상황에서 군인들이 의문을 갖지 않고 상관을 따라야 한다는 것은 당연하며 필요한 규범이다. 그러나 민간에서는 절대적인 명령으로 직원을 통제하는 것이 올바른 리더십이라고 생각되지 않는데, 그 이유는 상황에 요구되는 행동이나 참여하는 사람들의 동기가 전혀 다르기 때문이다. 그럼에도 불구하고 명령과 통제 방식의 지배는 노동계에 만연하여 많은 기업들에게 사각지대로 남아 있다. 비즈니스 중심의 효율성 및 효과성 전략은 오늘날의 세계에서 필요한 유형의 문화로 이어지지 않는다.

직원 이탈

과학적 관리론이나 다른 비즈니스 중심적 이론에 근거한 관리 방법 도입은 어떤 결과를 낳았을까? 우선, 명령하고 통제하는 관리 스타일은 각 근로자의 업무 시간을 조정하는 동시에 프로세스를 표준화함으로써 근로자들의 창의성과 개인성을 없애 버렸다. 낡은 패러다임은 쉽게 사라지지 않기 때문에 고객 센터에서 고객 경험을 제공하는 직원들이 지금도 비슷한 한계를 경험한다는 것은 놀랍지 않다.

직원 평가 지표에 사용된 기술은 회사 중심적으로 낡은 패러다임의 효율성 및 효과성 평가 지표로, 응답에 소요되는 평균 시간이나 평균 처리 시간 등을 측정했다.

모든 직군 중에서 고객 센터 상담원의 이탈률이 가장 높은 편이라는 사실은 놀랄 일이 아니다. 기술을 제외하고, 고객 경험을 제공하는 조직 운영에서 가장 큰 애로 사항은 인력 이탈이다.[04] 리더가 직원 중심 기술을 사용하여 기업 고유의 직원 중심 문화를 육성하는 데 투자하면 신규 인력 충원에 비용을 낭비할 이유가 없다. 구직자들이 입사 지원을 하려고 줄을 서서 문에다 대고 코를 박고 기다리고 있을 것이다.

테일러주의가 유행하던 시대 이후 기업들이 많이 바뀌

> **사각지대**
>
> 명령하고 통제하는 관리 기법은 군대에는 적합하지만 직원들의 동기 부여나 열정을 불러 일으키기에는 적합하지 않다.

긴 했지만 그 유산은 여전히 남아 있다. 직원들은 특정한 업무 방식을 준수해야 하며 그 중에는 스스로 선택할 수 없는 부분도 있다. 이전 장(章)에서도 보았듯 직원들은 평균화된 직원 페르소나 그룹으로 분류되며, 회사는 프로그램을 통해 평균 고객과 평균 직원을 연결한다. 결과적으로 각각의 고객이 가장 필요로 하는 직원과 연결되지 못한다.

무기력한 복종

표준화된 업무 프로세스가 존재하지 않던 세상에 과학적 관리 기법이 등장하면서 직원들을 과도하게 표준화하고 평가하기 시작했고, 그 결과 인간성과 개인의 창의성이 일에서 빠져나가게 되었다. 그래서 직원 불만으로 가득 찬 경직되고 유연성 없는 기업 문화만이 남게 되었다. 우리는 직원과 고객에게 동시에 개별적이고 개인화된 경험을 제공하는 것이 가장 중요한 기업 문화를 만들어 나아가야 할 역사적 전환점에 서 있다.

3장에서 고객을 존중하지 않는 모습을 살펴본 것처럼 경영 이론과 그 적용을 멀리서 보면 직원을 존중하지 않는 유사한 모습을 발견할 수 있다. 산업화 시대의 초기 거물부터 테일러와 후대의 모든 사람들에 이르기까지, 경영자들이 직원을 무시하는 관행을 의도적으로 만들어낸 것은 아니다. 단지 비즈니스 중심적인 운영 방법에 집중한 것뿐이다. 비즈니스 중심적 패러다임에서 고려하지 않은 한 가지 요소는 직원들이 자신의 일에 대해서 어떻게 느끼는가였다. 경영자들은 직원들이 자기 일을 얼마나 잘 해내는지 또는 기업이 얼마나 성장하는지와 감정적인 지능, 동기 부여 그리고 자신의 일에 대한 자부심이 연결되어 있다고 생각하지 못했다.

베스트셀러 작가이자 수많은 주요 기업의 CEO들과 인터뷰를 했던 윌리엄 H. 화이트는 다음의 글을 썼다. 그는 1956년 『조직 인간』이라는 책에 연구 결과를 발표했다. 그 책에서는 직원의 입장이 되어 공감을 기반으로 업무 경험을 설계하지 않고 큰 고민 없이 과학적 관리 이론을 적용하면 어떤 결과가 발생하는지 완벽하게 묘사하고 있다.

> 미국은 이제 조직 인간들로 가득 차게 되었다. 조직 인간이란 조직 생활을 서약하고 정신적으로나 육체적으로나 집을 떠난 중산층 미국인들을 가리킨다. 이들은 단순히 조직에서 일하는 데 그치지 않는다. 이들은 조직의 일부분으로 조직에 속해 있다. 각 개인의 내면에서 미국의 가치가 깊은 갈등을 일으키고 있다.
>
> 기업들은 자신들이 비난하는 관료주의에 필적할 정도로 제도화되었고, 점점 늘어나는 직원 군단에 평생토록 충성을 바치도록 요구했다.
>
> 예스맨 문화가 뿌리내리면서 기업들은 직원들의 무기력한 복종을 얻게 되었다. 이는 혀를 깨물어 진짜 감정을 억누르며 "나는 회사를 사랑한다"고 말하는 '회사 지향형' 인간들이 가하는 복수이다. 어떤 경영진은 어딘가에 문제가 있다는 사실을 감지한다. 이들은 대담하고 창의성 있는 기업을 꿈꿨지만 대신 관료 군단을 가지게 되었다… [05]

기업 중심의 문화는 직원들의 아이디어, 창의성, 열정을 말살하고 '조직 인간'에 엄격한 제약을 가했다.

공감 없이는 공허한 기업 문화와 직원 불만만 남게 된다. 이는 1770년대 후반 미국이 건국되던 시점에 미국에서 노동 조합의 형태로 나타났고 그 기원은 유럽의 18세기 산업 혁명으로 거슬러 올라간다. 회사가 직원들이 기계적인 프로토콜을 따르도록 요구하면 직원의 창의성과 공감 능력은 헛되이 사라진다. 직원들이 떠나는 것은 회사가 아니다. 낡아 빠진 명령과 통제 방식으로 조직을 관리하는 경영자를 떠나는 것이다.

공감이 성과를 이끈다

하트매스는 직원들의 불만이 신체적으로 어떻게 표출되는지 과학적으로 연구하는 데 30년이 넘는 시간을 바쳤고, 공허함을 느끼는 직원들에게 해야 할 일과 업무 경험을 연결시킬 수 있는 일을 찾도록 이끌었다.

과거에는 학자들이 다소 일방적인 관점에서 두뇌와 심장 간의 소통 경로를 연구해 왔다. 즉, 예전에는 두뇌의 명령에 대한 심장의 반응에 초점을 맞추어 연구했다. 기본 전제는 두뇌가 대체로 지배적이라는 것이었지만, 현대 과학은 사람들이 최선을 다해 일하거나 또는 현실에 안주하고 단순히 월급을 받기 위해 출근하게 만드는 생각이나 행동, 동기를 움직이는 것이 사람의 감정이라는 것을 밝혀 냈다.

하트매스의 연구에 따르면, 심장과 뇌 사이의 의사소통은 역동적이고 지속적인 양방향 대화로 상대방의 기능에 지속적으로 영향을 미친다. 연구 결과 심장은 다음과 같은 네 가지 방식으로 뇌와 소통한다.

- 신경학적 방식(신경 자극 전달)
- 생화학적 방식(호르몬 및 신경 전달 물질)
- 생물물리학적 방식(압력파)
- 에너지적 방식(전자기장 상호 작용)

예를 들어 연구에 따르면 명령과 통제가 만연한 "잔말 말고 하라는 대로 해!"라는 식의 문화에서 흔히 일어나듯 상사가 직원에게 소리를 지르면 직원이 회복하는 데 8시간이 걸리는 것으로 나타났다.(그림 6.1)[06] 또한 누군가가 최선을 다할 때에는 심장이 뇌로 보내는 메시지가 핵심적인 역할을 한다는 사실이 밝혀졌다. 따라서 공감이 누군가에게는 하찮아 보일 수 있지만 과학과 데이터를 보더라도 공감은 우리의 수행 능력에 영향을 미치고 혁신과 비즈니스 성과에 중요한 집중, 창의성, 스트레스를 유발한다.

그림 6.1 명령과 통제 그리고 '잔말 말고 하라는 대로 해' 식의 문화는 업무 성과에 영향을 미친다.

직장에서 생각과 감정 중 무엇이 더 많은 영향을 미치는가 하는 문제는 기업을 노래한 시인, 데이비드 화이트의 다음 문구에서 잘 볼 수 있다.

우리는 자기 자신의 60%를 차에 두고 빈 껍데기로 출근하면서도 '그 놈들'은 맨날 '이런 식'이라고 불평한다.[07]

화이트에 따르면 '우리는 그 놈들'이다. 우리는 모두 각자 직장 문화에 대해 개인적으로 책임이 있다. 마음에서 생각이 빠지게 되면서, 직원들은 자기 자신을 닫아 잠근다. 비유적으로 말하자면 경영진이 "창의성과 열정의 통풍구를 닫으면 직원들은 숨을 헐떡인다." 그러나 경영진들은 리더십과 직원 경험에 관해서는 낡은 패러다임에 갇혀 있기 때문에 계속해서 통풍구를 닫는다. 기업들은 낡은 경영 패러다임으로 직원들의 숨통을 조이며 인간성을 일터에서 밀어내고 있다. 어떻게 이 현실을 바꿀 수 있을까? 패러다임을 전환함으로써 기업들이 직원을 채용하고, 훈련하고, 직원 경험을 조직하는 방식을 완전히 재고해야 한다.

사내 정치와 심리적 안전

변화의 시점에서는 새로운 사람들이 조직에 들어오고, 역할이 변하며, 상사에게 잘 보이고 싶은 욕구가 상승한다. 직원들은 인정받기를 너무나 간절히 원하기 때문에 기업, 고객, 직원에게 좋은 것은 뒷전이 되고 정치적인 이슈가 전부가 된다. 물론 이는 발전, 혁신, 파괴에는 도움이 되지 않는다.(그림 6.2)

> **사각지대**
>
> 변화가 진행될 때 행태의 변화에 초점을 맞춘 공식적이고 측정 가능한 조직 변화 프로그램이 없다면 정치와 편 가르기가 지배한다.

기업의 변화와 파괴가 진행되는 동안, 우리는 이러한 종류의 행동이 일반적으로 고위 경영진들의 묵인 하에서 일어난다는 것을 관찰했다. 행동과 결과를 인지하고 관리하기 위한 공식적이고 측정할 수 있는 조직 변화 관리 프로그램

"이 접근법은 정말 혁신적이군.
하지만 채택할 수는 없겠어.
전에 한 번도 해 본 적 없는 일이거든."

그림 6.2 사내 정치가 만연하고 심리적 안정감이 보장되지 않는 환경에서는
모든 이들의 발전이 제한을 받는다.

이 없다면 문제가 복잡해지므로, 변화가 시작되기 전에 이러한 프로
그램을 시작하는 것이 가장 좋다.

『두려움 없는 조직』의 저자 에이미 에드먼슨이 언급한 것처럼 분위기
를 조성하고, 분열적인 행동을 멈추고, 심리적으로 안전한 직장을 만드
는 것은 리더의 몫이다.[08] 변화는 선언이나 공식 프로그램이 아니라 모
든 직급의 직원들이 새롭고 진정한 기류를 믿게 될 때 일어난다. 변화는
우리가 내리는 선택에 의해 우리 각자의 내면에서 천천히 발생한다. 브
래드 블랜튼은 그의 저서 급진적 정직성에서 다음과 같이 말했다.

사람들은 변화를 두려워하거나 예전의 방식에 집착하는 것이 아니다.
사람들이 두려워하는 것은 그 사이의 장소이다… 이는 마치 공중 그네

사이에 붕 떠 있는 기분이다. 애착 담요가 건조기에 들어가 있을 때의 라이너스*와 같은 기분이다… 붙잡을 것이 없는 그런 기분이다…[09]

리더들은 이 새로운 직원 중심의 문화를 이루어 나감에 있어 직원들이 동료의 성공을 위해 노력할 수 있을 정도로 심리적 안전감을 느낄 수 있는 협력적인 문화를 만들어야 한다. 누군가 조언을 해 줄 때 자신이 부정당했다고 받아들이는 문화가 되어서는 안 된다. 오히려 사물을 다르게 보고 다른 사람들이

> **사각지대**
>
> 혁신이 퍼져 나가기 위해서는 심리적 안정감이 기업 문화의 초석이 되어야 한다.

© 2011 Ted Goff www.tedgoff.com

**"브레인스토밍 회의를 시작하기에 앞서,
제 아이디어가 아니면 무조건 채택하지 않겠다는
사실을 미리 알려 드릴게요."**

그림 6.3 개방적인 사고방식이 결여된 문화는 '외부의 자극과 새로움을 받아들이지 않겠다'는 태도로 이어지게 되어 있다.

---

* 스누피에 나오는 등장 인물로, 애착 담요를 어디에든 들고 다님 – 역자 주

다른 관점에서 상황을 볼 수 있도록 돕는 개방성이 있어야 한다. 그렇지 않으면 '외부의 자극과 새로움을 받아들이지 않겠다'는 태도가 문화, 대화 그리고 결과를 지배하게 된다.(그림 6.3)

당신의 전력 승수를 찾아라

팀의 질이 기업의 질을 결정한다. 그리고 각 팀에는 '문제아'와 '전력 승수'가 공평하게 분포되어 있다. 누가 이 두 가지 역할을 맡고 있는지 알아보는 것은 중요하다. '전력 승수'는 말 그대로의 의미이다. 군사 용어에서 전력 승수는 기존 전력을 증가시키는 효과를 가진다. 기업에서는 동일한 자산에 더 큰 가치를 부여하여 1+1이 2보다 훨씬 더 높은 가치를 창출하는 새로운 공식이 성립하게 만든다. 전력 승수는 어떤 아이템이나 집단 또는 회사 전체의 효율성을 극적으로 증가시키거나 '배가'시키는 요소이기도 하다. 1장에서 우리는 공감이 기업에서 가장 의미 있는 전력 승수로서, 혁신을 주도하고 기업에 대한 모든 주체들의 경험을 개선한다는 사실을 살펴보았다.(그림 1.4) 이 장(章)에서는 팀에 소속된 사람에 대해 이야기해 보려고 한다.

전력 승수가 모든 일이 부드럽게 돌아가도록 해주는 윤활유라면, 문제아는 톱니바퀴에 낀 모래 같은 존재이다. 이는 직원들이 동의하지 않을 때 반대 의견을 제시해서는 안 된다는 뜻이 아니다. 사람들이 딜레마를 해결하기 위한 아이디어의 문제점

> **사각지대**
>
> 기업들은 기하급수적 파괴를 추진하는 전력 승수로써 변화 주도자를 육성하고 그에게 보상해 주어야 한다.

을 지적해 주는 것은 리더들에게 도움이 된다. 때로는 리더들이 몇 가지 솔루션을 요구하는 경우도 있지만 우리는 직원들이 조사를 하고, 각각의 대안을 평가하여 가장 좋은 해결책이 무엇이며 왜 그것이 가장 좋은지에 대한 근거를 가지고 있어야 한다고 생각한다. 새로운 패러다임에서는 리더가 직원들이 최선의 의견을 제시했다고 신뢰하는 민첩한 의사 결정이 필요하다. 너무 많은 선택지는 그저 그런 결과만을 낳을 뿐이다.

변화 주도자가 최고의 역량을 발휘하기 위해서는 이들이 틀에서 벗어난 아이디어를 제시할 수 있는 심리적인 안정감을 느끼고, 자신이 조직에 어떻게 기여할 수 있는지 결정할 수 있는 분위기를 리더가 조성해 주어야 한다. 변화 주도자는 이들을 필요로 하는 곳이나 조직의 변화에 따라 여러 부서나 '기지'를 옮겨 다니는 경우가 많다. 이들은 조직이 새로운 기능을 도입하는 동시에 기존 방식으로 업무를 수행할 수 있도록 돕는다. 변화 주도자는 사람들을 흥분시킬 수 있지만, 직원들이 적절한 기술을 가지고 있지 않으면 기업이 필요로 하는 변화를 만들어내기 어려울 수 있다. 9장에서 살펴보겠지만 조직 변화 교육 계획 수립에서 현재와 미래 기술 평가가 핵심이다.

집단 사고를 조심하라

팀 내 불화는 결코 이상적이지 않지만 집단 사고는 성공적인 혁신에 방해가 되기도 한다. 동질적인 팀에서 어떤 생각을 공유하고 내놓은 해결책에 대해 잘못된 자신감이 형성될 수 있다. 그룹 내의 구성원들은 모두가 암묵적으로 동의하여 '해결책'을 찾았다고 안심하지만, 하나의 가정을 공유하는 경우 종종 혁신이 저해되기도 한다.

앞서 살펴본 바와 같이, 코닥은 혁신을 수용하지 못하여 고객 경험을 변화시킬 기회를 놓쳤다. 코닥만 그런 것이 아니다. DEC에서 마이크로소프트에 이르기까지 다른 회사들도 놓친 기회를 상기시켜주는 경고의 사례이다. 집단 사고의 편협함이 얼마나 문제가 될 수 있는지에 대한 예를 살펴보자.

> **사각지대**
>
> 팀 내 불화와 집단 사고는 모두 성공적인 혁신의 기회를 파괴한다.

제너럴 매직의 실패한 집단 사고

제너럴 매직은 알려지지 않은 애플의 자회사이다. 많은 사람들이 존재조차 모르는 기업이지만 제너럴 매직은 우리 삶에 오랜 영향을 미쳐 왔다. 2018년에 출시된 다큐멘터리 〈제너럴 매직〉은 1990년대 미국 소프트웨어 및 전자 회사를 들여다볼 수 있는 흥미로운 과거 사례이다.[10] 제너럴 매직의 직원들은 개인용 컴퓨터가 불러올 놀라운 미래를 상상하고 현대의 스마트폰과 스마트워치, 음악 플레이어의 핵심 기술을 개발하기 시작했다.

제너럴 매직의 목표는 고객 경험에 초점을 맞춘 개인용 컴퓨터를 개발하는 것이었다. 이 팀은 미래의 백악관 최고 기술 책임자인 메건 스미스, 안드로이드 공동 개발자인 앤디 루빈,

> **사각지대**
>
> 단일하고 다양화되지 못한 그룹은 집단 사고로 이어지는 제한된 견해가 올바른 해결책이라고 확신하면서 자신들끼리 합의하며 잘못된 자신감을 얻는다.

이베이 설립자인 피에르 오미디야르, 아이팟과 아이폰 공동 디자이너인 토니 파델 등 재능 있고 뛰어난 인력으로 구성되었다.

제너럴 매직의 특별함을 쉽게 이해하고 싶다면 스마트폰이 없는 세상을 상상해 보라. 우리가 지금 알고 있는 디지털 통신 산업과 인터넷은 1990년대에는 존재하지 않았다. 그러나 제너럴 매직의 공동 창업자 중 한 명인 마크 포라는 모든 것이 존재하는 미래를 보았을 뿐만 아니라, 그 제품과 이 엄청난 비전을 실현하기 위해 소니와 AT&T 파트너십 등 엄청난 미래를 그렸다.

스티브 잡스는 애플에서 해고당했고, 새로운 CEO인 존 스쿨리는 레거시 프로젝트를 찾고 있었다. 스쿨리는 포라의 아이디어에 매료되었다. 이는 애플이 시도했던 과거의 어떤 혁신과도 비교할 수 없을 정도로 충격적이었기 때문에 따로 회사를 만들어서 프로젝트를 진행하게 되었다. 핵심 인력은 앤디 헤르츠펠트, 빌 앳킨슨, 조앤나 호프먼 등 매킨토시 프로젝트의 원년 베테랑 멤버로 구성되었다. 게다가 다른 스타트업처럼 자금 부족으로 고통 받을 일도 없었다. 애플의 자금 지원을 제외하고도 IPO로 9,600만 달러 그리고 16명의 투자자로부터 총 2억 달러의 투자를 유치했다.[11] 이 프로젝트의 비전은 너무 명확했기 때문에 제너럴 매직은 제품이 출시되기도 전에 주식 시장에 상장되었다.

포라는 유명한 박사 학위 논문인 〈정보 경제〉에서 개인용 기술의 미래에 대한 눈부신 비전과 고객이 그 기술과 상호 작용할 때 얻을 수 있는 경험에 대해 서술했다.(그림 6.4) 이 논문에는 오늘날의 스마트폰, 활동 추적기, 스마트워치 등 수백 개의 상세 도면이 포함되어 있었을 뿐만 아니라 미국 경제가 제조 기반에서 정보 기반으로 전환될 것이라는 예측도 실려 있었다.(그림 6.5)

포라는 제너럴 매직의 사명과 기술에 대한 고객의 경험에 대해 다음과 같이 서술했다.

> 우리는 소형 컴퓨터와 전화 그리고 매우 개인적인 물건을 창조하고 있다… 이 제품들은 아름다워야 하며 훌륭한 보석 제품이 주는 것과 같은 종류의 개인적인 만족감을 주어야 한다. 사용하지 않을 때에도 가치가 있을 것이다… 한 번 사용하기 시작하면 이 제품들 없이는 살아갈 수 없게 된다.

포라는 개인용 컴퓨터 디바이스의 미래를 매우 정확히 예측했지만 다큐멘터리에서 스스로 인정한 바와 같이, 제너럴 매직은 고객의 제품 경험에 너무 집중한 나머지 실제로 사용할 수 있는 제품을 출시하지 못하고 결국 파산하고 말았다.

문제는 무엇이었을까? 제너럴 매직은 목적과 사명에 의해 움직이는, 다른 기업과 다른 종류의 기업이 되고자 했다. 전통적인 형태의 회사 구조에서 벗어나 프로덕트 매니저*나 프로젝트 일정과 같은 효율성이나 효과성에 초점을 맞추지 않았다. 그리고 제품을 대대적으로 공개하기 전까지는 비밀에 싸여 있었기 때문에 제너럴 매직은 제품을 시장에 출시하기 전에 고객 피드백을 받지 못했다.

그러나 이 경험을 통해 배운 교훈을 공유함으로써 제너럴 매직 팀은 기업 세계에 많은 기여를 했다. 우리는 제품 개발 프로세스에서 끊임없는 고객 피드백 루프가 없이는 고객 중심의 제품과 경험을 개발

---

* 새로운 상품에 대하여 그 기획에서부터 생산, 판매, 광고에 이르기까지 모든 책임을 지고 수행하는 전문 관리자 – 역자 주

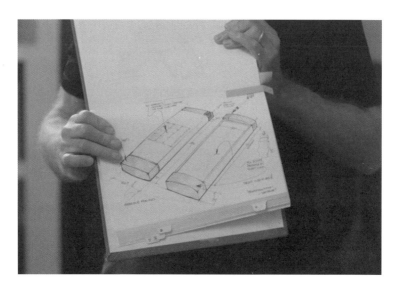

그림 6.4 마크 포라의 큰 빨간색 스케치북.
자료 마크 포라

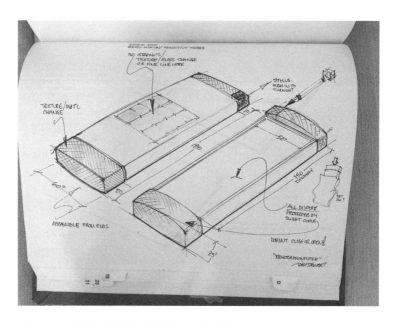

그림 6.5 마크 포라의 스케치북에 그려진 초기 스마트폰 개념도.
자료 마크 포라

할 수 없다는 것을 알게 되었
다. 단절된 논의에 빠진 기업
은 종종 집단 사고 우선순위
에 초점을 맞추면서 분석 기
능이 마비되고 우유부단해지
고 만다.

제너럴 매직 팀은 실행 가능한 제품을 생산하는 실용성이 아니라 아
이디어 브레인스토밍에 너무 많은 시간을 보내고 있다는 사실을 깨닫게
되었다. 이들은 디바이스 사용이 좀 더 공감대를 형성할 수 있도록 이모
티콘 타입의 아이콘 개발 등 고객을 위한 공감 경험을 만들어내는 데 집
중했다.(그림 6.5) 이들의 공감 기반의 고객 중심주의는 핵심을 꿰뚫었지만
시간이 충분하지 않았고 투자자들은 제대로 작동하지 않는 제품을 출시
하라고 강요했다. 이모티콘 타입의 아이콘은 고객 경험에 새롭고 중요했
지만, 제너럴 매직 팀은 고객 경험의 외형적인 면에 너무 많은 시간을 할
애한 나머지, 완전하고 제대로 기능하며 포라가 그렸던 고객 경험을 실
제로 제공할 수 있는 제품을 만들기 위한 시간이 충분치 않았다.

이 사례에서 얻을 수 있는 또 다른 교훈은 무엇인가? 공감하는 고객
경험의 참신한 측면에만 초점을 맞추는 것만으로는 충분하지 않다는
사실이다. 오늘날 기업은 공감의 렌즈를 통해 고객·직원 중심의 효율
성과 효과성을 제공하는 새로운 방법을 결합하고 확장할 수 있는 구
체적인 계획을 준비해야 한다. 기업이 고객·직원 관점을 통해 제품과
서비스를 보게 되면 기업의 우선순위와 결정이 변하게 된다. 제너럴
매직의 사례에서 그들은 기능을 건드리기만 했을 뿐만 최소한으로 작
동할 수 있는 제품조차 출시하지 않았다. 공감, 신뢰, 충성도의 세 가

지 요소가 중요하지만 기업은 제품이나 서비스는 제공하지 않으면서 고객 경험에만 집중해서는 안 된다. 우선 제품과 그 제품이 제공하는 경험이 있은 다음 고객·직원 중심의 효율성과 효과성 그리고 공감이 가시적인 부가 가치를 창출해야 한다.

고객 중심 경험을 제공하려고 했던 제너럴 매직의 시련에서 우리는 어떤 교훈을 얻을 수 있는가? 기업은 고객, 직원, 기업의 관점에서 경험을 재고하고 시너지를 창출하는 동시에 세 주체 모두를 위해 '해야 할 일'을 해내야 한다는 것이다.

지속적인 변화를 이루어라

지속적인 변화와 다양한 팀은 만들고 육성할 만한 가치가 있다. 그러나 이러한 변화를 탐색하는 방법을 알고 배우기 위해서는 숙련된 리더가 필요하다. 9장에서는 이러한 변화의 시기에 리더들이 놓치기 쉬운 기술에 대해 서술했다. 많은 사람들은 혁신을 주도하는 것은 일상적으로 현상 유지 상태를 관리하는 것과 크게 다르며, 혁신 프로세스가 종종 직원들의 반발에 부딪힌다는 사실을 생각하지 못한다. 변화에 대한 거부감은 리더들이 다음의 사항을 달성하지 못하기 때문에 발생하는 경우가 많다.

- 직원들보다 경영진이 훨씬 빠르게 변화에 대처하고 있다는 사실을 인지한다. 임원들은 이미 많은 변화를 겪은 상황일지라도 심리적 안전감과 올바른 동기 부여가 없다면 직원들은 변화를 받아들이거나 진행하는 데 미온적이다.

- 부서나 팀, 소규모 그룹에서 변화 기조에 대한 준비 수준과 리스크 정도를 평가할 수 있는 기준을 마련한다.
- 직원들에게 변화가 어떠한 이익을 가져올 것인지 보여주고 직원들이 정서적으로 받아들일 수 있는 대규모 혁신 목표(Massive Transformative Purpose, MTP)를 설명함으로써 시급성을 조성한다.
- 직원들에게 호통을 쳐서 업무를 지시하는 것은 신체적, 정신적으로 회복하는 데 8시간 이상 걸리기 때문에 효과적이지 않다는 사실을 이해한다.

행복한 직원이 행복한 고객을 만든다는 사실을 기억하라. 공감을 가지고 직원들의 저항에 접근하라. 직원들이 반대하는 이유를 이해하고 그들의 우려를 경청하라. 직원의 관점을 이해하고 평가하면 지속적인 변화를 만드는 데 큰 도움이 될 것이다.

> **사각지대**
>
> 직원들의 문화적 변화에 대한 준비 수준을 모르기 때문에, 리더들은 경영진이 기업 혁신 측면에서 새로운 방식으로 사업을 하는 데 직원보다 더 빨리 적응하고 있다는 사실을 깨닫지 못한다.

◦ 핵심 아이디어 ◦

- 과학적인 관리 이론과 비즈니스에만 초점을 맞춘 패러다임의 효율성과 효과성을 적용한 결과로 기업에서 인간성, 생산성, 혁신에 손실이 발생했다.
- 공감 기반 문화는 더 나은 직원 및 고객 소통, 혁신 및 비즈니스 가치를 이끌어 낸다.

"대부분의 사람들은 당신이 무엇을 말하고 어떻게 행동했는지 기억하지 못할 것이다. 하지만 당신이 어떤 감정을 느끼게 했는지는 절대로 잊지 않을 것이다."

마야 안젤로

고객과 직원을 위한
서비스로써의 경험

비즈니스를 개인화하라

인기 TV 시트콤 〈치어스〉에 등장하는 놈 피터슨이라는 캐릭터는 단골 바에 갈 때마다 늘 "놈!"이라는 인사를 받았다. 수백만 명의 시청자들은 이 시트콤의 슬로건에 모두 공감했다. "모두가 내 이름을 아는 곳에 가고 싶은 법이지!" 미국의 신화학자이자 작가이자 연사인 조셉 캠벨이 인간의 조건을 연구한 많은 저서에서 설명했듯, 인간에게는 소속감의 욕구와 누군가가 자신을 보고, 듣고, 이해해주기를 바라는 깊은 욕구가 있다.

고객들이 홈페이지를 탐색하거나 고객 경험 팀에 연락할 때 기업들이 이 원칙을 적용하여 고객 경험을 개인화할 때 저러한 욕구를 활용해보면 어떨까? 고객 경험을 훼손하는 기술을 사용하는 대신, 개인화된 고객·직원 경험을 대규모 그리고 실시간으로 제공하면서 소속감을 형성시켜 줌으로써 오늘날의 비즈니스에서 가장 중요한 차별화를 실현하는 것이다. 이것이 최고로 달성되면 진정한 포용성이 구현된다.

고객인 놈의 취향과 요구 사항 그리고 욕구를 경청하고 이해한 바텐더 샘 말론에게서 이러한 기술을 배울 수 있다. 샘은 이러한 정보에 따라 행동하고, 공감을 유지하면서 자신이 가장 좋아하는 고객에 대해 계속해서 더 많은 것을 알아갈 수 있었다. 샘은 고객이 원하는 경험을 정확하게 제공할 수 있었고, 그 대가로 고객인 놈은 샘의 바에 흔들리지 않는 충성심으로 보답했다.

진화 속의 혁명

이러한 경험을 제공하면 일종의 재무적 힘이 생기게 된다. 공감 실천 수레바퀴(그림 1.4)에서 볼 수 있듯, 공감 기반 접근으로 공감 기반 비즈니스 가치, 고객 평생 가치, 직원 평생 가치가 제고되므로 기업의 매출과 이익이 모두 증가한다. 사후적으로 보면 예전에는 알 수 없었던 패턴이 보인다. 현재와 미래의 고객 요구 사항을 비교해 봄으로서(그림 7.1) 우리는 기업이 어떻게 충성도를 높여줄 수 있는 고객·직원 경험을 제공할 수 있는지 새로운 시각을 갖게 되었다.

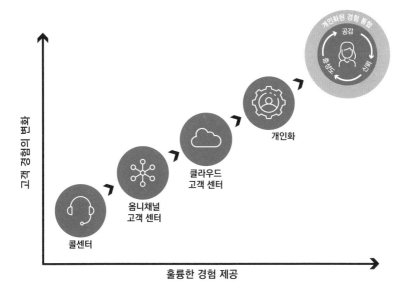

그림 7.1 콜센터가 경험 센터로 발전하는 과정.

앞으로 남은 과제는 무엇인가? 리더들은 비즈니스 중심의 비용 절감 경영 방식에서 사고를 전환해야 한다. 리더들은 고객·직원 중심의 기하급수적 비즈니스 성장을 뒷받침해 줄 강력한 통합, 또는 라우팅 기능을 이용한 기하급수적이고 충성도를 제고해 줄 수 있는 전략, 기술, 플랫폼 이해에 온 힘을 쏟아야 한다.

공감 실천 고객 경험

경험 혁명으로 기하급수적 기술 기능이 통합되면서 시트콤 〈치어스〉
에서 샘이 놈에게 제공한 것과 같은 '서비스로써의 경험'을 구현할 수
있게 되었다. 서비스로써의 경험 전략을 구축하기 위해, 우리는 4장에
서 소개한 공감 기둥 프레임워크를 적용했다.(그림 7.2)

- 경청
- 이해 및 예측
- 실행
- 학습

경청	이해 및 예측	실행	학습
고객이 디지털 채널이나 AI 보이스 채팅을 통해 말할 때 귀를 기울인다.	고객의 행동이나 감정을 이해하고, 고객이 원하는 바를 예측하라.	고객에게 필요한 인적 및 자동화 자원과 연결해 주어라.	지속적인 서비스 개선을 위해 소통 결과에서 학습하라.

그림 7.2 공감 기둥 프레임워크.

이전 장(章)들에서 살펴본 바와 같이 개인화된 경험은 공감 비즈니
스 접근 방식의 핵심이며 고객과 직원 모두의 공감, 신뢰, 충성을 얻는
원천이다. 이 접근 방식의 외부 계층은 경험을 전달하는 데 사용할 수
있는 기술 범주를 나타낸다.(그림 1.4의 공감 실천 수레바퀴 프로세스)

그림 7.3을 보았을 때, '기술의 외부 고리에서 공감, 기술, 충성도를 어떻게 제공해야 할까?'하는 질문이 떠오를 수 있다. 4개의 공감 기둥을 놀라운 경험을 전달하기 위한 지침으로 활용하면 된다.

웅장한 음악을 전달하기 위해 오케스트라에 지휘자가 필요한 것처럼, 기업은 옴니채널 고객·직원 경험에서 AI로 강화된 데이터를 지휘하고 조율할 기술 지휘자가 필요하다. 이 지휘자도 꼭 사람일 필요는 없다. 기업들이 경험을 통합하기 위한 목적으로 디자인된 플랫폼을 사용할 때에는 마치 음악의 지휘자와 비슷한 방식을 취한다. 플랫폼은 개인화된 경험을 전달하기 위해 언제 올바른 '도구'를 사용해야 공감, 신뢰, 충성도를 얻을 수 있는지 알고 있다. 우수한 플랫폼을 선택하고 구현하는 것이 경험을 제공할 때 핵심적인 요소이다.

그림 7.3 서비스로써의 경험 기술.

회사, 디지털, 음성 채널 데이터가 가진 힘을 활용함으로써 기업은 대규모로 '경청'할 수 있게 되고, 마침내 고객의 눈으로 세상을 보고,

고객이 '해야 할 일'을 개인화할 수 있다. 기업들은 고객이 누구인지, 어디에 있는지, 어떤 일을 했는지에 대한 정보를 수집할 수 있다.(그림 7.4의 1단계)

AI의 힘을 사용하여 데이터를 강화하고, 경험을 조율함으로써 기업은 고객의 미묘하고 고유한 감정, 의도, 상황을 이해할 수 있고, 고객을 도울 수 있는 최선의 방법이 무엇인지 더 잘 예측할 수 있게 된다.(2단계)

이러한 예측 정보를 통해 기업은 성공적인 고객 기반 결과를 도출할 수 있는 적절한 콘텐츠와 자원(자동화, 셀프 서비스, AI 채팅, 보이스봇, 직원 등)을 알려주는 옴니채널을 개입시키면서 조치를 취할 수 있다.(3단계)

프로세스의 4단계에서는 조직이 개별 소통을 넘어선다.(그림 7.5) AI

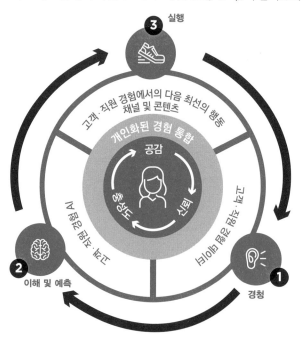

그림 7.4 공감 중심 경험의 첫 3단계.

와 머신 러닝(컴퓨터를 통한 분석)의 힘을 사용하여 적어도 수억 건의 상호 작용을 지속적으로 평가하고, 기업의 실패 패턴을 분석한 다음 실시간으로 반복하고, 피봇팅하고, 실시간으로 학습하여 고객 경험과 결과를 개선한다. 이는 과거의 정적 비즈니스 인텔리전스 보고서로부터 언제 어디서든 기업에 무슨 일이 일어나고 있는지를 파악할 수 있는 동적 기능으로의 중대 전환이다.

그림 7.5 공감 중심 경험의 4번째 단계.

기업이 지속적으로 고객의 눈을 통해 세상을 볼 때 공감의 실천은 가시화된다. 그림 7.6은 어떤 기업이 비즈니스 중심적인 시각을 가질 때 고객이 누구이며 이들이 무엇을 원하는지를 이해할 수 없고, 고객의 관점에서 더 나은 경험을 예측하고 제공할 수 없는 이유를 보여준다. 전체 맥락이 없다면 기업은 누구에게 제품과 서비스를 제공하고 있는지를 제대로 파악할 수 없다. 그러나 그림 7.6의 왼쪽에서 오른쪽으로 이동할수록 더 많은 맥락을 파악할 수 있는 능력이 생기고, 그에 따라 비전도 더 명확해진다는 사실을 알 수 있다. 전체 고객 중심 맥락에서 이 조리개를 사용하면 고객의 요구에 집중할 수 있다. 예를 들어 우리는 이 고객이 막 세 번째 아이를 출산한 엄마이고, 남편이 최근에 세상을 떠났기 때문에 집을 유지할 수 있는 자금이 충분한지 확인하기 위해 생명 보험 정책을 알아보려고 한다는 사실을 알 수 있다.

고객을 한 사람으로 보기 시작하면 태도가 바뀐다. 기업들은 고객

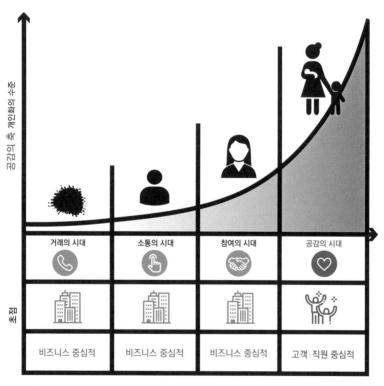

그림 7.6 고객·직원 중심적인 렌즈를 통해서 보면 고객이 누구인지, 무엇을 원하는지를 더 선명하게 볼 수 있다.

을 대기열 숫자 대신 중요한 존재로 대한다. 그리고 실제로 고객은 중요하다. 기업이 고객·직원 중심 초점을 개발하게 되면, 특정 고객에게 특정 시간에 의미 있는 경험을 제공하기 위해 가장 좋은 방법이 무엇인지를 더 명확하게 파악할 수 있다. 모든 고객에게 대규모로 VIP 경험을 줄 수 있게 되는 것이다.

그림 7.7을 보자. 이 고객·직원 경험 패러다임을 사용하여, 회사는 고객이 말하는 내용을 '경청'하고, 상황을 '이해'하고, 고객의 감정과 의도를 '예측'(알아내고 명확히)한 다음, 누가 '실행'해야 할 지 결정하고, 고객이 필요로 하는 정보, 답변 또는 해결책을 고객이 선호하는 채널을 통해 정확한 시점에 제공한다. 그 후 기업들은 자신들이 제공한 모든 경험을 통해 '학습'할 수 있으므로, 그 다음에는 스스로 개선할 수 있는 주기에 들어선다.

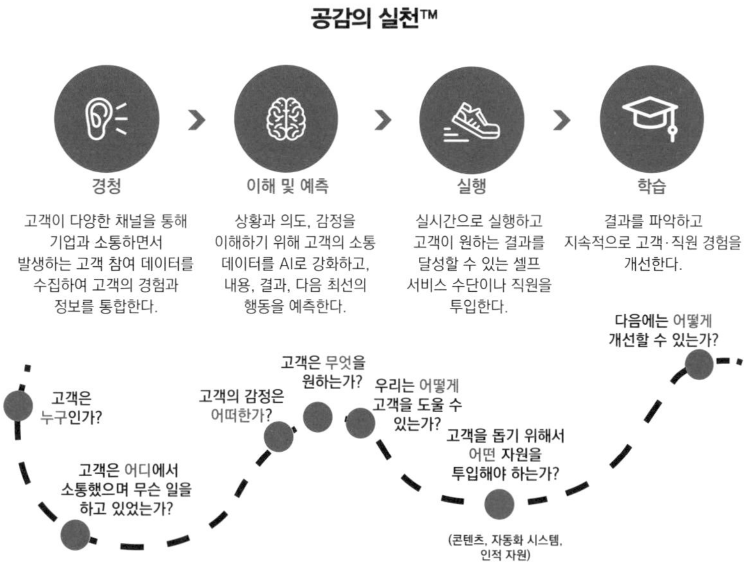

공감의 실천™

경청	이해 및 예측	실행	학습
고객이 다양한 채널을 통해 기업과 소통하면서 발생하는 고객 참여 데이터를 수집하여 고객의 경험과 정보를 통합한다.	상황과 의도, 감정을 이해하기 위해 고객의 소통 데이터를 AI로 강화하고, 내용, 결과, 다음 최선의 행동을 예측한다.	실시간으로 실행하고 고객이 원하는 결과를 달성할 수 있는 셀프 서비스 수단이나 직원을 투입한다.	결과를 파악하고 지속적으로 고객·직원 경험을 개선한다.

고객은 누구인가?

고객은 어디에서 소통했으며 무슨 일을 하고 있었는가?

고객의 감정은 어떠한가?

고객은 무엇을 원하는가?

우리는 어떻게 고객을 도울 수 있는가?

고객을 돕기 위해서 어떤 자원을 투입해야 하는가?
(콘텐츠, 자동화 시스템, 인적 자원)

다음에는 어떻게 개선할 수 있는가?

그림 7.7 공감의 실천: 공감하는 고객 경험.

모든 것을 한데 모으기: 공감 시스템의 통합

진정으로 혁명적인 파괴의 열쇠는 기하급수적 기술을 새로이 도입하는 데 그치지 않고 충성도를 높이고 공감 기반 비즈니스 가치를 향상시킬 수 있는 경험을 제공하기 위해 이러한 기술을 통합하는 데 있다. 공감을 대규모로 실현하기 위해서는 모든 고객·직원 관련 기술과, 결과적으로는 직원·고객 경험을 함께 조정할 수 있는 통합 엔진이 필요하다. 최종 목표는 다음의 네 가지의 기술 시스템을 원활하게 함께 작동하게 하는 것이다.

- 경청 시스템
- 이해 및 예측 시스템
- 실행 시스템
- 학습 시스템

경청 시스템에는 다양한 고객 이벤트 데이터 추적 기능이 포함되어 있다. 이벤트 데이터의 예를 들면 고객이 홈페이지를 탐색하거나, 자동 음성 안내 버튼을 누르거나, IoT 디바이스에서 입력되는 데이터 등이 있다. 이해 및 예측 시스템에는 AI를 사용하여 각 고객 데이터를 분류하고, 그룹으로 묶고, 강화하여 예상 결과를 이해하고 예측하는 기능이 포함되어 있다. 이 예측값은 실행 시스템에 입력되어 고객을 돕기 위해 필요한 자원이나 관련 콘텐츠를 제공하는 데 활용된다.

상황과 의도된 결과는 AI 기반 채팅이나 음성 봇, 상담원 등 고객에게 최상의 자원을 배정해 주기 때문에 이 시스템에서 핵심적인 기능을 담당한다. 또한 시스템 후단 프로세스를 조정하여 고객이나 직원이 수고를 더 들이지 않고도 올바른 채널에서 올바른 콘텐츠를 제공할 수 있도록 해 준다.

학습 시스템은 상호 작용을 반영하여 고객과 직원의 '목소리'를 정확히 찾아낸 다음, 이를 적용하여 경험 및 머신 러닝이나 컴퓨터 분석을 통해 도출된 기업 실적을 개선하는 기능이 포함되어 있다.

공감의 실천을 위해서는 회사의 기존 IT 인프라 구성 요소와 서비스로서의 고객·직원 경험 기술 플랫폼을 통합할 필요가 있다. 여기에는 마케팅, 영업, 이커머스, 지원 부서 시스템 등 다양한 원천과 부서의 직원·고객 경험 관련 기술이 포함된다. 최종적으로, 기업에서 이미 활용하고 있는 외부 데이터베이스와 기술 그리고 애플리케이션까지 통합해야 한다. 이 통합 '엔진'은 모든 관련 정보를 다양한 공감 경험 통합 시스템™으로 불러오고, 고객·직원 경험을 제공한다.

실패 사례: 고객·직원 공감이 부족할 때의 실제 사례

제품을 구입했던 회사의 홈페이지에 로그인하면 "나탈리님, 반갑습니다!"라는 인사말이 표시된다. 시트콤 〈치어스〉에 나온 것과 같은 "놈!"의 현실 사례이다. 이는 그 기업이 내 이름을 기억하고 다시 만나서 반가워한다는 느낌을 준다.

제품을 구매하기 위해 홈페이지를 탐색하면서 — 이때 기업은 나의 이동 경로를 통해 내가 어떤 제품에 관심이 있는지에 대한 정보를 취득한다 — 찾고 있던 페인트를 찾아 장바구니에 담는다.(내가 취하는 모든 행동은 '이벤트'로써 기록된다) 문득 나는 페인트에 곰팡이 방지 성분이 포함되어 있는지 궁금해진다. 기업에서 주의를 기울이면 내 장바구니 활동이 일시적으로 중지되었다는 사실을 알 수 있다.

다음에는 어떤 일이 일어날까? 아무 일도 일어나지 않는다. 진정한 개인화된 고객 경험에서 많은 기업들이 바로 여기에 문제를 안고 있다.

시트콤의 예로 비유를 하면, 이는 마치 고객인 놈이 바의 의자에 앉아 비어 있는 맥주 잔을 바라보고 있는 것과 같은 행동이다. 바텐더가 고객이 가만히 앉아 있도록 그냥 놔둘까? 얼마나 오래 기다려 줄까? 내가 하는 행동은 놈이 "맥주 한 잔 주세요!"하고 말하는 것과 같은데, 바텐더가 나를 본체만체 하고 있는 것이다. 페인트 사례로 돌아가면, 기업이 나에게 아무런 개입을 하지 않기 때문에 나는 홈페이지의 검색창에 질문을 입력하는 수밖에 없다. "X 페인트에는 곰팡이 방지 성분이 포함되어 있나요?" 이제 나는 내 관심사와 질문을 기업에 명시적으로 공유해주고 있다. 그런데 회사는 내가 원하는 답을 찾아보라면서 나를 FAQ로 안내해 준다. 하지만 이는 나의 필요를 개인화해 준 것이 아니다.

그런 다음 나는 흔히 볼 수 있는 '채팅 상담' 버튼을 발견하고 문제가 곧 해결되기를 기대한다. 채팅 기능을 예전에 이용해 본 적이 없으므로 조금 걱정은 되지만 버튼을 클릭해 본다. 그런데 회사에서는 나의 개인 정보나 내 문의 사항을 파악하지 못하고, 내 이름, 이메일 주소, 질문 사항 등이 포함된 양식을 작성하라고 요구한다. 이 홈페이지는 내가 무엇을 원하는지를 이해할 수 있는 능력이 없기 때문에 여기서 끝이다. 나에게 필요한 것은 실시간 맞춤형 도움인데 말이다. 이는 일반적으로 발생하는 두 번째 실수로 전체 고객 경험을 완전히 망칠 수 있다.

마치 놈이 바텐더의 어깨를 두드리자, 바텐더가 "당신은 누구십니까? 뭘 원하세요?"라고 묻는 것과 같다.

페인트의 경우에 나는, "도대체 내 계정으로 로그인을 했는데 내 이름은 왜 묻는 거지?"라는 의문이 든다. 채팅 상담 양식에서도 내 이름이 미리 기입되어 있어야 하는데다, 내 장바구니에 어떤 품목이 있는지 회사가 미리 알고 있고, 내가 FAQ에 '곰팡이 방지'라고 검색을 한 기록이 있으므로 챗봇은 나에게 어떤 도움이 필요한지 알아야 하는 게 아닐까? 고객 경험이 어땠냐고? 고객은 좌절하고 회사가 핵심을 놓쳤다는 느낌을 받게 된다.

다른 옵션이 보이지 않으니 계속해서 내 정보를 양식에 입력하는 수밖에 없다. 그러고 나면 "무엇을 도와드릴까요?"라고 묻는 사람과 연결된다. 이 사람들은 내가 이제까지 했던 일의 맥락을 전혀 모르고 있다. 나는 "이 페인트에 곰팡이 방지제가 포함되어 있나요?"라고 입력한다. 상담원은 "어떤 페인트 말씀이신가요?"라고 묻는다. 이 시점에서 내 시간은 낭비되었고, 나는 이미 말한 모든 것을 다시 말해야 한다. 그만두겠다는 게 낫겠다는 생각이 든다. 나는 이 회사가 나에게 관심이 있고, 나를 돕고 싶어 하며, 내가 필요로 하고 원하는 답을 제공할 수 있다는 확신이 없다. 이 회사에서 페인트 정보를 알아보고 구매하느니 차라리 구글에서 곰팡이 방지 페인트를 검색하고, 검색에 뜨는 제품을 구입하는 게 낫겠다는 생각이 든다. 이 회사는 수익성 높은 잠재 고객을 놓쳤다. 나는 개인화된 경험을 제공해 줄 수 있는 회사를 찾고 있으며, 나는 그러한 기업에게 평생 충성도와 지속적인 구매를 되돌려 줄 것이다.

만약 놈이었다면 그는 고개를 숙이고 바 밖으로 걸어나가 다시는 돌아오지 않을 것이다. 이는 당신이 고객에게 제공하고자 하는 경험이 아니다. 고객들은 놈처럼 자신이 누구인지, 무엇을 필요로 하는지 아는 곳으로 떠나갈 것이다.

불행히도 이러한 경험 전반은 매우 흔히 일어난다. 기업들이 사용하고 있는 기술은 고객이 입력하는 내용을 기억하거나, 요구 사항을 이해하거나, 고객의 수고를 줄이고 탁월한 경험을 제공하기 위한 조치를 취할 수 없기 때문에 고객들은 계속해서 자기 얘기를 반복해야 한다. 이로 인해 고객 불만, 여정 포기(이탈률은 이 현상을 잘 보여주는 지표임) 및 수익 손실로 이어진다. 다른 소매 판매 및 서비스 제공 업체와 경쟁하고 차별화하려는 기업에게는 큰 문제이다.

장기적인 충성도 강화: 고객이 행동으로 공감을 경험할 때

그러면 이제 앞서 언급된 공감 기둥과 공감 경험 통합 시스템™을 사용하여 디자인된 경험을 살펴보자. 이번에는 페인트 쇼핑몰 홈페이지에 내 활동 데이터를 모니터링하고 추적하는 시스템이 내재되어 있다고 가정해 보자.(그림 7.7) AI로 상호 작용 데이터를 보강하고 여기에 이해 및 예측 시스템을 통합하여, 쇼핑몰 플랫폼은 나의 의도와 쇼핑 경험을 평가한다. 그 후에는 실행 시스템을 가동하고 모든 데이터를 활용하여 AI 봇이 생산적이고 효과적인 대화를 주도적으로 시도한다. 큰 차이점은 이번 챗봇은 고기능이라는 점이다. 내가 누구인지, 내가 원하는 페인트가 무엇인지 이미 알고 있으며, 그 페인트에 곰팡이 방지 기능이 있는지, 내가 알고 싶어한다는 사실도 이미 인지하고 있다. 이 정보를 바탕으로 챗봇은 데이터 목록에서 정보를 찾아 나를 셀프 서비스 페이지로 인도한 다음, 이 페인트에 함유된 곰팡이 방지 성분 목록을 보여줄 것이다. 나는 이 회사가 마음에 든다. 이들은 내가 누구인지 알고 있을 뿐만 아니라, 진심으로 나를 돕고자 하며 나에게 필요한 정보를 빠르게 제공해 준다. 이 경험을 통해 나는 다음에도 이 쇼핑몰을 이용하겠다는 생각을 하게 된다. 시간 낭비도 없었고 내 수고도 별로 들지 않았기 때문이다. 챗봇에게 기업용 계정에 대해 질문하니 챗봇은 나를 상담원과 자동적으로 연결해 준다. 대화가 매끄럽게 이어진다. 상담원은 통합된 데스크톱 애플리케이션을 통해 내 정보, 홈페이지 내 이동, 챗봇과의 대화 내용을 모두 전달받는다. 이 모든 정보는 상담원들이 나에게 집중할 수 있도록 간결하게 정리되어 있다. 직원들은 고객의 의도와 맥락을 알게 되므로 인지 부담이 줄어들고 답변의 일관성이 높아진다. 상담원은 내가 기업용 계정을 개설하고 싶어한다는 사실을 미리 알고 있기 때문에 나의 새 사무실에 딱 맞는 페인트를 주문하도록 도와준 다음, 구매 수량에 따른 할인까지 제공해 준다.

그 결과는 어떤가? 놀라울 만큼 쉽고, 생산적이며, 나만을 위해 맞춰진 구조화된 경험을 하게 된다. 놈과 마찬가지로 나는 이곳이 나를 위한 장소라고 확신한다.

예측적이고 규범적인 참여

이와 같은 놀라운 경험 이면에 있는 기술적 토대를 이해하기 위해서는 조금 더 깊이 파고 들 필요가 있다. 고객·직원 경험을 향상시키기 위한 첫 번째 요소는 기존 데이터에서 머신 러닝을 사용하여 정보를 추출하고, 개인화된 패턴을 분석한 뒤, 미래 결과 및 행동 추이를 지능적으로 예측하여 지속적으로 다음 최선의 행동을 불러오는 예측 분석 기능이다.

규범적 분석은 신뢰할 수 있는 규칙과 기능적 최적화를 사용하여 각 상황에 대한 결괏값을 극대화하는 예측 모델을 조율한다. 이러한 기술은 의사 결정 구조를 개선하므로 플랫폼 의사 결정이 비즈니스 결과 대비 훨씬 더 정확해진다. 이와 같은 시스템은 고객이 말하거나 심지어 고객 스스로 그 필요성을 의식적으로 깨닫기도 전에 고객이 필요로 하는 것이 무엇인지에 대한 통찰력을 제공한다. 이는 매우 강력하며 고객이 회사를 바라보는 시각에 큰 영향을 미친다.

이 과정으로부터 다른 것들이 파생된다. 예측 매칭은 플랫폼이 과거와 실시간 데이터에서 패턴을 학습한 다음 라우팅 및 통합 기술을 통해 고객을 직원과 정밀하게 매칭해 준다. 이 기술에 따라 직원들은 각각의 모든 고객에게 VIP 경험을 제공할 수 있게 된다. 이들은 특정 문제를 처리하고, 질문에 대답하고, 판매를 완료하고, 주문 배송 날짜를 확인하는 등의 작업에 필요한 정확한 정보를 제공 받기 때문에 전문성과 용이성을 가지고 업무를 수행할 수 있다.

이러한 고객·직원 경험은 다른 모든 시스템과 프로세스에서 인간 중심성의 근간이 되므로 매우 중요하다.

직원 경험에서의 공감의 실천

기업들은 일의 미래를 맞이하면서 원격 근무 방식부터 직원들의 일과 삶의 균형을 위한 새로운 솔루션에 이르기까지 많은 새로운 요구에 직면하게 되었다. 기업은 공감 통합 시스템을 고객 경험뿐만 아니라 직원 경험에도 적용해야 한다. 공감 기반 직원 경험 기술은 직원들이 고객에게 최상의 서비스를 제공할 수 있는 방법을 예측하는 한편 감정과 의도를 제공한다. 그러나 스포츠에서든 비즈니스에서든 개인과 팀의 성과는 예측하기 어렵다.

영화 〈머니볼〉은 오클랜드 애슬레틱스 야구팀과 그 단장인 빌리 빈의 이야기를 그려냈다. 빌리 빈은 야구라는 게임과 야구 팀 관리와 관련된 일을 계속해서 재창조했다. 그는 경쟁력 있는 야구 팀을 만들고 관리하기 위해 분석적이고 증거에 기반하며 통계학적인 접근법을 사용했다. 직원 경험 통합™은 기업의 팀을 관리하기 위한 '머니볼'이라고 생각할 수 있다.

오래전부터 기업은 인력 최적화(Workforce Optimization, WFO)와 인력 참여 관리(Workforce Engagement Management, WEM) 기술을 사용하여 직원 경험을 창출했다. 이러한 방법은 비즈니스 중심 효율성 및 효과성이라는 오래된 패러다임에 기반하고 있다. 인력 최적화는 경영의 전반적인 품질과 효율성에 인력 관리 기술은 직원 자체를 효과적으로 관리하는 데 중점을 두었다.

그러나 새로운 범주의 직원 경험 기술이 등장하고 있다. 새로운 직원 업무 공간 기술은 AI가 지원하는 인력 참여 관리(AI 지원 WEM)를 기반으로 한다. 기하급수적 기술 사용을 통해 기존의 WFO와 WEM 기술은 파괴되고 진화되며 공감과 통합된다. 새로운 직원 경험 시스템은 뛰어나고, 스트레스 없는 경험을 제공한다는 기업, 직원, 고객의 공통된 목표를 한데 모으는 동시에 직원들의 심층적인 요구를 해결한다.

이 과정을 알아보기 위해 페인트 사례로 돌아가 보자.

병렬적으로 진행되는 고객·직원 경험

공감의 실천을 실현하기 위해서는 직원 경험은 고객 경험과 병렬적으로 통합되어야만 한다.(그림 7.8) 우리는 서비스로써의 경험이 고객 경험을 추적하고 동시에 업데이트함으로써 고객이 직원의 도움을 필요로 하는 경우 플랫폼 내 모든 채널의 상호 작용이 손실되지 않고, 고객이 이미 수행한 작업을 반복하거나 설명할 필요가 없도록 해 주는 방법을 살펴 보았다.

나탈리가 페인트 회사 홈페이지에서 상호 작용을 하는 동안, AI는 보이지 않는 곳에서 고객 상호 작용 데이터를 수집하고 그녀의 행동 패턴을 분석했다. 이 정보는 직원 경험을 강화하기 위해 직원 경험 플랫폼에 통합된다. AI 상관 관계 분석을 기반으로 회사는 고객·직원 경험을 모두 시각화하고 각 고객과의 상호 작용에 가장 적합한 기술, 지식 및 역량을 직관적으로 예측하여 모든 고객에게 VIP 경험을 제공할

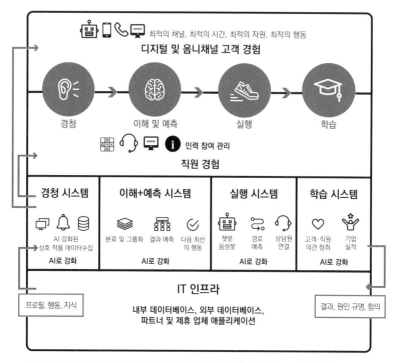

그림 7.8 고객·직원 경험 기술은 서비스로써의 경험을 제공할 수 있도록 조정되어야 한다.

수 있게 된다.

모든 고객 상호 작용 데이터가 수집되고 예측 라우팅 기능을 개선하는 데 사용된다. 즉, 고객이 직원과 소통해야 할 때 회사는 고객의 과거 및 현재 의도와 맥락을 기반으로 가장 적합한 직원을 연결해 줄 수 있다. 이는 5장에서 살펴보았던 과거의 패러다임 기술 접근 방식에서 사용했던 평균 고객과 직원 페르소나 매칭에 비해 훨씬 더 개인화된 접근이다. 양식을 작성하거나 다른 시스템에서 정보를 수집하는 등 간단한 작업은 자동화시키면 직원의 수고는 줄이면서 일관성과 신뢰성이 향상된다.

최적의 고객·직원이 매칭됨에 따라 직원은 홈페이지, 자동 음성 안내 또는 기타 채널에서 고객이 수행한 작업을 실시간으로 볼 수 있으며, AI 챗봇이 제공한 전체 대화 내용과 이를 바탕으로 한 고객과의 실시간 상호 작용을 확인할 수 있다.

조치를 취해야 할 때, 고객의 특정 요구에 맞게 조정된 관련 지식 기반 자료를 몇 초 안에 자동적으로 표시하는 AI 도구를 이용하여 직원 경험의 질이 높아진다. 직원이 콜 센터에 있든, 회사 지점에 있든, 가상 팀으로 원격으로 근무하든 상관없이 이런 기능을 이용할 수 있다. 게임화[*] 도구로 직원 참여 및 연결성도 유지된다. 고객·직원 간 상호 작용이 종료되면, 고객의 목소리(Voice of Customer, VoC)와 직원의 목소리(Voice of Employee, VoE)를 청취하고 AI 상호 작용 분석을 통해 모든 채널에서 직원과 고객의 미래 상호 작용을 개선할 수 있는 최선의 방법

---

* 일반적으로 처음 입력하는 단계부터 최종적으로 수신하는 모든 단계까지 아우르는 플랫폼을 의미 – 역자 주

을 연구한다.

통합 시스템은 고객·직원 관점에서 '해야 할 일'을 수행하여 긍정적이고 배려 받는 느낌을 준다. 또한 기하급수적 기술을 통합하여 서비스로써의 경험의 힘을 활용하므로 고객·직원 충성도 및 이와 관련된 지표, 고객 평생 가치, 직원 평생 가치, 공감 기반 비즈니스 가치가 제고된다. 예를 들어 평균 처리 시간, 연락처 전달, 반복하면서 소요되는 고객·직원 수고 등의 지표는 전반적인 충성도 생성 지표로 치환된다. 이는 비즈니스 중심적인 원콜 처리 비용 감소 때문이 아니라, 고객과 직원 모두의 관점에서 경험이 개선되었기 때문이다.

통합 시스템은 또한 디지털 콘텐츠 활용도와 셀프 서비스 이용 비율을 높인다. 맥락 및 의도를 검증하여 회사는 실마리를 파악하고, 제품을 추천하고, 장바구니에서 구매되지 않은 제품 수를 줄이고, 추가 수익과 구매 점유율을 높이고, 고객 이탈을 줄인다. 이 모두는 더 나은 고객·직원에서 발생하고 역으로 다시 기여한다. 매끄러운 흐름이다.

이 새로운 직원 경험 공감 패러다임은 직원의 수고와 소요 시간이 줄여 직원이 자신이 가장 잘하는 일에 집중할 수 있도록 한다. 모든 것을 잘 하는 사람은 없다는 생각으로 운영하기 때문에, 직원은 자신이 잘 하는 업무에 배치되고, 적절한 정보로 무장하고 있으므로 고객이 필요할 때 언제 어디서나 도와줄 준비가 되어 있다. 이렇게 하면 자신이 특정 고객 지원 건에 선택되었고, 스스로도 준비되었다고 느끼기 때문에 직원의 자신감, 참여도, 유지율이 높아진다. 성공적인 상호 작용은 자신감을 높아 주고 최고의 인재를 유지하는 데 도움이 된다. 좋은 경험을 제공하는 데 있어 직원 급여는 가장 많은 비용이 드는 부분이므로 이것이 핵심이다. 고객, 직원, 회사 모두가 공감하는 기술 지원 모델에서 수혜를 받는다.

기업은 AI 기반으로 데이터가 강화된 직원 프로필과 예상 고객 요구를 활용하여 필요한 직원을 이해하고 예측하는 능력을 개선하고 일정을 조정할 수 있게 되므로 직원들이 일과 삶의 균형을 유지하기 쉬워진다. 이와 동시에 직원들의 데이터는 직원들의 성공에 힘을 실어줄 코칭 및 교육 기회를 개발하고, 들어오는 고객 요청에 더 잘 부합하는 직원 프로필을 알려주는 데 사용된다.

AI로 강화된 인력 참여 관리

기업들이 전체 그림을 볼 수 없는 비즈니스 중심 지표가 아니라 디자인적 사고를 사용하여 기술 프로세스 및 기능의 중심에 직원을 둘 때에야 공감을 기반으로 경험을 제공할 수 있다. AI로 강화된 인력 참여 관리 도구는 시간이 지남에 따라 지속적으로 개선되어 기업이 직원이 선호하는 업무나 의사 소통 방식을 더 잘 이해할 수 있기 때문이다. 신뢰의 수준도 여기에 포함되어야 하는데, 무엇이 자신에게 도움이 되는지 직원 스스로가 가장 잘 알고 있으므로 경영진은 직원이 이 프로세스에 정보를 제공할 수 있도록 해야 한다.

그림 7.9의 바깥 원은 기업이 다음 사항에 대한 직원의 심층 요구를 만족시킬 수 있는 방법을 나타낸다

- 채용 및 회사 적응 프로세스 개선
- 업무 수행 방식에 의견 반영
- 공감 중심 지표 및 인식 제고
- 교육 및 성과 관리 개선

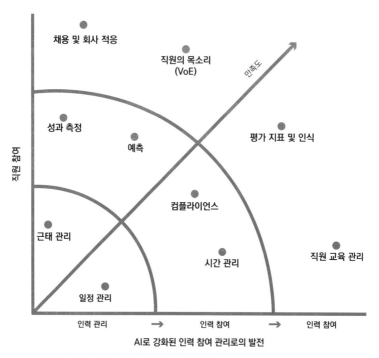

그림 7.9 AI로 강화된 인력 참여 관리는 직원 만족도를 높인다.

이 모델을 적용하면 성과는 더 이상 관리자가 자의적으로 평가하는 숨겨진 프로세스가 아니라, 투명하고 체계적이며 공정하게 평가된다. AI로 강화된 인력 참여 관리는 디지털 상호 작용, 감정 분석, 점수 매기기 등 모든 직원의 상호 작용 기록을 제공하기 때문에 직원과 관리자가 동일한 정보를 제공받을 수 있다. 관리자의 역할도 감독에서 코칭으로 바뀐다. AI로 강화된 인력 참여 관리는 학습 모듈을 생성하고 관리하며 자동으로 할당하여 직원 능력을 향상시키고 경력 발전을 위한 경로를 제공한다. 직원들은 성과를 개선하기 위해 무엇을 하면 되는지를 이해하고 자기 입장에서 자기 방식으로 스스로 개선할 수 있는 도구를 이용할 수 있게 된다.

AI 인력 참여 관리 게임화

기하급수적 기술 기반 기능에서 직원 분석은 필수적인 부분이며, AI 인력 참여 관리에서 게임화는 중요한 요소이다. 게임화는 인간의 자연스러운 경쟁 욕구를 활용한다. 게임화된 인력 참여 관리를 통해 동료들은 공감 기반의 고객 중심 경험을 촉진하는 특정 지표를 놓고 서로 도전하고 선의의 경쟁을 할 수 있다. 기업들은 게임화를 이용하여 고객과 일치하는 KPI를 추적하고, 직원이 고객을 자신의 목표를 함께 달성해 나아가는 팀원으로 인식하도록 할 수 있다.

경영진의 71%는 직원 참여가 회사의 성공에 매우 중요하다고 말한다.[01]

개인의 성과, 동료 대비 성과, 팀으로써의 성과를 파악하면서 직원들은 다른 팀원들과 동지애를 키울 수 있으며 이는 업무 만족도 향상으로 이어진다. 게임화를 통해 직원들은 '성공률을 유지하기 위해' 자기 자신과 경쟁하기도 한다. "몇 점만 더 얻으면 다음 레벨에 도달할 수 있습니다"라는 동기 부여와 "새로운 기술을 익혔습니다!"라든지 "레벨 업 했습니다!" 등 자주 인정하고 피드백을 주면 업무 자체에 재미 요소를 추가하는 한편, 직원들이 자기 자신을 이기고, 자기 최고 기록을 내고, 업무를 '레벨 업'하도록 격려하고 내재적 동기를 부여하는 데 놀라운 영향을 미칠 수 있다.

AI 인력 참여 관리 교육 및 성과

기술이 발전하고 새로운 세대의 직원이 입사함에 따라 기업은 직원 참여를 유도하기 위해 '늘 써 왔던' 방법을 다시 한 번 생각해 보아야 한다. MZ 세대가 직원 중 많은 비중을 차지하면서, 이들의 개인적 가치는 직원과 회사의 관계를 변화시켰다. 예전 같은 강의 스타일 교육 방법은 더 이상 직원들의 참여와 흥미를 유발하지 못하며, 대면 교육이 효과가 없는 경우가 많다. 기업은 새롭고 유연한 직원의 요구 사항에 적합한 또 다른 교육 방법을 제공해야 한다.

게임화를 교육에 적용하면 직원들에게 교육을 통해 더 큰 역할을 맡을 수 있으며, 현재의 직무 성과 향상에 어떻게 도움이 되는지를 정확하게 보여주기 때문에 직원들에게 동기를 부여하는 데에 도움이 된다. 기업은 직원들이 휴대 전화로 교육을 받을 수 있도록 해주거나 단조로운 PDF나 Q&A 문서를 보내는 대신 시각화된 자료나 영상 콘텐츠를 보내줄 수 있다.

직원 성과 관리 도구와 운영 및 품질 관리 데이터를 통합하면 기업들은 다음의 효과를 기대할 수 있다.

- 가장 높은 성과를 달성한 직원의 기술, 지식 및 특성을 분석하고 복제하며 통합 성과 관리 기능을 통해 직원 간 성과 격차를 좁힐 수 있다
- 신입 및 기존 직원의 역량 개발 속도를 높이고, 직원 참여를 개선함으로써 고객 경험을 개선하고 비용을 줄일 수 있다
- 각각의 직원에게 개인화된 교육 프로그램과 미래 커리어 경로, 교육 팀의 실제 피드백을 제공한다
- 성과 도구로 기술 기반 라우팅을 강화하여 고객이 적합한 직원에게 연결되도록 한다
- 직원 개인을 위한 교육 계획을 제안하고, 최적화하며, 개인화한다

AI 인력 참여 관리 예측 및 일정 관리

단기 예측 도구는 이상값을 자동으로 감지하고, 누락된 데이터를 수학적으로 수정하며, 최신 시계열 일정 관리 기술 라이브러리를 포함하는 고급 AI 기반 자동화 프로세스를 사용한다. 시스템은 신속하고 자동적으로 수십만 건의 개별 예측을 실행한 다음 가장 오류가 가장 적은 결과값을 내놓는다. 결과적으로 AI 인력 참여 관리는 훨씬 더 적은 시간으로 일정 생성 엔진을 크게 개선할 수 있으므로 일정을 10배 빠르게 생성할 수 있다. 고급 인력 참여 관리 시스템은 최적화 모델링과 시뮬레이션 모델링을 결합하여 대부분의 일정 알고리즘에 소요되는 반복 횟수를 줄인다. 또한 직원들의 개인적 일정 선호도와 같이 어려운 데이터 포인트도 통합할 수 있다.

장기 및 일중 예측 및 일정 관리도 동일한 고급 알고리즘을 통해 연결될 수 있다. 이러한 도구는 고급 예측, 최적화 및 시뮬레이션 기술을 사용하여 결과를 생성한다. 관리자는 장기 예측 도구를 사용하여 기업 단위의 일정을 예측하고 더 장기간의 일정을 잡을 수 있다.

이들이 기업에 어떠한 영향을 미칠까? 우선 직원이 원하는 일정, 장소, 각 직원의 업무 특기에 맞게 업무를 개인화해 줌으로써 공감 능력을 기하급수적으로 높인다. 직원에게 자율성을 부여하는 동시에 비즈니스 KPI를 달성할 수 있도록 함으로써 회사는 직원의 더 많은 신뢰를 얻고, 이러한 신뢰는 서로 간의 상호 작용 및 고객과의 상호 작용에 자연스럽게 반영된다.

IoT와 고객 경험

사물 인터넷(IoT)은 인터넷의 기능을 확장한다. IoT는 소비자 디바이스(자동차, 시계, TV, 스마트폰, 가전 제품)와 상업용 기계(엘리베이터, MRI, 재고 관리 시스템) 및 다양한 기기가 디지털 네트워크로 연결되어 서로 상호 작용하는 공장에서 기능한다.

IoT가 없는 경우, 제품에 오류가 발생하면 고객은 지원팀에 연락하여 상황을 설명하고 방문 약속을 예약한 다음 기술자가 방문할 때까지 기다려야 한다. IoT를 효과적으로 통합하면 IoT 장치의 데이터 흐름을 예측 분석하고 이를 활용하여 고객이 문제를 인식하기도 전에 고객의 필요를 예측할 수 있기 때문에 IoT는 공감을 전달하기 위해 필수적인 부분이다. 무언가 잘못되었을 때 고객은 당황하거나 도움을 청할 필요가 없다. 자동차든, 세탁기든, 심지어 전동 공구든 장치가 스스로 해결하기 때문이다.

예를 들어, IoT 센서는 자동차나 가전 제품의 부품의 손상 가능성이 있다는 사실을 고객에게 미리 알려 줌으로써 불필요한 단계를 피해갈 수 있다. 자동차의 예를 들면, 테슬라는 IoT를 사용하여 능동적으로 패치를 적용하고 전자 문제가 발생하기 전에 해결한다. 또한 IoT 기능은 특정 장비에 오류가 발생할 때마다 기술자에게 자동으로 알릴 수 있다. 기술자가 고객을 방문할 때 필요한 도구를 이미 가지고 있기 때문에 단 한 번의 방문으로 문제를 해결할 수 있다.

IoT는 고객이 필요한 것을 찾아 나서기 전에 영업 담당자가 연락하여 고객에게 필요한 제품 솔루션과 연결해줄 수 있는 기회를 제공하기도 한다. 소비자가 적합하지 않은 세제를 사용하여 세탁기에서 물이 새려고 한다고 가정해 보자. IoT 시스템은 고객에게 권장 세제나 관런 세제의 할인 정보를 알려 줌으로써 문제가 발생하기 전에 이를 해결하고 매출을 창출할 수 있다.

IoT는 의료, 스마트 도시, 제조 산업의 기계와 장비를 모니터링할 수 있으며 발전소, 물 관리, 화학 제조 분야의 유틸리티 자산이다. IoT는 상업용 전기 패널 에너지에 사용되는 전력부터 통합 전력망의 취약 지점까지 모든 것을 모니터링할 수 있다. 장치에서 문제가 발견되면 상황이 악화되기 전에 소유자와 서비스 기술자에게 맞춤형 알림을 보낼 수 있다.

IoT는 심지어 스포츠 경기 경험도 개선하고 있다. 보스턴의 펜웨이 파크나 런던의 팔라디움 같은 장소에서 고객이 모바일 앱을 사용하면 자신의 자리까지 음식을 배달시킬 수 있으며 맥주 가판대 줄이 줄어들었을 때 자동으로 업데이트를 받을 수도 있다.[02]

직원·고객 참여 포드* 기술

우리는 캐나다기러기에서 리더십에 관해 많은 교훈을 배울 수 있다.(그림 7.10).

기러기 떼는 리더의 자리를 공유하고 서로 돌아가며 맡으며 비행하는 데 무엇이 필요한지 계속 의사 소통을 한다. 대형을 이루어 비행함으로써 기러기들은 혼자 비행할 때보다 최대 71% 더 긴 거리를 날아갈 수 있다.

---

* 포드는 일반적으로는 우주선 등의 본체에서 분리 가능한 공간을 가리키는 용어이며, 저자는 유동적인 소규모 조직을 포드로 정의함 - 역자 주

그림 7.10 대형을 이루어 날고 있는 캐나다기러기.
자료: 게티

우리가 고객에 대응하는 리더 새(즉, 직원)를 배치한다면 어떨까? 고객의 필요 사항이 변할 때, 고객을 가장 잘 도울 수 있는 직원이 동적으로 리더 자리로 이동하는 것이다.

예를 들어, 고객이 어떤 할인 행사에 대해 질문이 있을 때는 마케팅 담당자와 이야기를 하고 싶어한다. 제품을 구매하고 주문 상태를 확인하거나 문제 해결에 도움이 필요한 경우에는 주문 관리와 고객 서비스 담당자에게 각각 문의할 수 있다.(그림 7.11) 동적 모델에서는 고객의 요구와 상황에 따라 고객에게 응답하는 '포인트 담당자'가 변한다.

조직에 속한 모든 직원이 중앙 집중식 경험 플랫폼의 일부로 참여

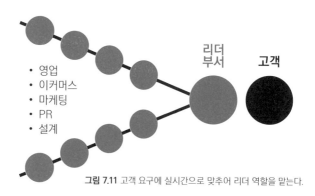

관련 부서 예시
- 결제
- 배송
- 주문 관리
- 제품 개발
- 재무

- 영업
- 이커머스
- 마케팅
- PR
- 설계

**리더
부서**

고객

그림 7.11 고객 요구에 실시간으로 맞추어 리더 역할을 맡는다.

를 하므로, 모든 직원은 모든 채널에서 고객 경험을 추적한 다음 특정 전문 지식이 필요할 때마다 개별 고객에게 공감적이고 고도로 개인화된 상호 작용을 제공할 수 있다.

그리고 모든 직원이 고객과의 상호 작용을 볼 수 있기 때문에 이전에 이루어진 상호 작용 맥락을 알고 있으므로 바로 전에 상담한 직원들이 중단한 지점에서 바로 시작할 수 있다. 이는 고객과 마케팅, 영업, 서비스 여정 전반에 걸쳐 고객을 지원하는 모든 직원에게 완벽한 경험을 제공한다.

이러한 통합 플랫폼을 도입하기 위해서는 전체적인 문화와 조직 구조 조정을 통해 회사의 조직이 사일로화된 부서에서 고객 중심적 공감 포드TM로 전환해야 한다. 포드는 고객, 직원, 기업의 시스템을 원활하게 통합하여 협업 워크 플로를 생성한다. 예를 들어, 고객 센터 직원만 경험 플랫폼 접근 권한을 부여하는 대신 기업 내 모든 직원이 플랫폼을 이용할 수 있다면 문제 해결 능력과 의사 소통 능력이 크게 향상될 것이다. 결과적으로 고객 문제를 해결하기 위해 적합한 직원이 적절한 시점에 존재하게 된다.

고객·직원 경험을 진지하게 접근하게 접근하는 기업은 기능 간 부서를 긴밀하게 통합하여 체계적인 포드로 운영하며, 이에 따라 고객과 직원 간 상호 작용을 실시간으로 전체적으로 볼 수 있게 된다. 이러한 유형의 조직 구조와 서비스로써의 경험 기술 플랫폼을 통해 기업들은 어떤 상황에서든 기업이 고객을 진정으로 대변하고 기억에 남는 경험을 제공하기 위해 필요한 관련 정보를 실시간으로 제공할 수 있게 된다.

이러한 원칙이 실제로 적용된 사례로는 미국의 보험사인 USAA의 조직 변화를 들 수 있다. 변화가 일어나기 전에는 고객의 위치를 찾고,

협상하고, 구매하고, 자금을 조달하고, 구매한 차량에 대한 보험 가입을 진행하는 프로세스가 서로 다른 직원과 부서에서 이루어졌다.[03] 그러나 USAA의 경영진들은 더 나은 방법이 있다는 사실을 깨달았다. 이들은 고객 팀에 서로 다른 제품 라인과 기능 그룹의 직원을 배치하여 고객 중심으로 프로세스를 조정했다. USAA는 조직의 고객·직원 경험 경로를 더 통합적인 모델에 맞게 재구성함으로써 원활한 고객 경험을 제공했다. 한 때 사일로에 갇혀 있던 전문 지식은 직원들이 고객에게 서비스를 제공하기 위해 새로운 방식으로 협력함에 따라 브랜드의 경쟁력을 혁신하는 강력한 촉진제가 되었다.

기하급수적 기술이 필요한 이유는 무엇인가?

AI나 머신 러닝이 새 모델에 반드시 필요한 이유는 무엇인가? 매우 간단하다. 과거의 패러다임에서 기업들은 사람의 힘에 의존해서 증가하는 고객의 요구를 충족시켰다. 이는 더 많은 직원을 고용하고, 사람의 두뇌 처리 능력을 통해 듣고, 이해하고, 행동하고, 학습해야 한다는 뜻이었다. 인건비 부담이 늘어나가 기업들은 직원 수나 외주 비용을 줄이기 위해 셀프 서비스 기능을 도입했다. 그러나 과거의 패러다임에서는 셀프 서비스 기능은 높은 확률로 정확하거나 유용한 답변을 제공할 수 없었다.(저기능 봇을 생각해 보라) 그 결과 고객·직원 경험이 모두 수준 이하로 떨어졌다.

그러나 AI와 머신 러닝의 기하급수적 연산 능력과 기술을 활용하기 시작하면서 사람의 능력이 강화되고 있다. 이를 통해 공감적인 경험을 제공할 때 사람의 능력을 훨씬 능가할 수 있으며, 그 결과 고객이 필요로 하고 원하는 것을 제공하는 새로운 고객·직원 중심의 효율성과 효과성, 공감 지향적 경험을 제공할 수 있다. 심지어 종종 다음 행동을 예상하거나 규범적인 예측력을 모두 갖추고 있어 고객을 놀라게 하기도 한다.

AI·머신 러닝 솔루션을 연구할 때, 기업들은 기존의 구조에 신속하게 통합할 수 있도록 즉시 사용할 수 있는 턴키* AI 고객·직원 경험 도구를 찾고자 할 것이다. 직관적이고 사용자 친화적인 인터페이스는 많은 기술 리소스를 필요로 하지 않는다. 시스템에 내장된 결과 예측 기능은 처리 시간이나 전송 속도 등의 KPI 로직을 최적화하는 동시에 기존 비즈니스 로직과 프로세스도 지원한다. 따라서 대량의 데이터를 더 쉽게 분석하고 중요한 고객 통찰력을 얻을 수 있으므로, 고객·직원 경험 환경을 진정으로 개선하면서 동시에 기업의 이익을 극대화할 수 있다.

이 모델은 클라우드 환경에서 경쟁 우위를 점할 수 있다. 클라우드에서 구동되어야만 기업이 고객과 직원 데이터를 쉽게 AI와 통합할 수 있으며, 모든 참여 채널을 통해 더 나은 경험을 제공할 수 있다. 클라우드를 사용하면 다양한 데이터(과거 이력, 고객 행동, 제 3자 데이터), 데이터 모델 표준, 소스 코드에 대한 API 액세스를 제공할 수 있으므로 더 많은 정보를 제공하는 고객 환경을 구현할 수 있다. 또한 클라우드에서는 더 빠른 시스템 개발과 통합, 그리고 민첩한 혁신과 파괴가 일어날 수 있는 기회가 있다.

클라우드 소프트웨어를 최적화하기 위해서는 환경 설정이나 사용

---

* 즉각 사용할 수 있게 되어 있는, 일괄 공급 체계를 의미함 – 역자 주

자 맞춤 작업이 그다지 많이 필요하지 않기 때문에 자체 서버보다 저렴한 비용으로 시스템을 구축할 수 있고, 시간이 지나면 자동 업그레이드로 쉽게 통합할 수 있다.

고객·직원 경험 분석

기업은 스스로 탁월한 경험을 제공하고 있는지 파악하기 위해 경험 분석 기술에 투자하고 있다. 특정 경로에 집중할 경우, 경험은 개별화되고 잠재적으로 분리된 접점으로 구성된다. 경험을 연속적으로 파악할 때 전체적으로 훨씬 더 원활한 효과를 기대할 수 있다.

공감 경험을 제공하기 위해 고객·직원 경험 산업 전체가 분석적 시각화 도구를 사용하여 모든 단계와 상호 작용에 걸친 고객·직원 경험의 품질과 결과를 포착, 측정, 분석, 평가하는 엔드 투 엔드 경험으로 접근해야 한다.

핵심은 경험 플랫폼 시스템을 사용하여 분석 기능을 제공하는 동시에 상호 작용 데이터에서 개인 정보를 제거하여 결합하고 경험을 시각화한 다음, 통합 '포드'에 속한 다른 시스템 및 부서와 공유하는 것이다.

고객·직원 경험 대화형 대시보드

정적인 보고 및 수동 스프레드시트의 시대는 끝났다. 기업은 고객 경험의 상태를 이해하고, 중요한 정보를 제공하고, 예외를 분석하고, 근본 원인을 신속하게 이해할 수 있는 통찰력을 빠르게 제공하는 대화형 대시보드를 필요로 한다.

이러한 대시보드는 향상된 실시간 고객 참여 경험과 관련된 정보를 신속하게 알려준다. 기업은 모바일 디바이스나 AR/VR 등 여러 차원 및 매체에서 동시적으로 발생하는 정보를 시각화하고 대시보드를 활용함으로써 빠르게 통찰력을 얻어야 한다. 이러한 시스템을 사용하면 간단한 질문을 한 뒤 시스템에서 제시하는 행동 선택지 중 적절한 조치를 고를 수 있다.

고객과 직원의 목소리

커피숍이든, 자동차 서비스를 받든, 누구나 진정한 개인화 경험이 차이를 만든다는 경험을 했다. 기업이 진정성 있고 개인화된 경험을 제공하지 않을 때 사람들은 이를 인지하고 실망감을 표현한다. 이것이 고객과 직원의 목소리이다.

IoT, AI, 디지털 및 소셜 플랫폼과 같은 기하급수적 기술은 매일 수십억 건의 상호 작용을 수집하여 고객의 목소리와 직원의 목소리에 입력한다. 새로운 포드 조직 구조, 고객·직원 경험 분석, 대화형 대시보드 및 고객·직원의 목소리를 통해 기업들은 빅데이터 분석 엔진에 데이터를 공급하는 피드백 루프를 형성한다. 그런 다음 이 엔진은 행동과 선호도를 개인화된 고객·직원 경험에 반영한다.

공감 경험이 고객, 직원 또는 회사의 기준에 미치지 못하는 경우, 고객·직원의 목소리 팀은 다른 조직들과 함께 이를 인지하고 해결 조치를 취할 수 있다. 예측 모델링 덕분에 모든 팀은 고객과 직원의 목소리를 확대하고 문제가 발생하기 전에 조기에 발견하고 선제적으로 대응할 수 있는 능력을 향상시킬 수 있다.

다음 단계

과거에 해 왔던 일들과 오늘날 기하급수적 기술이 제공할 수 있는 것들을 비교해 보면, 지난 시대의 고객·직원 경험이 왜 비할 바가 아닌지 쉽게 이해할 수 있다. 과거에는 비슷한 수준으로 경험을 통합하거나 고객·직원 중심 경험에 철저하게 집중한 결과를 제공할 수 없었다.(그림 7.12)

새로운 패러다임에서의 경험은 비즈니스에만 집중하는 목표가 아니라, 고객·직원 중심 목표에 초점을 맞추어 이루어진다

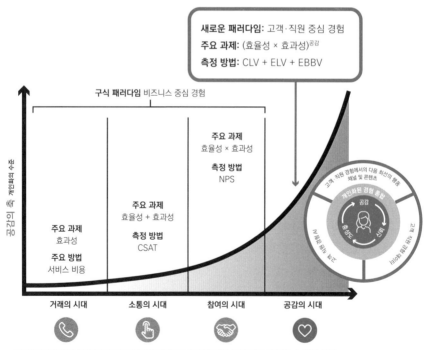

그림 7.12 경험을 통합함으로써 더욱 개인화되고 공감에 집중한 경험을 제공할 수 있게 된다.

이 새로운 공감 패러다임은 단순한 기술이나 예산 결정을 넘어서, 고객과 상호 작용하고 참여하는 것을 의미한다. 이는 사람들이 선택하는 것이다. 상호 작용이 시작된 후 공감을 표시하고 신뢰를 쌓기 위해 걸리는 시간은 몇 초밖에 걸리지 않는다. 이 몇 초를 놓치게 되면 마법의 순간은 달아난다. 그렇기 때문에 실시간 시스템, 적합한 직원, 올바른 데이터 및 통찰력을 갖는 것이 중요하다. 공감 경제를 주도하고자 하는 기업들은 공감, 신뢰, 충성도라는 3대 요소를 활용하고 이에 따라 조직, 구조, 프로세스, 정책 및 예산을 조정해야 한다. 고객·직원 경험과 맥락을 완전히 통합하려면 고객 경험 전문가, CIO, 제품 관리자 및 IT 부서 간에 다양한 유형의 교차 기능 협업이 필요하다.

다음 두 장(章)에서는 조직 및 리더십 관점에서 서비스로써의 경험을 제공하기 위해 무엇이 필요한지 살펴볼 것이다.

◦ 핵심 아이디어 ◦

- 공감 중심의 고객·직원 경험은 경청, 이해 및 예측, 실행, 학습 시스템이라는 네 가지 경험 통합 시스템을 기반으로 한다.
- 각각의 시스템은 AI로 강화된 데이터, 클라우드 기반 옴니채널 상호 작용을 포함한 기하급수적 기술을 바탕으로 통합된다.
- 공감 경제를 실현하기 위해 기업은 데이터의 '작곡가'와 '지휘자'와 협력하여 연속적인 고객·직원 경험을 제공하기 위해 공감 시스템의 기술을 통합해야 한다.

"항상 함께 일하고 싶은 사람이 되어라."

리즈 브레너

일의 미래에
대한 재구상

공감을 기반으로 하는 문화적인 변화는 역할, 책임, 프로세스 및 기술의 재구성이나 구조 조정보다 훨씬 더 깊은 개념이다. 이는 조직의 문화적 사고방식과 공유된 행동 양식에 활기를 불어넣으며 고무적인 변화 또한 포괄한다. 조직 내에서 관련된 모든 사람들이 완벽하게 자연스럽게 협업하기 위해서는 기조와 관점의 변화가 필요하다. 이러한 사고방식을 내재화하면 결과는 자동으로 따라온다.

> **사각지대**
>
> 변화는 단순한 조직의 구조 조정이 아니라, 사고방식과 행동 양식의 변화가 동반되어야 한다.

리더들이 고객 경험에 대해 놓치고 있는 부분

성공적인 변화란 진정한 공감을 바탕으로 한 끊임 없는 노력이다. 또한 이는 브랜드가 고객·직원 관점을 통해 사물을 보기 위해서 전념해야만 가능하다.

그럼에도 불구하고 리더들은 철저하게 비즈니스 중심적인 관점에서 조직을 계속 이끄는 경우가 많다. 이들은 고객이 회사를 선택할 때 어떤 과정을 거치는지 전혀 인지하지 못하는 경우가 많다. 경영진은 고객 센터에 전화를 걸거나, 온라인 구매를 시도하거나, 챗봇을 이용하여 문제를 해결하는 것이 어떤 것인지 경험해 본 적이 없다. 만약 경험을 해 보았다면, 이들은 많은 고객과 비슷한 상태가 될 것이다. 즉, 화가 나서 전화기에 대고 소리를 지르거나, 노트북을 바로 옆 창문 밖으로 던지고 싶다는 충동을 느끼게 될 것이다.

또한 많은 리더들은 직원들이 업무를 수행하고 고객에게 서비스를 제공하는 것이 어떤 것인지도 잘 모른다. 회사 문화가 제대로 기능하지 못하고 있다는 것을 모르는 리더는 혁신의 어려움을 과소평가한다. 이러한 리더들이 변화를 발표하는 것을 보면 그들의 무지가 잘 드러난다. 직원들은 리더의 발표에서 영감을 받기보다는 다가오는 변화가 말뿐인 또다른 구호일 것이라고 생각한다. 직원들은 환멸을 느끼고 다가오는 수난과 감정적인 혼란을 피하기 위해 몸을 사리고, 회사 문화는 수동적인 공격의 늪처럼 바뀌면서 아무런 새로운 성과가 이루어지지 않는다. 이러한 연유로 고객 경험은 부족해질 수밖에 없다.

> **사각지대**
>
> 비즈니스 중심적인 조직은 고객이 그 회사를 이용할 때 얼마나 어려움을 겪는지, 직원이 고객에게 서비스를 제공할 때 얼마나 힘든지 놓친다.

〈하버드 비즈니스 리뷰〉에 따르면 감성 지능(Emotional Intelligence, EI)은 직원들에게 권한이 부여되고, 직원들이 참여하며, 활력이 넘치는 기업 문화를 만들어 나가는 초석이다.[01] 그럼에도 불구하고 연구에 따르면 전 세계 기업들은 감성 지능의 가치를 과소평가하고 있으며, 경영진이 이야기하는 기업 문화의 중요성과 회사의 실제 상황 사이에는 간극이 점점 커지고 있다.

그 결과 직원들이 이탈하면서 채용 비용이 증가할 뿐만 아니라 인재 관리에도 문제가 발생하고 있다. 사실 경영진들이 누구나 알 수 있도록 기업 문화를 우선순위에 놓는다면, 직원 사기 저하와 직원 이탈은 막을 수 있다.

열악한 고객 경험에서 나쁜 이익이 발생하는 것과 마찬가지로, 열악한 직원 관리 관행도 나쁜 이익으로 귀결된다. 어떤 기업에서는 여전히 목소리가 가장 크고, 남을 괴롭히며, 정치를 가장 잘 하고, 다른 사람의 불안감을 잘 이용하는지에 따라 문제를 해결하기도 한다. 이와 같은 관리 방법은 나쁜 직장 문화 형성에 일조하고, 한참 전에 이를 중단했어야 한다는 사실을 이제는 깨우쳐야 할 때이다.

공감 중심의 문화

15년 동안 2만 명 이상의 관리자와 인터뷰를 하면서 진행한 연구 결과를 보면, 전문가들은 명령하고 통제하는 관리 스타일보다 공감 지향적인 관리 스타일로 변화할 때 직원 성과가 개선된다는 사실을 발견했다.(그림 8.1) 공감하는 리더는 협력적 사고방식과 업무 스타일, 강력한 의사소통 기술, 시너지 원칙, 진심 어린 관심, 조직 전반에 걸친 네트워크를 형성하겠다는 의지, 다른 사람의 성과를 인정하려는 경향 등의 자질을 지니고 있다.[02]

> **사각지대**
>
> 기업들은 직원들이 공감을 주고받을 때, 정보를 더 잘 받고 처리할 수 있어 인지 스타일과 문제 해결 능력에 가시적인 변화가 이루어진다는 사실을 깨닫지 못하고 있다.

이러한 자질을 꼭 처음부터 타고 날 필요는 없다. 이들은 성격 특성이라기보다는 기술에 가깝고, 시간이 지남에 따라 개발될 수 있다. 모든 리더십과 마찬가지로 공감하는 리더십에도 결단력이나 성장을 향한 사고방식이 중요하다.

효율성과 효과성 지향		공감 지향
경쟁, 나와 남을 철저히 구분함	→	협동, 협력, 목적 의식
이성, 무관심함, 열정의 결여	→	감정, 기분 좋음, 열정
뻣뻣함, 평가함, 고집스러움, 완고함, 근엄함	→	유연함, 구속 받지 않음
어떠한 일을 함	→	어떠한 존재가 됨
고립됨, 사람은 섬이라고 생각함	→	화합, 함께 함
까다로움, 감춤, 억누름	→	소통, 털어놓음, 타인에게 알려줌
가둬 둠, 기분 나쁘게 함, 당황시킴, 반대함	→	육성해 줌, 교육, 조성, 지원함
고집을 부림, 양보하지 않음	→	친절함, 배려
공을 가져 감, 남을 깎아내림, 억압함	→	기여, 인정

그림 8.1 공감 지향적인 리더와 문화의 특징.

혁신적인 공감 지향적 문화

『직원 참여 2.0』의 저자인 케빈 크루스는 공감적인 환경은 긍정적인 도미노 효과를 일으키면서 직원들이 공감적으로 참여하는 문화를 형성하고 다음과 같은 결과를 가져온다는 사실을 발견했다.[03]

- 서비스, 품질, 생산성 개선
- 고객 평생 가치 제고
- 소비자의 반복 구매 및 지인 소개에 따른 매출 증가
- 이익 증가
- 주주 수익률과 주가 상승

공감은 혁신을 앞당기는 데 도움이 될 수 있으며, 이는 궁극적으로 더 많은 제품을 판매하고, 더 많은 고객을 만족시키며, 더 많은 수익을 창출할 수 있다는 뜻이다. 이러한 사실을 생각해 보면 아마 다음과 같

은 궁금증이 떠오를 것이다. 생산적이고 공감하는 직장 문화는 실제로는 어떤 모습일까?

이러한 환경은 진정으로 협력적인 분위기를 띤다. 경청하는 능력은 높은 평가를 받고, 모든 사람의 의견이 존중 받고 장려된다. 사람들은 존엄한 대우를 받으며, 팀과 포드는 단결하여 회사의 전략에 참여한다.

긍정적인 직장 문화는 커뮤니케이션이 위에서 아래로 그리고 아래에서 위로 원활히 소통되도록 해 준다. 이러한 문화는 '목소리가 커' 눈에 띄는 소수의 사람이 아니라 조직에 소속된 모든 사람의 마음을 하나로 묶어 주기 때문에 성공할 수 있다. 미팅에서는 "아, 그렇군요!" "맞아요, 그릭…"하는 말들이 오가면서 직원들이 다른 사람들의 아이디어를 바탕으로 자신의 생각을 펼치고, 모든 직급의 직원들이 자유롭게 의견을 교환한다.

사실 이러한 문화는 아래로부터 제기되는 직원들의 의견에서 회사의 전략이 도출된다는 개념의 실제 사례이다. 리더들은 권위주의적인 역할이 아니라 직원들에 대한 서비스 지향적인 역할을 맡는다. 이들은 자신의 역할이 직원들을 이끌어 주고, 지원하고, 아이디어를 내는 것이라고 생각한다.

이러한 문화에서는 경쟁 요소를 제외하고는 모두가 이길 수 있다.

고객과 함께 하는 혁신

고객은 아이디어와 영감을 주는 또 다른 중요한 원천이다. 고객들이 같은 입장의 다른 사람들과 쉽게 소통하고 문제 해결 방법을 논의하며, 제품과 서비스를 어떻게 하면 잘 활용할 수 있는지 의견을 교환하는 온라인 커뮤니티나 게시판은 고객의 생각을 알 수 있는 통로 중 하나이다.

기업들은 인정을 받고 싶어하는 사람들의 욕구에 공감하여 고객들끼리 도움을 주고 받는 시스템을 '게임화'하여 고객 포인트 시스템을 제공하고, 다른 고객들로부터 좋은 평가를 받는 고객에게 '전문가'나 '권위자'라는 호칭을 부여한다. 공감에 초점을 맞춘 이 방법은 고객이 회사의 역할 중 일정 부분을 대신하기 때문에 운영 비용이 줄어들고, 고객 만족도는 상승하며, 기업은 제품과 프로세스, 서비스 및 경험에 대한 직접적인 통찰력을 얻을 수 있다.

기저귀 가방 회사를 예로 들어 보자. 가방의 사용 편의성, 실용성 및 기능성 덕분에

> **사각지대**
>
> 행동에 공감을 적용하면 혁신을 앞당기고, 더 많은 제품을 판매하고, 더 많은 고객과 직업을 만족시키며, 더 많은 수익을 창출할 수 있다.

어떤 회사가 유명해졌다고 가정하자. 온라인 커뮤니티에 아버지인 한 고객이 게시물을 올려, 기저귀 가방의 기능은 마음에 들지만 디자인이 여성적이기 때문에 밖에서 가방을 꺼내는 데 신경이 쓰인다는 의견을 피력한다. 또 다른 아버지 고객은 가방의 기능은 유지하면서 조금 더 남성적인 스타일로 디자인된 제품이 출시되면 좋겠다고 제안한다. 다른 아버지들이 참여하면서 이 게시물에 동의한다고 밝히고, 디자인에 대한 의견을 제시하면 완전히 새로운 제품 라인이 탄생하게 된다.

이것은 남성 고객의 눈으로 본 적이 없는 회사가 어떻게 고객의 요

구를 듣고 이해한 다음 조치를 취할 수 있는지를 보여주는 좋은 예이다. 기업은 이러한 방식을 통해 지속적으로 진화하고 고객 피드백을 통해 학습할 수 있다. 고객의 피드백을 반영하면 독특하면서 잘 팔리는 제품, 서비스, 경험을 만들어 낼 수 있다.

혁신에는 다양성과 포용성이 필요하다

혁신은 창의성이 행동에 적응되어 새로운 제품과 서비스 그리고 경험으로 이어지는 정도를 의미한다. 기업이 특별하고 맞춤화되고, 개인화된 경험을 만들기 위해서는 그들만의 문화에 창의성이 살아 숨쉬고 있어야 한다. 창의적인 표현이 허용되면, 직원들은 당면한 과제를 더 잘 해결하고 새로운 아이디어를 창출할 수 있다. 이는 브레인스토밍과 혁신적 사고의 토대이며, 이는 모두 기업 성장에 원동력으로 작용한다.

여러 연구를 통해 우리는 다양성이 직접적으로 혁신을 주도한다는 사실을 알 수 있다. 동시에 연구 결과들을 보면, 채용 관행에 다양성·형평성·포용성이 문제가 있다고 생각하는 일부 경영진의 사각지대를 알 수 있다. 사각지대를 극명하게 보여주는 무서운 예가 상당히 최근에 뉴스로 보도되었다. 2020년 6월에 유출된 메모에 따르면 웰스 파고의 CEO인 찰리 슈와르프는 다음과 같이 썼다. "변명처럼 들릴지도 모르지만, 불행하게도 흑인 중에서는 채용할 만한 인재가 매우 제한적이다."[04]

이 발언은 흑인 직원과 전문가, 임원들로부터 다양성·형평성·포용성(Diversity, Equity, and Inclusion, DEI) 부족이 고용 과정에서 전형적인 문제일 뿐만 아니라 직원 교육, 채용, 가장 중요한 것은 채용 담당자들이 받는 교육에 알 수 없거나 무의식적인 편견이 생긴다는 비판을 받았다.

다양성·형평성·포용성

과거에는 다양성을 단순히 표현의 동의어로 정의했는데, 이는 〈하버드 비즈니스 리뷰〉에 실린 '포용성 없는 다양성은 존재하지 않는다'라는 기사의 논지와 같이 크게 잘못된 개념이다.[05] 공감을 재구상하기 위해서, 우리는 '다양성'과 '포용성'은 다른 과정이라는 사실을 이해해야 한다. 다양성을 추진함에 있어 진정한 포용성이 전제되어 있지 않

다면, 혁신과 같이 다양성에서 발생하는 이익이 상실되고 만다. 진정한 포용을 위해서는 공감하는 동료와 공감하는 리더십의 문화적 DNA가 기업에 꼭 필요하다.

> 다양성은 파티에 초대되고, 포용성은 춤을 추라는 요구를 받는다.
>
> _베르나 마이어

다양성은 더 스마트한 혁신이다

스콧 페이지(미시건대학교[06]), 존 클라인버그(코넬대학교[07]), 루 홍[08], 알렉스 펜틀랜드(MIT[09]) 등의 학자들은 연구를 통해 다양한 인력 구성이 경제적으로 유리하기 때문에 팀을 단일하게 구성하는 일이 줄어들고 있다는 사실을 보여주고 있다. 이 학자들의 연구를 보면 인력이 다양해질수록 혁신, 의사 결정, 문제 해결, 최종 결과가 더 나아진다는 사실을

알 수 있다.

인력 구성이 다양해질 때 재무 결과는 크게 개선된다. 다양성과 혁신에 대한 코퀄(前 인력 혁신 센터)의 연구는 1,800명의 전문가를 대상으로 설문 조사를 실시하고 40개의 사례 연구를 살펴보고 수많은 포커스 그룹과 상호 작용하고 인터뷰를 실시했다.[10] 리더들은 직원들이 다양한 인력 구성으로 인해 수혜를 입는다는 사실은 쉽게 받아들이지만, 다양성이 기업이 혁신 능력에 미치는 영향을 입증하거나 계량화하기는 어렵다고 생각하기 때문에 이 연구가 시작되었다. 연구 결과에 따르면 조사 대상 기업의 단 25%만이 혁신을 추진하기 위해 충분히 다양한 인력 구성을 가지고 있었다.

또 이 연구에서는 공감을 실천하는 조직이 직원들의 혁신 역량을 일깨워 줄 수 있는 리더를 보유하고 있다는 사실을 보여 주었다.(그림 8.2와 8.3) 이 리더들은 포용성이 있어 다른 사람들의 의견을 구하고, 직원들이 생각을 공유하도록 적극적으로 장려하고, 참여에 대해 보상한다. 이와 같은 포용성이 없다면 다양한 인재를 유치하고, 참여를 독려하고, 혁신을 촉진할 수 없으며 마침내는 기업을 성장으로 이끌 수 없다.

다양성과 포용성이 많은 효용을 가져다주는 경우, 2D 리더십을 보유한 상장 기업의 직원은 2D 리더십을 보유하지 않은 상장 기업 직원보다 새로운 시장을 발견할 가능성이 70% 더 높고, 시장 점유율이 상승할 가능성은 45% 더 높다.[11] 오늘날 급변하는 비즈니스 세계에서

	리더가 포용성을 갖추지 못한 회사	리더십이 2D 다양성을 갖춘 회사
직원들은 자신의 팀을 이렇게 평가했다		
다양한 구성원들의 의견을 받아들인다	40%	67%
현상에 도전하기를 두려워하지 않는다	29%	50%
실패를 두려워하지 않는다	22%	43%
리스크를 감수한다	21%	40%

	리더가 포용성을 갖추지 못한 회사	리더십이 2D 다양성을 갖춘 회사
직원들은 자신의 아이디어를 이렇게 평가했다		
의사 결정자들의 지지를 받는다	45%	63%
더 발전되고 시제품으로 제작된다	30%	48%
시장에 출시된다	20%	35%
직원들은 자신의 조직을 이렇게 평가했다		
팀에서 집단 사고가 문제가 되고 있다	40%	25%
회사의 리더가 자신이 필요를 느끼지 못하는 아이디어의 가치를 인지하지 못한다	62%	37%

그림 8.2 리더십이 2D 다양성을 갖춘 회사의 직원들과 그렇지 못한 직원 간의 비교.
자료: 코퀄[12]

새로운 아이디어를 무시하고 새로운 시장 기회를 놓치면 생존하느냐 무너지느냐가 결정된다.

　지금과 같이 경쟁이 심한 시장에서 성공한다는 것은 모든 사람이 존엄성과 존중 및 가치로 대우받고 공감 및 정직과 같은 가치를 높게 평가하는 문화를 갖춘 일터를 일군다는 것과 같은 뜻이다. 이러한 인간 중심의 문화는 직원, 관리자, 리더 간의 기업 내부 문화뿐만 아니라 직원과 고객 사이의 문화로 확장되어야 한다.

	리더가 아무런 다양성 특성을 가지지 못한 경우	리더가 세 가지 이상의 다양성 특성을 보유한 경우
직원들은 자신의 리더를 이렇게 평가했다		
모든 사람에게 말할 기회를 주고 경청한다	29%	63%
안심하고 새로운 아이디어를 제기할 수 있도록 해 준다	34%	74%
의사 결정을 내릴 수 있도록 직원에게 권한을 위임한다	40%	82%
조언을 받아들이고 피드백을 한다	25%	64%
팀 전체와 성과를 나눈다	27%	64%
	리더가 아무런 포용성 특성을 가지지 못한 경우	리더가 세 가지 이상의 포용성 특성을 보유한 경우
환영하고 팀의 일원으로 맞아 준다	51%	87%
관점과 의견을 마음 편하게 표현할 수 있다	46%	87%
자신의 아이디어를 경청하고 인정한다고 생각한다	37%	74%

그림 8.3 다양성을 갖춘 리더들은 충고를 받아들이고 피드백을 함으로써 혁신의 가능성을 연다.
자료: 코퀄[13]

포드 다양성과 혁신의 원동력

다양성은 더 큰 혁신과 더 나은 사업 성과와 직접적으로 이어진다. 그렇다면 리더는 어떻게 순수 기능 부서와 역할을 변화시켜 다양한 관점을 키우도록 장려할 수 있을까? 모든 사람이 현상 유지에 만족하고 '예전에 하던 식으로' 하는 데 아무런 불만이 없으며, 모든 일에 대해 단호하고 빠르게 동의하는 사람들로 이루어진 그룹에 속해 있을 때에는 기분이 좋을 수 있다. 오히려 아주 다르게 생각하고 자신의 생각을 말로 표현하는 것을 두려워하지 않는 사람들과 미지의 바다를 항해하는 쪽이 더 어렵게 느껴질 수 있다.

고객 중심 경험을 추구하기 위해 서로에게 질문하고, 반대를 제기하고, 토론하는 다양한 그룹이나 포드에 속해 있을 때, 사람들은 처음에는 해결책을 전혀 찾지 못하는 것처럼 보이는 과정을 거칠 수도 있다. 이는 전형적인 속사포 공격이나 도덕적 잣대 들이대기 또는 규정짓기와는 다르다. 포드는 이전과 확연히 다른 사고방식으로 가정에 대해 질문하고 반성하며, 다른 사람들이 당연하게 여기는 현상 유지에 도전하면서 다양성을 더한다.

뉴로리더십 인스티튜트의 공동 창립자이자 CEO인 데이비드 록은 포드 상호 작용이 어떻게 뇌를 거슬러 진부한 사고방식을 극복하고 두뇌 기능을 향상시키는지에 대한 연구를 의뢰했다.[14] 이 연구 결과에 따르면 다양하고 이질적이지 않은 팀과 포드가 정보를 더욱 신중하고 처리하고, 구성원의 편견을 누그러뜨리며 회사의 혁신 잠재력을 높인다. 고객·직원 중심의 문화를 만들자는 것은 진부한 구호나 슬로건이 되어서는 안 된다. 이는 직원들의 업무 방식에 눈에 볼 수 있도록 나타나야 하며, 회사 정책이나 개인적인 감정보다 고객의 경험을 우선시하는 하나 된 접근 방식을 보여 주어야 한다.

리더는 모든 직원이 자신의 요구 사항과 우려를 적극적으로 표현할 수 있도록 격려하는 동시에 포드에 소속된 사람들이 통합된 '무리'로서 성공을 향해 도약할 수 있는지를 이해하도록 도와주어야 한다.

캐나다기러기들이 특유의 V자 대형을 이루어 이동할 때 그 무리에 소속된 기러기들이 돌아가면서 리더의 자리를 맡고 리더십을 공유하면서 자신만의 강점을 발휘한다. 각각의 기러기는 비행(경험)을 성공적으로 완수하기 위해 어떤 일을 해야 하는지 정확하게 이해한다. 업무 방식을 혁신하기 위해 노력하는 모든 회사는 기능 부서 간 또는 외부의 사람들과 강력한 파트너십과 동맹을 구축할 수 있어야 한다. 포드는 전문적인 관계를 맺고 고객 경험을 제공하는 과정을 새로운 관점에서 생각해 볼 수 있는 길을 제시한다.(7장, 그림 7.11)

> **사각지대**
>
> 팀이 다양성을 띨 때 가정에 질문을 던지고, 현상 유지에 도전하며, 낡은 사고방식을 극복하며, 능력을 향상시키기 쉬워진다.

특히 지금까지 이러한 식으로 협업해 오지 않았다면, 다양한 팀과 포드가 통합되는 데에는 평균보다 더 오랜 시간이 걸릴 수 있다는 사실을 알아야 한다. 포드에서 처음 일하는 사람들은 처음에는 동질적인 그룹에서 일할 때에 비해 문제를 해결하기 힘들다고 생각할 수 있다. 그러나 효과적인 포드 전략은 시간이 지남에 따라 갈등의 위험성을 완화하고, 진정으로 서로를 지지해 줄 수 있는 규범을 형성할 수 있으므로 협업이 어려운 경우에도 진정한 협동이 이루어진다.

포드가 합의점에 도달하면 대형을 이루어 비행할 수 있다. 완벽하게 정렬된 대형에서 모든 사람은 자신의 위치와 역할을 이해하고 비행 중에 역할이 어떻게 변할지 예상한다. 결국 모든 사람들은 함께 이루어 내는 성공에 도달하게 된다. 이러한 방식으로 일하고 회사의 장기적인 성공을 달성하는 데에는 특별한 아름다움이 있다. 포드가 함께 설정한 목적지에 도착할 때면

> **사각지대**
>
> 사일로 속에서 또는 그저 하던 식을 따라 운영되는 기업들은 의도된 목적을 놓치고 있다. 그 대신 대형을 이루어 함께 비행함으로써 비할 수 없는 큰 이점을 누릴 수 있었을 텐데 말이다.

해냈다는 사실이 믿기지 않으면서도 함께 일궈낸 변화에 기뻐하게 될 것이다.

포드나 V자 대형이 없다고 가정해 보면, 리더와 다른 새들은 모두 제각각 다른 방향으로 날게 될 것이다. 팀은 원하는 목적지에 함께 도달하지 못할 것이다. 조화를 이루지 못하면 기하급수적으로 변화하는 세상에서 귀중한 시간과 에너지를 낭비하고 결국 경쟁 우위를 갖춘 경쟁자에게 추월당할 것이다.

거대 변혁 목표(MTP^X, Massive Transformative Purpose^X)

리더가 사람들이 진정으로 미래를 기대하는 분위기를 조성하면 직원들은 회사가 나아가고 있는 새로운 방향을 믿게 되고, 그 결과 밝고 새롭고, 모두가 함께 하는 미래가 어떻게 펼쳐질 것인지 그리기 시작한다. 뿐만 아니라 장애물에 직면하더라도 계속해서 앞으로 나아갈 수 있는 용기를 얻는다. 리더는 사람들이 회사가 하는 일에 대해 자부심을 갖고, 회사가 이루고자 하는 것에 헌신하고, 새로운 접근 방식을 반기고, 성공에 대한 주인의식을 중심으로 뭉쳐 사람들이 서로의 차이점을 극복하고 단결하여 포드에서 조직적으로 협력하도록 도와야 한다. 이는 CEO가 주도하는 구호가 아니라, 더 나은 회사를 만들기 위해 전 직원이 함께 협력하는 아래로부터의 노력이다. 이들은 더 나은 고객·직원 경험을 제공하고 공유된 가치를 통해 더 나은 세상을 만들어 나간다.

공감 중심의 조직에서 직원들은 예전과 같은 방식의 사명감이나 비전 선언문을 넘어서는 무언가에 의해 동기를 부여받는다. 그 비밀

기업	MTP^X
TED	"아이디어는 널리 공유되어야 한다"
구글	"세상의 정보를 모으자"
세계 20대 프로젝트	"지구의 모든 아이를 가르치자"
비즈니스 인터뷰	"당신의 이야기를 세상에 알려 드릴게요"
X프라이즈	"모두를 위한 풍요의 다리를 건설하자"
영향력을 가진 천사들	"모든 이들을 위해 포용적이고 풍요로운 세계를 만들어 가는 여성들"
보스턴 아동 병원	"모든 어린이들이 건강해 질 때까지"
테슬라	"지속 가능한 교통 수단으로의 전환을 촉진한다"
세인트 마가렛 여학교	"세상을 바꾸고 싶은 소녀들이 세상을 바꾸는 여성으로 성장하는 학교"
인터프로텍션 ExO 프로젝트	"인류가 처한 위험을 해결하자"
케어페이	"양질의 헬스케어 서비스를 모두에게"

표 8.1 기하급수적 조직의 MTP^X.
자료: 학제 간 연구 대학[15]

은 공유된 목표에 있다. 테드, X프라이즈, 보스턴 아동 병원, 구글과 같은 회사의 창립자들은 조직을 통해 세상을 변화시켰다. 이는 그들이 거대하고 포용적인 변혁 목표를 가지고 창업했기 때문이다. 이는 MTP^X 공식으로 나타낼 수 있다.(표 8.1) 여기서 x는 임팩트 지수 10을 나타내는데, 이는 이러한 기업들은 동종 기업에 비해 10배 이상의 영향력을 가지고 있다는 뜻이다.

M은 거대하다는(Massive) 의미이며, 방해가 될 수 있는 도전을 개의치 않고 대담하고 커다랗고 포부가 큰 목표를 달성하겠다는 뜻이다. T는 변혁(Transformative)을 의미하며, "우리가 하나의 조직으로서 산업과

지역 사회, 혹은 지구 전체에 어떠한 중대한 변혁을 가져올 수 있을 것인가?"라는 질문을 던지는 것이다.

마지막으로 P는 목적(Purpose)을 나타낸다. 이것은 조직이 지향하고 노력하는 '이유'이다. '당신의 왜'라는 개념은 『나는 왜 이 일을 하는가』를 지은 베스트셀러 작가 사이먼 사이넥에 의해 만들어졌다. 가장 중요한 목적은 '우리의 마음과 정신과 행동을 단합시키고 영감을 주는 것'이다.[16]

직원과 리더는 전력을 다해 뛰어들기 전에 새로운 세상이 어떠한 모습일지, 그리고 기업이 목표로 하는 곳에 도달했을 때 어떠한 점이 자랑스러울지를 먼저 그리고 싶어 한다. 혁신을 위한 비전에다가 변화를 위한 재무적이고 감정적인(동기를 부여하고 영감을 주는) 사례가 포함될 때 조직은 이 목표를 달성하게 된다. MTP^X 사고방식은 직원들이 변화해야 하는 이유를 위한 수레바퀴가 되어, 공감 기반의 문화를 형성하는 데 필요한 투입 요소로써 중요한 측면을 형성한다.(그림 1.4)

MTP^X에 따른 동기 부여는 일반적인 미션이나 비전 선언문이 아니라는 점을 다시 강조하려고 한다. MTP^X는 조직이 지향하는 더 높고, 더 깊고, 가장 열망하는 목적이다.[17] MTP^X는 조직의 열정이나 '마음'을 직원이나 부서보다 더 거대한 무언가로 이끌어주는 것이다. 이러한 목적은 적절한 사람들을 끌어들이고, 새롭고 더 나은 세상을 만들기 위한 임무에 투자하고, 최고의 인재를 모집하고 우리가 제안하는 것과 같은 급진적인 변화를 만들 수 있는 원동력이 된다. 직원과 파트너, 협력사 등 모든 이해 관계자가 이 목적을 중심으로 하나가 되기 때문에, 조직 내의 정치성이 없어지고 대인 관계에서 발생하는 문제가 미치는 영향이 줄어든다. MTP^X에 동조하지 않는 사람은 누구나 조직

> **사각지대**
>
> 일반적인 비전이나 미션 선언문을 사용하는 기업들은 직원들의 참여를 유도하는 감정적인 수레바퀴를 작동시킬 수 있는 거대 변혁 목표를 개발함으로써 얻을 수 있는 힘을 놓치고 있다.

내에서 힘든 시간을 보내게 될 것이며, 이내 자신들이 물결의 흐름을 거스르고 있다는 사실을 깨닫게 될 것이다. 가혹하게 들릴 수 있겠지만, 이러한 사람들은 적응하고 조직에 맞추거나 스스로 '떨어져 나갈' 것이다.

조직 내 모든 사람들이 '우리 조직이 MTP^{X}를 달성하기 위해서 내가 할 수 있는 일이 무엇인가?'라고 끊임없이 스스로 질문하도록 장려하는 사고방식 덕분에 기업들은 학습하는 환경을 조성할 수 있게 된다.

이상적인 MTP^{X}는 경쟁 업체에 압도되지 않을 만큼 광범위하고, 야심차고, 확고해야 한다. MTP^{X}를 만들어 내고 사용하게 되면 살림 이스마일이 기하급수적 조직, 즉 ExO라고 이름 붙인 새로운 종류의 조직으로 변모한다.[18] 이스마일은 7개의 초기 회사를 창업하거나 경영했다. 그의 팀은 이스마일의 리더십 아래 3,000개 이상의 아이디어를 분석하고 4개의 주요 제품을 출시했다. 그의 마지막 회사인 앵스트로는 구글에 매각되었으며, 이스마일은 현재 '10억 명의 사람들에게 긍정적인 영향력을 행사한다'는 MTP^{X}를 가진 학제 간 연구 대학에서 전무 이사로 근무하고 있다.

이스마일의 성공 비결은 무엇인가? 하나의 사업을 시작할 때마다, 그는 팀과 함께 MTP^{X}를 정의했다. 모든 직원은 자기 업무의 더 큰 목표에 대한 명확한 비전을 가지고 있었고, 각각의 사람들이 MTP^{X}를 실현하기 위해 어떻게 기여하는지 정확히 알고 있었다. 공감 실천을 위해 사람들을 한데 모으고 영감을 주는 것은 목표이다.

학습하는 조직

회사가 기업 중심에서 고객·직원 중심으로 전환하는 방법 중 하나는 『학습하는 조직: 오래도록 살아남는 기업에는 어떤 특징이 있는가』의 저자인 피터 센게가 명명하였듯 학습하는 조직이 되는 것이다. B2E 또는 공감 중심 접근 방식으로 진화하기 위해서는 지속적으로 발전하겠다는 사고방식이 필요하며, 학습하겠다는 전적인 헌신 또한 중요하다.[19] 학습하지 않는 기업이나 개인은 낡은 관행과 패턴을 반복한다. 이 경우 변화는 표면적이며 발전은 운 좋은 단발성 또는 짧은 폭발에 그친다. 결국 성장은 정체되고 기업의 문화와 비즈니스 성과는 해를 입는다.

> **사각지대**
>
> 고객 중심적이고 공감하는 학습 문화가 없는 기업들은 낡은 관행과 패턴을 반복한다

공감은 학습 과정에 연료를 공급하는 강력한 힘이며, 정보를 수신하고 처리하는 범위와 능력을 향상시킨다. 공감의 신경 과학에 대한 연구에 따르면 우리는 다른 사람과의 공감 이후 상대를 더 도우려고 하고 관대해진다.[20] 다른 사람의 입장에 서 보았을 때, 사람의 인지 방식에 가시적인 변화가 생기면서 문제를 해결하고, 답을 찾고, 새로운 방향으로 접근할 수 있게 된다. 공감적인 행동을 하게 되면 기업이 당면한 과제를 인간적이고 협력적인 여정으로 볼 수 있게 되므로 더 잘 해결할 수 있는 동기가 생긴다.

갈등과 불확실성 다루기

물론 이런 수준의 통합이 늘 순조롭게 진행되지는 않는다. 본질적으로 사람은 일상적인 루틴을 좋아하고 항상 하던 대로 일을 처리하는 데 익숙하고 이를 편안하게 받아들인다. 혁신적인 조직은 모든 유형의 실제 변화가 일어날 때 내부와 외부 모두에서 충돌이 발생한다는 사실을 알고 잇다. 인간으로서 우리는 새로운 것을 경험하거나, 프로세스를 수정하거나, 새로운 업무 방식을 배우려고 할 때마다 일정 수준의 불안을 경험한다. 게다가 사람들은 무엇이 바뀌어야 하고, 왜 바뀌어야 하는지에 대해 서로 다른 의견을 가지고 있다. 기업에 학습하고 혁신을 포용하는 문화가 없다면 직원들은 단결하여 문제를 해결하려고 하기보다는 자기 '영역'을 보호하는 데 더 골몰한다. 갈등 자체만이 아니라 충돌을 처리하는 방법으로 인해 문제가 발생하기도 한다.

> **사각지대**
>
> 비즈니스 중심적이었던 조직이 DNA 안에 혁신을 내재화하고 학습하는 문화를 형성하지 않은 채 변화를 추진한다면 직원들은 자기 '영역'을 보호하려 들 것이다.

커뮤니케이션 전문가인 수전 페리스 박사와 앨버트 메라비언 박사는 두 가지 연구를 통해 마음이 커뮤니케이션을 통해 어떻게 의미를 창조하는지에 대한 일반적인 공식을 도출했다.[21] 이들은 사람이 메시지를 해석할 때 언어에서 7%, 목소리에서 38% 그리고 시각에서 55%의 정보를 얻는다는 결론을 내렸다. 즉, 93%의 메시지는 비언어적으로 전달된다는 뜻이다. 이것은 많은 리더들이 놀랄 만한 사실이다. 실제 대화보다 보디 랭귀지나 대화의 톤 변화가 긍정적인 의사소통에 훨씬 더 중요하기 때문이다. 리더들이 대화에 영향을 미치기 위해서는 아래 직원들 사이의 정치적 논쟁, 영역 다툼을 인지하고 있어야 하며, 이러한 정보는 직원들 간에 어떻게 커뮤니케이션이 이루어지고 있는지를 관찰함으로써 알아낼 수 있다.

세계 경제 포럼에 참석한 전문가들에 따르면 공감은 정신적, 육체적 건강에 깊은 순영향을 줄 뿐만 아니라, 더욱 즐겁고 생산적인 직장 생활의 원천이기도 하다. 공감에 기반한 사고는 사물들이 서로 어떻게 관련되어 있는지를 이해할 때 필요한 정보를 상황에 맞게 배치하고 상황적인 단서를 포착하는 데 도움을 준다.[22] 혁신, 커뮤니케이션, 협업은 모두 연결의 문제이다. 공감은 우리가 가장 효과적이고 최선의 방법으로 연결할 수 있도록 도와준다.

『공감의 기술: 인생에서 가장 중요한 기술에 대한 완벽 가이드』의 저자이자 empathyacademy.org의 설립자인 카를라 매클라렌은 직장에서 오해만큼 프로젝트나 업무에 지장을 주는 것은 없다고 지적한다. 다른 사람의 감정과 동기를 이해할 때 공감을 도구로 사용하면 갈등과 오해를 줄이는 데 도움이 된다. 맥클라렌은 "많은 연구에 따르면 공감 능력이 뛰어난 직원은 고객 만족도를 높이고, 스트레스와 갈등을 줄이며, '다른' 직원과 고객들이 자신이 가치 있고, 경청되고, 존중받고 있다고 느낄 수 있도록 돕는다."고 말한다.[23]

헬렌 리스는 하버드 의과 대학의 정신과 부교수로 리더십과 커뮤니케이션에 관해 획기적인 연구를 수행했다. 그녀는 이렇게 설명한다.

"리더가 저지를 수 있는 가장 큰 실수는 '직원'이 업무에 관심이 없거나 업무의 중요성에 대한 이해가 부족하기 때문에 생산성을 내지 못하거나 참여가 부족하다고 생각하는 것이다. 관리자가 직원의 입장에서 생각해 보면 직원의 생산성 문제를 정확히 파악하고, 직원이 어떻게 자신의 직무를 잘 수행할 수 있는지 듣고 이해할 수 있다."[24]

본질적으로 가정과 공감은 거리가 멀다. 가정은 방해와 갈등, 불신을 조장하기 때문에 일방적으로 가정하는 것은 지양해야 한다.

리스 박사는 또한 직장에서 피드백을 주고받을 때도 공감이 중요하다고 이야기한다. 이는 우리가 적응하고 개선할 수 있는 중요한 과정이기 때문이다. 그녀는 "피드백을 주고받을 때 공감 요소를 도입하기 위해서는 '어떻게 진행되고 있나요?'라고 질문을 던지면서 대화를 시작하는 것도 한 방법입니다."라고 제안한다. 이러한 질문을 던지면 다른 사람들이 마음을 열고 자신이 겪고 있는 문제를 이야기하고, 직원 관점에서 관리자에게 통찰력을 제공해 줄 수 있다. 그러면 관리자는 실무자를 질책하는 대신 당면한 실제 문제를 해결하는 데 주력할 수 있다.

그림 8.4는 갈등을 해결하는 5가지 방법을 나타내고 있다. 가로축은 협력의 정도 그리고 세로축은 적극성의 정도를 나타냈다. 리더의 임무는 다양성이 주는 장점을 희생하지 않으면서 다양한 관점에서 자연스러운 긴장과 갈등을 촉진하는 것이다. 기본적으로 문제를 해결하는 방식은 기업 문화에 따라 다르다. 협업은 공감 문화에서 모든 직원들과 고객이 함께 일을 해 나가는 방식이다.

회사의 문화와 운영에 고객·직원 관점을 통합하기 위한 조직 쇄신에는 협업적인 접근 방식이 필요하다. 직원들이 협업에 참여하고 있다고 느끼기 위해서는 적극적으로 자신의 요구와 우려를 표현하는 한

그림 8.4 고객·직원 경험을 혁신할 때 갈등을 해결하는 5가지 방법.

편 다른 사람들의 요구 또한 이해할 필요가 있다. 집단 역학을 보면 일반적으로 특정 사람들이 발언권을 독차지하는 패턴이 나타난다. 통찰력 있는 리더들은 최고의 아이디어들이 때로는 자신의 생각을 표현하는 데 적극적이지 않은 사람에게서 나오기도 한다는 사실을 알고 있다. 소극적이거나 수줍음이 많은 직원들이 가장 심오하고 혁신적인 통찰력을 제공할 때가 있다. 이러한 생각을 공유하도록 하기 위해서는 조금 더 많은 격려가 필요하다. 리더의 핵심 역량은 모든 사람이 대화에 참여하도록 하는 것이다.

표면적인 변화 vs 깊숙한 변화

리더들은 표면적인 변화와 깊숙한 변화의 차이를 이해할 수 있어야 한다. 깊숙한 변화란 조직 내의 모든 직원들이 업무 프로세스, 고객과의 상호 작용, 워크 플로, 일과 삶의 균형 등의 문제에 참여하고 검토하는 것을 의미한다.

나탈리와 나는 우리 회사에서 이러한 변화를 시도하는 과정에서 많은 것을 배울 수 있었다. 우리는 포커스 그룹, 설문 조사, 인터뷰와 같은 전통적인 방법으로 잠재 고객, 현재 고객, 과거 고객에게 제공한 경험을 살펴보았으며, 이를 통해 고객 성공 그룹, 영업팀, 경영진 등이 의미 있는 변화를 만들어낼 수 있었다. 우리는 직책이나 급여, 근속 연수에 상관없이 모든 관련된 사람의 의견을 주의 깊게 들었다. 의미 있는 변화를 만들기 위해서는 모든 사람의 시간과 목소리를 최대한 활용해야 한다. 표면적인 변화는 시간 낭비일뿐더러 고객과 직원이 자신의 의견을 진지하게 받아들이지 않는다고 느끼게 되어 이탈하게 된다. 어떤 경우에는 표면적이거나 얕은 변화가 아무런 변화를 시도하지 않는 것보다 더 나쁠 때가 있다.

또한 우리는 직원들의 다양한 경험을 살펴보았다. 우리는 모든 직급의 구성원들로부터 잔인할 정도로 정직한 피드백을 구했다. 피드백을 받은 후 우리는 다양성, 형평성, 포용성 글로벌 책임자를 임명했다. 협력과 지속적인 노력을 통해, 우리는 이 가치를 직장 문화로 정착시키고 업무를 하는 방식에 녹였다. 그 결과 경영진은 30년 이상 고착된 문화를 변화시킬 수 있었고, 이 변화가 개인과 세상 전체에 가지는 의미도 확인할 수 있었다.

다양성과 포용성이 필요하다는 사실을 이해하면서 우리는 다양성·형평성·포용성 전담 부서와 자문 위원회를 운영하기 위한 글로벌 프레임워크와 운영 모델을 구축했다. 이러한 체계적인 접근 방식을 통해 우리는 무의식적인 편견에서 벗어나고, 유연 단체(Affinity Group) 운영 모델 등 몇 가지 주요 가치를 신속하게 실행할 수 있었다. 또한 다년간 지속 가능한 여러 전략을 추진하는 데 필요한 견인력과 원동력을 얻을 수 있었다. 채용 관행과 직원 구성에 대한 경영진의 신뢰와 투명성을 보장하기 위해 우리는 심사숙고하여 스스로를 돌아본 뒤 그 검토 과정을 공식화했다. 우리는 비즈니스의 모든 측면에서 균형과 평등, 기회를 보장하겠다는 목표를 세웠다. 그 과정에서 자기 자신 속의 더러움과 마주하는 것을 두려워하지 않으며, 계속적으로 추진해야 한다는 사실 또한 알고 있다.

직원들에게 정보를 공유하기 위해 우리는 COVID-19 팬데믹 태스크포스를 만들어 코로나의 전 세계적 유행 상황을 지속적으로 파악하고 직원을 안전하게 보호하기 위한 방안을 마련했다. 이 방법의 일환으로 우리는 기업을 성공적으로 운영하고 관리하는 한편, 약 5,000명의 직원을 대상으로 재택근무 프로그램을 도입했다.

이러한 이야기를 하는 이유는 실적을 뽐내고자 하는 것이 아니며 우리가 완벽한 회사라는 뜻도 아니다. 모든 구성원들의 의견을 경청하고 직원들이 시스템과 조직 전반에 걸친 변화에 기여할 수 있는 길을 열어 주는 예를 공유하고자 하는 것이다. 우리는 완벽하지 않으며 오히려 지속적으로 개선하고 달성해야 할 것들이 많기 때문에 이러한 변화가 필요했다. 변화의 과정은 어지러울 수 있지만 결국에는 그만한 가치가 있다.

혁신 시스템은 이처럼 포괄적인 목표를 달성하기 위해 필요하다. 경청하고, 이해하고, 실행하고, 학습함으로써 우리는 전략적인 변화를 이루어 내고, 이는 조직 전체의 구조, 자원 배분, 평가 기준 그리고 가치를 변화시킨다.

변화에 대한 후회

변화에 대해 생각해 볼 때, '변화에 대한 후회' 또한 고려해 볼 만하다. 이는 신중히 생각하고 변화를 도입하지 않았거나, 변화를 위한 변화를 시도했을 때 자주 느낄 수 있는 감정이다.

예를 하나 들어 살펴보자. 당신과 직원들이 조직에 무엇이 필요한지를 충분히 고려하고 올바른 이유로 변화를 시도했다고 가정해 보자. 회사는 고객·직원 데이터를 모았고, 이들의 경험이 어땠는지, 어디에 문제가 있는지 알고 있다. 회사는 직원들에게 제안, 아이디어, 새로운 접근 방식을 제시하도록 요구하고 그를 경청하고, 이해하고, 올바로 실행하고, 그로부터 학습한다.

당신이 이런 일을 해 왔다면 당신은 깊은 변화를 만들어내기 시작한 것이다.

깊은 변화의 다음 부분은 변화를 구현하는 방법이다. 새로운 가치가 공감적인 방식으로 구현될 때, 직원들은 리더들이 자신의 관점을 경청하고, 이해하고, 관심을 기울인다는 사실을 알게 될 것이며, 그 덕분에 실제로 변화가 일어난 후 변화에 대한 후회가 발생하는 것을 막을 수 있다. 조직에 오래 머무르고, 충성도 높은 직원을 육성하기 위해서는 구성원들을 경청하고, 이해하고, 인정해야 한다.

만약에 경청하고 이해하려는 과정은 시작했지만 다음 단계를 위한 조치를 취하지 않는 경우, 직원들은 그 결과로 발생하는 변화에 배신감, 혼란, 환멸을 느낄 것이다. 이러한 변화에는 혁신적인 측면이 일부 포함되더라도 지속되지 않으며, 직원과 고객의 존경이나 충성도를 얻지 못할 것이다.

변화 자체는 공감 실천의 목표가 아니다. 기준점은 그보다 훨씬 더 높아야 한다. "행동이 따르지 않는 변화는 진정한 변화가 아니다."라는 말이 있다. 우리는 더 나아가 공감이 없는 변화는 처음부터 실천할 가치가 없다고 단언한다.

변화 주도자와 변화 방해자

깊은 변화의 또 다른 측면은 일단 결정이 내려지면 이를 지지하는 것이다. 네 명의 사람이 어떤 영화를 볼 것인지 합의하는 것부터가 어려운 일일 수 있다. 하물며 수백 또는 수천 명의 사람들이 관련되어 있는 직장에서 승인과 동의를 얻기는 훨씬 더 어렵다.

그와 동시에 파괴가 성과를 내기 위해서는 모든 사람들이 완전히 동의하지 않더라도 직원들이 변화를 지지해야 한다. 얼른 와닿지 않겠지만 좀 더 자세히 살펴보도록 하자.

토니는 직원들의 제안에 개방적으로 대응함으로써 CEO로서 변화를 주도한다. 그는 또한 기업의 사업과 문화에 접근하는 방법에 대한 신선한 아이디어를 제시한다. 리더는 일정 수준의 권위를 가지고 있어야 하지만, 토니는 직장 내 상하 관계를 뛰어넘는 협업과 사람 간 커뮤니케이션을 우선시한다. 전 직원들은 토니와 다른 직원들의 아이디어를 듣고, 논의하고, 토론한다. 팀 내에서 우리는 자신의 생각을 말하고 공유하며, 관점을 표현할 수 있는 기회가 주어지며, 변화가 기업 전체와 부서, 직원과 고객에게 어떤 영향을 미칠 수 있는지에 대한 통찰력을 제시한다. 변화가 일어나기 전 다양한 관점을 신중하게 고려한다.

토니를 비롯한 경영진들은 모든 의견을 고려하여 일단 변화가 이루어지면, 최종 결정에 전적으로 동의하지 않는 사람들도 모두 이를 지지하도록 요청한다. 여기에서 말하는 지지는 합의와 다르다. 이는 종종 경영진의 혜안에 대한 직원들의 신뢰로 귀결되며, 이러한 신뢰는 리더들이 직원과 고객의 피드백을 고려하여 결정을 내리는 경우 생겨난다.

우리는 변화를 겪으면서 그 의미를 듣고 이해하기 때문에 계속해서 반복하거나 방향을 바꿀 수 있다. 하지만 이 변화가 일어나기 전에 상황에 맞는 데이터와 진정한 피드백이 뒷받침되어야 한다.

모두가 변화에 동의하기를 기대하는 리더들은 앞에서는 "물론입니다, 변화를 따르겠습니다."라고 말하지만 속으로는 고개를 흔들면서 아니라고 말하는 직원들을 조심해야 한다. 이러한 특성은 경영진이 직원들의 관점과 감정을 개방적으로 표현할 수 있도록 허용해주지 않는 수동적인 공격 문화에서 흔히 나타난다.

대부분의 사람들이 지지하는 경우에도, 변화 방해자는 이 노력을 물거품으로 만들 수 있다. 부정적인 직원들은 포드에서 심층적인 토론을 통해 논의되고 이미 결정된 내용에 대해 번복하고 많은 핑계를 댄다. 자신의 생각을 터놓고 애기하지 않는 변화 방해자들은 변화가 제대로 이루어지지 않는 이유를 상황 탓으로 돌리면서, 긍정적인 변화를 수동적인 공격 방식으로 방해한다. 이런 행동은 신뢰를 쌓으면서 앞으로 나아가는 것과는 완전히 반대이다.

변화 방해자는 앞으로 나아가도록 하는 대신, 이미 끝낸 토론을 다시 시작하고 결정된 상황을 번복하면서 구성원들의 지지를 더욱 약화시킨다. 팀 전체가 이미 토론하고 동의한 사항에 대해서 변화 방해자들은 의식적이든 무의식적이든 상황을 계속 되풀이하는 길로 돌아간다. 이들은 때로 새로운 방향을 무시하라고 말함으로써 자신과 조직을 직접적으로 방해하기도 한다. 사람들이 아이디어에 집착하거나, 정치적으로 굴거나, 프로젝트를 진행시키는 것보다 이기는 것이 더 중요하다고 생각할 때 이러한 일이 발생한다. 이러한 행동을 스스로 알아차린다면 이들은 모든 것을 내려놓고 다음 프로젝트에서 자신의 생각을 공유하고 성장하려는 마음으로 참여할 수 있는 기회가 얼마든지 있다는 사실을 깨달아야 한다.

반면 변화 주도자들은 기업이 큰 변화를 도모하도록 내부에서 응원하는 사람들이다. 조직 내에 방해 행동이 허용되면 변화 주도자들은 실망하고 변화를 지원하고 더 효과적인 환경을 찾아 조직을 떠나는 경우

> **사각지대**
>
> 수동적인 공격 문화에서 변화 방해자들은 이미 결정된 문제를 다시 번복하고 지지를 약화시킴으로써 프로젝트 진행을 방해한다.

가 많다. 그러므로 팀의 리더들은 진솔한 피드백을 받고 상황을 정확하게 파악하기 위해 노력해야 한다. 방해자들이 진행 중인 작업을 지연시키는 경우, 팀 리더는 단호하게 조치를 취하고 이를 중단하라고 지시해야 한다. 이와 동시에 용기를 갖고 경영진에게 변화를 저해하는 팀원이 있다고 솔직하게 말해야 한다. 이들은 진실을 말할 때 불이익을 받았던 과거의 기업 문화를 떠올릴 수도 있다.

이러한 기억들을 떨쳐 버리고 다른 문화를 경험할 수 있을 때 팀의 리더들은 비로소 개방적이고 솔직하게 행동할 수 있게 된다. 이를 실제로 실현시키는 것은 경영자인 당신에게 달려 있다. 우리의 뇌는 변화를 두려워하고 외부의 힘을 실제보다 더 나쁘다고 생각하도록 설계되어 있기 때문에 유독한 반대 의견은 조직 내에서 암이 되어 저항 의견이 빠르게 퍼져 나갈 수 있다. 만성적인 불평불만 분자, 무책임한 손가락질, 학습하려고 하지 않는 뒤떨어진 사람들은 문화적 파괴자이며, 기업은 경쟁 시장에서 차별화될 수 있는 기회를 잃을 수도 있다.

때로 리더가 새로운 상황에 처했을 때, 개인이나 그룹은 늘 해왔던 방식을 그리워할 수 있다. 아마 그 이유는 예전의 방식이 편안하고 새로운 것을 배울 필요가 없기 때문일 것이다. 쉬르자드 샤미네가 자신의 저서 『긍정 지능』에서 심층적으로 분석한 통계에 따르면, 20%의 팀과 사람들만이 내면적이고 밖으로 보이지 않는 스스로를 방해하는 행동을 떨치고 진정한 잠재력을 발휘할 수 있다.[25]

> **사각지대**
>
> 20%의 팀과 사람들만이 사업 성과를 창출하는 변화가 가져오는 성공을 제한하는, 내면적이고 밖으로 보이지 않는 스스로를 방해하는 행동을 떨치고 진정한 잠재력을 발휘할 수 있다.

사람들이 부정적인 영향을 받지 않고 자유롭게 의견을 표명할 수 있는 개방적이고 솔직한 문화를 만드는 것은 리더의 몫이다. 동시에 이러한 문화에서 직원들은 의견을 제시하고 존중 받았기 때문에 일단 포드가 합의에 도달하면 자신의 생각과 다르더라도 그 결과를 수용해야 한다.

진정한 변화

변화가 일부 관리 목표를 달성하기 위해 일어나서는 안 된다는 점을 명심하라. 모든 변화는 조직의 진정성 있고 공유된 목적을 위해 일어나야 한다. 이러한 목적이 기업의 전체적인 미션을 명확하게 해 주기 때문이다. 명확하지 않은 것은 직원들을 혼란스럽게 한다. 왜, 무슨, 어떤 변화가 일어나고 있는지 소통하고 명확히 알려 주는 것이 중요하다.

큰 변화가 일어날 때 토니는 변화의 목적을 알리기 위해 직원들에게 이메일뿐만 아니라 무슨 일이 일어나고 있는지, 그 배경은 무엇인지를 알리고 직원들의 노고에 감사를 표시하는 개인화된 동영상도 보낸다. 실시간 타운 홀 미팅과 같은 이벤트를 통해 그는 수천 명의 직원들에게 변화에 대한 온라인 토론에 참여하고 대화를 나눌 수 있는 기회를 제공한다. 이러한 공감적인 접근 방식을 통해 그는 분명히 '요청'을 할 수 있다.

토니는 시간을 들여 변화의 이유를 알리는 메시지를 개인화하는 것이 직원들에게 큰 의미가 있다는 사실을 알게 되었다. 타운 홀 미팅이 종료되고 나면, 그의 메일함과 온라인 커뮤니티 페이지에는 감사 메시지나 아이디어, 제안, 의견이 쏟아진다. 이런 식으로 참여를 독려하면서 그는 사람들이 자신의 생각을 안전하게 말하고 표현할 수 있다고 느끼는 개방적이고 정직한 문화를 만들어 간다.

• 공감에 기반한 변화와 리더십은 전통의 재구성이 아니라, 협력적이고 자연스러운 행동 변화를 장려했을 때 뒤따라온다.

• 다양성·형평성·포용성의 3요소는 충성스러운 직원을 만들어 내고 유지하며, 더욱 혁신적이고 재무적으로 성공한 회사를 구축하기 위한 것이 핵심이다.

• 경쟁사들을 뛰어넘어 당신의 기업을 새로운 차원으로 끌어올리기 위해 MTP^{x}는 거대하고, 고무적이며, 확신에 차 있어야 한다.

토니의 리더십 코너

사각지대: 위기를 활용하여 문화를 재정의하라

전 세계적으로 COVID-19를 헤쳐 나간다는 것은 전시 상황에서 사령관이 되는 것과 같은 일이다. 우리의 최우선 과제는 직원과 가족의 안전을 지키는 것이었고, 그 다음 우선순위는 클라우드 기술을 활용하여 고객 서비스 상담원이 재택 근무를 하면서 이 엄청난 위기 속에서도 고객에게 계속 서비스를 제공할 수 있도록 하는 것이었다.

COVID의 첫 해에 우리는 두 과제 모두 잘 해나갈 수 있었다. 우리는 직원의 안전과 건강을 유지하기 위한 정책과 프로그램을 만들기 위해 글로벌 태스크포스 팀을 구성했다. 우리는 8월에는 금요일 휴무를 실시했고, 10월에는 정신 건강의 날을 지정했으며, 크리스마스와 새해 사이에는 직원들에게 유급 휴가를 제공했다. 팬데믹이 발생한 지 9개월만에 직원들을 대상으로 설문 조사를 실시했는데, 93%의 직원이 COVID 위기 동안 공감을 받았다고 응답했다. 우리는 성공적으로 가상 이벤트를 개최할 수 있는 능력을 길렀다. 우리는 고객들이 몇 시간 이내에 유동적인 클라우드 제품을 가동하고 실행할 수 있는 프로그램을 개발했다. 이는 클라우드로의 전환을 가속화하고 놀라운 고객 경험을 제공하겠다는 우리의 미션을 강화해 주었다. 무엇보다 제네시스는 30년 역사상 최고의 실적을 낼 수 있었다.

위기에서 종종 위대함이 탄생하는 이유는 무엇인가? 이는 목적 의식과 우선순위가 명확해지면서 팀워크와 협업이 크게 개선되기 때문이다.

평상시의 기업 활동에서 리더의 과제는 위기가 없을 때에도 이와 같은 명확성, 긴박성, 팀워크를 만들어내는 것이다. 리더의 사각지대는 더 큰 목적 의식을 유지하면서 꾸준하고 예측 가능한 속도를 유지하는 방법을 배워야 한다는 것이다.

"진정 타고난 봉사자는 문제에 부딪쳤을 때 가장 먼저
경청하므로써 자동적으로 반응한다."

로버트 그린리프

변화를 이끈다는 것

일상적인 업무가 아니다

고객·직원 중심의 시대를 주도하기 위해서는 그 어느 때보다 훨씬 더 많은 것이 필요하다. 디지털 파괴는 기업의 진화를 강제하고 있으며, CEO를 비롯한 경영진과 이사회의 본질적인 역할에 불안감을 야기한다. 이들은 가치에 대한 투자와 혁신으로부터 실질적인 재무 결과를 이끌어내야 할 책임이 있다. 변화의 성공에 가장 큰 영향력을 행사하는 것도 이들이다.

기하급수적 기술의 새로운 시대에 파괴적인 기업의 성장에 집중하기 위해서는 예전과는 다른 리더의 자질이 필요하다. 이는 공감 실천 수레바퀴의 4번째 요소인 공감 기반 리더십이다.(그림 1.4) 〈그라치아디오 비즈니스 리뷰〉에 실린 '변화 관리에서 비즈니스의 영향[01]'에서는 조직의 변화 관리를 통해 리더가 일상적인 경영을 넘어 예전에는 생각하지도 못했던 높은 수준으로 도약할 수 있다는 사실을 잘 보여주고 있다.

> **사각지대**
>
> 많은 리더들은 사업의 현재 상태를 유지하는 것과 변화를 주도하는 것 사이의 차이를 잘 인지하지 못한다.

서번트 리더십* 이론에 따르면, 가장 영향력 있는 리더는 직원, 고객, 파트너, 협력사 등 이해관계자에게 서비스를 제공하는 사람이다. 이는 이해관계자들에 대한 권력을 얻고자 노력하는 오래된 명령과 통제 스타일의 리더십과 대조된다. 이 차이가 중요하다. 리더들은 종종 미래를 명확하게 보고 조직이 감내할 수 있는 것보다 더 빨리

---

* 타인을 위한 봉사에 초점을 두고, 자신보다 직원과 고객의 이익을 우선시하여 헌신하는 리더십. '섬김의 리더십'이라고도 함 – 역자 주

변화를 만들고 싶어한다. 그러나 리더의 인내심은 직원들의 참여와 혁신 지지에 큰 영향을 미친다. 변화의 과정에 추진력을 부여하기 위해 경영진은 이해관계자가 변화를 원하고, 명확한 이정표를 세워 진행 상황을 말리고, 실행하고, 앞에 펼쳐진 행보에 고무될 수 있는 동기를 부여할 수 있는 커뮤니케이션 및 교육 계획이 필요하다.

공감 리더십 원칙

개방적이고 솔직한 커뮤니케이션

앞에서 우리는 변화를 주도하기 위해서는 사람들이 솔직하게 생각을 표현할 수 있도록 해 주는 심리적 안정감과 개방적이고 솔직한 커뮤니케이션 문화가 필요하다는 점에 대해 논의했다. 리더는 아이디어를 고려하고 토론하며, 함께 합의에 도달하는 문화를 만들어야 한다. 만약 누군가가 동의하지 않는다면 의견 차이를 경청하고 토론해야 한다. 동료가 다른 사람의 관점을 높이 평가하고 다양한 의견을 환영할 때 혁신이 꽃피게 된다.

리더는 사람들이 후폭풍을 두려워하지 않고 자유롭게 "예, 그 의견은 알겠지만 저는 그 방향에 동의하지 않습니다. X를 고려해 주셨으면 합니다."라고 말할 수 있는 문화를 발전시켜야 한다. 훌륭한 리더들은 다른 사람들의 의견을 듣고 싶어한다. 포드가 어떠한 사실에 대해 토론하면서 모든 사람들이 찬성과 반대 의견을 개진할 때, 다 같이 새로운 이해 수준에 도달하여 새로운 시각을 형성할 수 있다.

직원들이 자유롭게 자신의 생각이나 아이디어를 표현하도록 해 주지 않는 리더들은 수동 공격적인 행동을 유발하게 된다. 앞서 말한 바와 같이, 직원들은 겉으로는 "네."라고 말하지만 속으로는 "아니요."라고 말하며 고개를 가로젓고 있을지도 모른다. 이러한 행동은 변화와 혁신을 억압하는 순종을 강요하는 문화로 이어진다.

> **사각지대**
>
> 많은 리더들은 사업의 현재 상태를 유지하는 것과 변화를 주도하는 것 사이의 차이를 잘 인지하지 못한다.

다른 사람을 비난하지 않는 문화 만들기

리더로서 당신은 전임자가 형성한 수동적인 공격 문화를 이어받을 수 있다. 그러므로 의사 소통을 장려하고 보상하는 새로운 문화를 만드는 것은 중요하다. 비난이 난무하는 문화에서 사람들은 누구의 잘못인지 판단하기 위해 아이디어와 프로세스를 분석하지만 진정한 변화는 절대로 일어나지 않는다. 리더는 직원들에게 '비난하지 않는' 문화가 어떻게 작동하는지 보여주어야 한다. 이는 사람들을 토론과 변화 과정에 끌어들이고, 참여를 독려하고, 적극적으로 경청하는 것이다. 지속적으로 사람을 비난하는 회사에서는 다른 사람에게 비난을 전가하는 것이 더 나아지기 위해 학습하는 것보다 더 우선시되기 때문에 계속해서 실수가 발생할 것이다.

직원들은 변화에 회의적이다

우리는 앞에서 고객과 직원의 관점에서 사물을 이해하는 공감의 중요성에 대해 논의했지만 이는 변화를 주도하는 데에도 적용된다. 직원들은 엄청나게 많은 변화의 시도가 실패로 돌아가는 것을 보아 왔기 때문에 새로운 변화를 도입한다는 이야기를 들었을 때 회의적인 태도를 취할 수 있다. 이들은 변화에 지쳤기 때문에 또다른 변화를 뒤쫓을 만큼 경영진의 리더십을 진지하게 받아들이지 않는다.

> **사각지대**
>
> 엄청나게 많은 변화의 시도가 실패하는 것을 보았기 때문에 직원들은 회의적이고 지쳐 종종 변화를 외면하기도 한다.

우리는 수년 동안 새로운 변화를 주창하면서, 조직 내부의 관성이나 저항에 맞닥뜨렸다. 조직 변화를 이루기 위한 로드맵은 아니지만, 스펜서 존슨이 쓴 베스트셀러인 『누가 내 치즈를 옮겼을까』는 변화에 한 발 더 나아가고자 하는 사람과 적극적으로 저항하는 사람 사이에는 태도의 차이가 있다는 사실을 잘 보여 준다. 이 책은 존 C. 맥스웰이 남긴 한 마디로 요약할 수 있다.

변화는 피할 수 없지만, 성장은 각자의 몫이다.

"우리는 변화할 것이다."라는 말로는 아무것도 바뀌지 않는다. 변화는 직원의 마음과 정신에서 비롯되어야 한다.

변화 실패에 대한 통계

기하급수적 기술로 사업을 하는 방식을 전환하는 회사를 이끌 때의 장점은 무엇인가? 액센추어의 보고서인 〈혁명을 다시 일으켜라〉에서는 선두 기업과 같은 비율로 AI나 인간·기계 간 협업과 같은 기하급수적 기술에 투자하는 회사들은 2022년까지 매출을 38% 늘리고 직원들의 수준을 10% 개선할 수 있을 것으로 추정했다.[02] 같은 기간 동안 전체 기업의 이익이 4.8조 달러 증가하는 것이다. S&P 500에 속한 평균적인 회사의 경우, 이는 매출 75억 달러와 이익 8억 8,000만 달러 증가와 같다. AI, 디지털, 클라우드와 같은 기하급수적 기술을 매우 진지하게 받아들이면 분명 재무적 이익이 발생한다.

> **사각지대**
>
> 혁신이 실패하여 수억 달러, 수십억 달러의 자원이 낭비되는 이유에 대한 분명한 징후가 있다. 많은 기업이 이러한 징후를 무시하거나 혁신의 성공에 대한 중요성을 알지 못하고 있다.

변화를 제대로 이끌지 못한 경우 어떤 문제가 생기는가? 벽에 걸린 고객·직원 슬로건과 같이, 과거를 돌아보면 대부분의 기업이나 리더들이 무시하거나 인지하지 못했던 조직의 변화에 대한 징후를 볼 수 있다.[03] 지난 25년간 이 중 변한 것이 별로 없으며 읽고 나면 경각심이 든다.

- 1995년에 코터는 전체 변화 프로그램 중 단 30%만이 적절한 시간과 예산으로 실시되었으며, 기대 효과를 달성했다는 사실을 발견했다.
- 1998년에 터너와 크로포드는 새로운 소프트웨어를 도입하면서 88%의 경영진은 조직의 변화 방향이 옳고 자신의 기업이 이를 달성할 수 있을 것으로 생각했지만, 단 33%만이 완전히 또는 부분적으로 성공을 거두었다고 밝혔다.
- 2012년부터 2016년 사이 스탠디시 그룹은 조직 변화 관리에 거의 진

전이 이루어지지 않았으며, 만족할 수 없을 정도로 낮은 수준인 34% 개선되는 데 그쳤다.

- 2019년에 대부분의 기업에서 조직 변화 실패율은 70%를 기록했다.

변화 관리를 가르치는 대학이나 리더십 프로그램은 거의 없다. 변화를 주도하는 리더들은 변화의 과정에 대한 이해와 그 과정을 실행하는 데 필요한 리더십 기술에 대한 이해를 길러줄 수 있는 기본 교육이 필요하다. 그 중 몇 가지 기본 사항을 살펴보자.

변화와 혁신 시도는 왜 실패하는가

스카이프나 고프로와 같은 많은 기업에서 성장을 이끌었던 토니의 경험과 많은 조직에서 변화를 주도하고 경영 컨설턴트로 일하면서 얻은 나탈리의 통찰력을 바탕으로, 우리는 당신이 더 나은 변화 주도형 리더가 되기 위한 정보를 모았다. 변화를 주도하기 위해 알아야 할 가장 중요한 세 가지 원칙은 다음과 같다.

1. **변화는 피할 수 없지만, 성장은 각자의 몫이다.** 조직은 경쟁력을 유지하기 위해 모든 변화에 지속적으로 적응하고, 반복하고, 피봇팅해야 한다. 그러나 우리는 특히 사람과 관련하여 어떠한 변화가 일어날 때, 이는 다른 변화로 이어진다는 사실을 종종 간과한다. 변화가 일어나는 동안 사람을 잘 관리하는 것이 성공의 열쇠이다.

2. **변화의 단계는 늘 같다.** 인생을 바꾸든 조직을 바꾸든 변화가 성공하기 위해서는 세 가지 단계(끝, 절망의 골짜기, 새로운 시작)를 거쳐야 한다. 사람마다 타이밍이나 경험은 다를 수 있지만, 변화의 단계나 전환 과

정은 모든 사람에게 동일하다.

3. **변화는 늘 같은 이유로 실패한다.** 수많은 연구에 따르면 기업이 변화에 실패하는 이유는 항상 동일하다. 다행히 실패 이유가 일관적이기 때문에 시간과 지원 그리고 예산의 낭비를 막고 원하는 위치에 도달할 수 있는 검증된 방법이 있다.

모든 회사가 다르기는 하지만 기업 변화에 적용되는 보편적인 진실을 살펴보자. 서로 다른 고객 기반과 제품, 서비스 그리고 고유한 문화를 가졌으며, 여러 형태의 변화를 겪고 있는 기업에서 경험적인 데이터를 관찰하고 다양한 고객 기반, 다양한 제품 또는 서비스를 가진 다른 산업 및 국가의 다양한 기업에서 경험적 데이터를 관찰하고 수집하면서, 산업이나 비즈니스 유형에 관계없이 변화를 주도하는 모든 사람에게 적용되는 보편적인 진실을 볼 수 있었다.

대부분의 리더들이 성공적인 변화를 이루기 위해 전념하지 않는다는 이야기는 아니다. 많은 리더들은 '리더가 되거나 변화에 따라가는 것'과 '적극적으로 참여하고 적응하며, 공감하는 변화의 리더가 되는 것' 사이에 차이가 있다는 점이 잘 알지 못한다. 리스크를 줄이기 위해서는 변화를 뒷받침하는 내부 문화를 형성하고 직원들이 변화에 참여하고 있다는 기분을 느끼는지 확인한 후, 그에 따른 비즈니스 결과를 얻을 수 있도록 행동해야 한다.

> **사각지대**
>
> 변화를 주도할 때 리더들이 그저 변화에 따라가는지 혹은 적극적으로 참여하고, 적응하고, 공감하는지에 따라 결과가 엄청나게 달라진다.

변화를 주도한다는 것은 새롭거나 다른 기술과 능력을 사용한다는 뜻이다.

그 결과는 어떨까? 당신과 당신의 포드 또는 팀은 조직의 변화에 영감을 주고, 목표 투자 수익을 달성하거나 심지어 초과 달성할(재무적인 측면만을 이야기하는 것은 아니다) 수 있는 준비가 될 뿐만 아니라 직원, 고객, 이해관계자들의 마음을 얻을 수 있을 것이다.

변화는 직원들에게 어떤 영향을 미치는가

사람들이 변화에 대해 자주 놓치는 점은 시간과 범위와 예산에 맞추어 차이를 만들기 위해서는 리더가 다른 방식으로 일을 해야 한다는 점이다. 이는 부분적으로 새로운 변화가 직원과 리더들에게 다른 방식으로 영향을 미치기 때문이다. 리더가 조직에서 더 높은 위치에 있을수록 더 빠르게 변화를 겪는다.

이들은 다른 사람들이 경주가 시작되었다는 사실을 알기도 전에 목적지를 볼 수 있다는 것이다. 그러한 이유뿐만 아니라, 변화 이후 직원들의 역할과 이들이 매일 매일 해야 하는 업무가 리더와는 상당히 다르기 때문이다.

예를 들어 새로운 소프트웨어 시스템이 도입될 때 리더가 새로운 시스템이나 도구의 사용법을 배워야 하는 경우는 거의 없다. 반면 새로운 프로세스와 기술은 직원들이 업무를 수행하는 방식에 직접적으로 매일 큰 영향을 미친다. 더 낫고 쉬운 시스템을 도입하는 경우에도 직원과 관리자는 업무 처리 방식을 새로 배워야만 한다. 공감 리더십의 7가지 검증된 관행™(표 9.1)을 통해 리더가 변화할 때 어떤 일을 다르게 해야 하는지 살펴보자.

공감 리더십의 7가지 검증된 관행

표 9.1 혁신적인 변화를 주도하기 위한 공감 리더십의 7가지 검증된 관행.[04]

공감 리더십의 7가지 검증된 관행
변화 기업의 사례를 이해하라
변화는 임원부터 시작하라
조직 내 모든 리더들을 참여시켜라
변화 과정을 폭넓게 이해하라
변화를 위한 노력을 평가하고 맞춤화하라
적응적인 리더십 스킬과 능력을 개발하라
변화 리더십 계획을 준비하라

검증된 관행 #1: 변화 기업의 사례를 이해하라

리더는 먼저 경영진을 대상으로 '기대 워크숍'을 개최한 다음 더 넓은 범위의 리더십 팀과 직원, 특히 변화 주도자를 위한 워크숍을 개최해야 한다. 이러한 워크숍은 단결뿐만 아니라 기업의 파괴가 왜 꼭 필요한지에 대한 설명을 새롭게 만들고 검토할 수 있는 기회를 주기 때문에 매우 중요하다. 이러한 연습이 동반되지 않는다면 직원들은 그저 어깨를 으쓱하고 변화를 적극적으로 지지하지 않는 것처럼 보일 수 있다. 하지만 이들이 변화를 정말로 지지하지 않는 것이 아니라, 주위 사람들에게 변화의 가치나 감정적·사업적 타당성을 효과적으로 전달하지 못하는 방법을 모르는 경우가 많다.

우리는 변화에 대한 이야기는 30초, 2분, 5분, 길어야 20분 안에 끝나야 하며, 아래부터 위까지 모든 구성원들이 능숙하게 설명할 수 있어

야 한다고 제안한다. 모든 직원
이 자신 있게 고객에게 브랜드
의 새로운 방향을 이야기로 전
달하기에 적합한 스타일이어
야 한다. 또한 기업의 MTP^X에
서 다른 사람을 가르치고 이끌
수 있는 사람을 확보하고, 이야
기를 바꿀 수 있는 트레이너를
육성할 수 있는 교육 과정이

필요하다. 모든 구성원들이 기업이 지향하는 MTP^X가 무엇이며, 왜, 어
떻게 탄생하게 되었는지를 진정성 있게 전달할 수 있어야 한다.

워크숍을 진행하다 보면 혼란스럽거나 반발하는 반응이 나타나는
것은 정상적인 일이다. 개방적이고 솔직하게 의사소통을 하는 문화에
서조차 약간의 반발이 있을 수 있다. 여기에서 좋은 점은 가치에 대한
이해나 변화 이야기를 내재화하는 워크숍을 거치면서, 워크숍 전과
후는 물론 프로젝트 전반에 걸쳐 태도가 달라지는 것을 볼 수 있다는
점이다.

프로젝트가 진행되면서 사람들이 변화를 받아들이는 수준이 시간
과 함께 상승하고 있다는 사실을 보여주는 측정 가능한 지표를 얻을
수 있다. 이사회나 투자자들은 회사가 변화하고 있다는 구체적인 증
거로 명확한 통계 수치를 보고 싶어한다. 직원 수용도가 높으면 직원
들이 비전을 받아들이고 실현하는지를 가시적으로 측정할 수 있다.

MTP^X와 함께 당신은 이사회에서부터 중간 관리직과 일반 직원에 이
르기까지 다양한 청중들을 대상으로 의미 있는 기업 사례들을 상대에

맞게 제시하고자 할 것이다. 의미가 있다고 함은 변화를 뒷받침하는 강력한 재무적 실적을 가리킨다. 즉, 기업이 사업을 계속적으로 영위하고, 경쟁 분야에서 정상에 오르고, 새로운 시장 범주를 만들고, 매출과 이익을 늘리며, 직원에게 더 높은 임금 인상과 혜택을 제공할 수 있다는 사례를 제시해야 한다.

또한 의미 있다는 뜻은 감정적으로 모든 이해관계자에게 가치와 영향을 준다는 뜻이다. 사람은 생각을 바꾸고, 새로운 일을 하고, 행동이나 프로세스, 업무 방식을 바꿀 수 있기 때문에 리더들은 직원들이 변화가 필요하다고 생각할 만한 설득력 있는 이유를 만들어주어야 한다.

사례를 제시할 때에는 직원들에게 어떤 것이 부적합한지 알아내면 변화가 가져다줄 이점이 무엇인지를 표현하고 보여 주기 쉽다. 설득력 있는 근거로는 다음과 같은 예가 있다.

- 새로운 시스템은 실시간으로 정보를 전달하여 고객을 도울 수 있도록 설계되었다.
- 패스워드 재설정이나 기본 질문에 같은 대답을 반복해야 하는 듯 직원들이 기피하는 부가 가치 낮은 업무는 자동화로 처리할 수 있으므로 당신은 창의적인 문제 해결 기술을 사용하여 고객의 다른 문제를 해결해 줄 수 있다.
- 변화 후에는 당신이 잘 하고 좋아하는 업무를 하게 될 것이다.

리더들은 시급성을 조성할 필요가 있다

직원들은 기하급수적 기술의 역할이나 이러한 기술이 등장함에 따라 경쟁사에 뒤처지지 않으려면 변화해야 할 필요성을 잘 알지 못할수 있다. 직장을 잃거나 자신의 회사가 망하기를 원하는 사람은 아무도 없겠지만, 변하지 않는 회사에서는 이런 일들이 일어난다. 리더, 관리자, 직원들은 모두 자신이 일하는 회사와 그 회사가 나타내는 가치에 자부심을 느끼고 싶어한다. 변화를 주도할 수 있는 다른 방법은 고위 경영자가 무대를 마련하여 어떤 위험에 처해 있는지, 왜 변화가 필요한지, 단기 및 장기적으로 변화가 어떤 이점을 가져다줄 것인지를 알려 줄 수 있다. 이는 기업을 경쟁사와 차별화시켜 줄 것이다.

우리의 의도는 변화의 기업 사례를 찾는 방법을 알려 주기보다는, 사례가 없으면 나머지 6개의 검증된 관행도 실행하기 쉽지 않을 것이라는 사실을 알려 주려는 것이다. 예를 들어 변화로 인한 차이가 조직의

> **사각지대**
>
> 기업의 재무적이고 감정적인 이익을 직원들에게 알리고, 피드백을 받으며, 맞춰 나가는 것은 직원들이 변화를 지지하도록 만드는 데 중요한 역할을 한다.

모든 이에게 중요하며, 왜 지금 변화해야 하는지 이유를 설명할 수 없다고 가정해 보자. 그렇다면 리더나 직원을 참여시키기 어려울 것이다. MTP^{X}와 함께 변화에 대한 재무 및 감정적 사례를 공유하고, 정성 및 정량적 지표에 대한 기준선을 만들어야 한다. 그리고 당신이 찾은 변화의 기업 사례와 프로젝트를 비교 측정해 보라. 이 측정 결과는 직원이나 관리자와의 일대일 미팅이나 직원 성과 평가 프로세스의 일환으로 사용된다. 측정된 것이 문화가 된다.

검증된 관행 #2: 변화는 임원부터 시작하라

단결하지 않고 성공적인 파괴를 통해 조직을 이끌기란 거의 불가능하다. 마지막 결론에는 구성원 모두가 동의하지 않을 수 있지만, 그럼에도 불구하고 단결할 필요가 있다. 이러한 상황은 기업 스스로가 대규모 파괴를 시작하기 전에 외부의 변화 기업에 의해 달성되는 경우가 많으며, 누군가를 데려와 단결 부족을 '고치고' 사내 정치를 줄이는 것보다 훨씬 나은 결과를 가져올 것이다. 그렇지 않으면 직원들이 필요하지만 결코 쉽지 않은 실무 대신 정치에 많은 시간을 보낼 것이다.

경영진이 변화가 시작되는 시점에서 전략적 선택을 하고 기업을 개선하기 위한 변화에 예산을 할당했다면 이들이 프로젝트에 참여하고 재정적으로 지원한다는 뜻이 아닐까? 반드시 그렇지는 않다. 프로젝트를 승인하고 예산만 지원해 주는 경영진은 일반적으로 프로젝트를 망하게 하는 흔한 함정이며 위험 신호이다. 이런 경우 경영진들은 변화에 '발을 담그기'는 했지만 진정으로 '참여'하지는 않는 것이다. 연구에 따르면 핵심 인력은 자신이 프로젝트에 참여한 것만으로 그 성공을 위해 충분히 노력하고 있다고 생각하지만, 결국 프로젝트를 성공을 이끄는 것은 리더십 참여 행동이다.

변화 프로세스에 피상적으로 따라가는지, 진정으로 참여하는지는 보여주는 일반적인 특성이나 행동은 다음과 같다.

> **사각지대**
>
> 리더들은 회사가 변화를 겪고 있을 때 그들이 추구하는 행동 변화를 직원들에게 보여 줄 필요가 있다.

- 책임감·주인 의식
- 커뮤니케이션(빈도, 양방향, 직급에 무관)
- 변화의 프로세스가 일어나는 동안 참여의 빈도와 일관성

변화를 지원하기 위해서는 경영진들의 참여 기대치를 설정해야 한다. 이를 위해서 프로젝트의 목표를 모든 사람의 성과 지표와 연관시키고, 모든 사람들이 책임을 나누어 지도록 해야 한다. 가장 중요한 것은 당신이 적극적으로 추구하는 행동을 주위에 보여 줄 필요가 있다는 점이다. 당신의 목표와 성과를 모니터링하도록 도움을 줄 수 있는 코치를 찾는 것도 좋은 생각이다. 마지막으로 경영진은 다음에 논의할 제안 사항에 참여하고 조직 내 변화 리더나 변화 주도자들과 함께 협업해야 한다.

검증된 관행 #3: 조직 내 모든 리더들을 참여시켜라

변화를 주도할 때는 전체 구성원 중 80%는 변화에 저항할 것이라는 사실을 받아들여야 한다. 나머지 20%는 변화를 지지하는 변화 주도자로 이 프로세스가 잘 관리되면 나머지 80%를 동참시킬 것이다. 혁신 프로세스에 적극적으로 참여하기 위한 초기 단계는 조직의 변화 리더가 누구인지를 알아내야 한다. 기업들은 종종 조직에서 변화를 이끄는 유일한 리더는 경영진이라고 생각하지만 변화 주도자는 여러 직급에서 다양한 모습을 하고 있다.

리더십의 '폭포 효과'

조직 내 영향력 사슬은 리더십의 폭포 효과로 설명된다. 타고난 '관계 인플루언서'는 누구이며, 어떻게 알아볼 수 있을까? 이들이 바로 변화의 공식적 또는 비공식적 인플루언서이다. 10장에 수록된 업무 스타일 평가를 통해 이들이 누구인지 알아볼 수 있다. 이들은 대인 관계 기술이 높고, 위험 감내 수준이 높으며, 변화를 위협이 아니라 기회

요인으로 인식하는 DISC 유형을 갖는 경향이 있다.

변화 리더십 팀을 구성할 때에는 조직 내 모든 직급의 직원들을 골고루 선발해야 한다. 혁신에서 리더의 역할은 변화를 거스르는 것이 아니라 변화와 함께 하는 법을 배우는 것이므로 자신의 역할을 이해해야 한다.

그리고 또 한 가지 중요한 점은 변화를 성공적으로 이끌기 위해서는 얼만큼의 노력이 필요한지 이해하는 것이다. 당신이나 외부의 변화 조력자들이 변화 리더·주도자를 프로세스에 참여할 때, 이들의 기대치를 적절하게 설정할 필요가 있다. 경영진과 당신은 반드시 다음의 사항을 주지시켜야 한다.

- 이것은 적극적인 역할이다.
- 쉬운 역할이 아니다.
- 시간이 흐르면 참여 수준이 높아질 것이다.

그림 9.1은 변화 리더들의 역할과 그 중요성이 프로젝트가 진행되는 동안 계속 증가한다는 사실을 보여 준다. 변화 리더로서의 새로운 역할에 필요한 시간과 정신을 쏟기 위해서는 이들의 원래 책임과 직무 중 일부는 내려놓아야 한다는 뜻이기도 하다.

검증된 관행 #4: 변화 과정을 폭넓게 이해하라

성공의 핵심은 변화에 관련된 이해관계자를 교육시키는 데 있다. 변화의 3단계를 내면화하고 옮겨가는지에 대해서 조직 내의 모든 사람들이 반드시 이해하고 있어야 하기 때문이다. 이러한 교육을 통해 모든 직원들은 자신의 행동을 인지하고 불안, 내부 혼란, 불확실성을 느끼게 되는 이유를 이해할 수 있게 된다. 이는 모두 정상적인 감정으

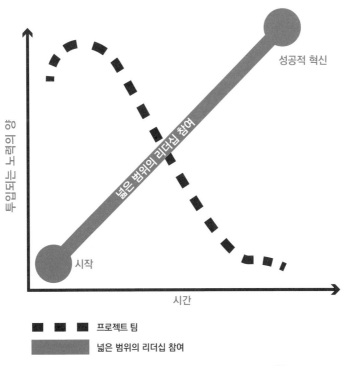

리더십 참여 철학

시작

성공적 혁신

넓은 범위의 리더십 참여

투입되는 노력의 양

시간

■ ■ ■ ■ ■ 프로젝트 팀

넓은 범위의 리더십 참여

그림 9.1 프로젝트가 진행되면서 변화 리더의 역할이 점점 더 커진다.[05]

로, 무시하면 안 된다. 변화의 과학에 군건한 기반을 두면 사람들은 모든 조직과 사람들이 겪는 저항의 징후와 단계를 인지할 수 있다.

성공적인 변화를 위한 세 가지의 기본 원칙은 다음과 같다.

• 조직 및 개인의 전환

• 전환의 단계

• 변화의 ROI(Return on Investment, 투자 수익률)

조직 및 개인의 전환

조직 변화 관리의 오래된 패러다임 중 하나는 개인을 무시하고 조직

만이 변화를 겪는다는 것이었다. 사람들이 개인적인 차원에서 겪는 세 가지의 자연스러운 전환을 이해하거나 아예 말하기조차 꺼려하는 리더들은 종종 이러한 접근 방식을 취한다. 대체로 이들은 조직 변화 관리(Organizational Change Management, OCM)에 대한 교육을 받지 않았기 때문이다.

조직은 사람, 전략, 프로세스 그리고 기술의 집합체이다. 이 중 오직 한 가지, 즉 사람들이 개인적인 차원에서만 변화에 저항한다. 변화를 주도하기 위해서는 집단 차원의 전환뿐만 아니라 우리 자신과 조직의 새로운 목표를 달성하기 위해 개인적 차원에서 거치는 전환을 이해하는 데 초점을 맞춘 공감적인 조직 변화 교육 프로그램이 필요하다.(그림 9.2) 우리

> **사각지대**
>
> 직원들이 전환의 단계를 거치는 동안 리더들은 이들을 지원해주고 이끌어 주어야 한다.

조직 변화 관리 프로세스

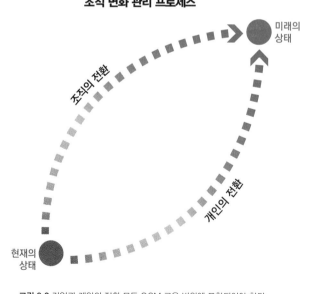

그림 9.2 기업과 개인의 전환 모두 OCM 교육 범위에 포함되어야 한다.

는 변화를 중단하고자 하지 않지만, 개인적 차원의 전환을 이해하지 못하면 변화에 종종 지장이 생긴다. 이로 인해 조직의 변화 속도뿐만 아니라 우리 자신의 성공도 지연된다.

전환의 단계

변화 리더는 반드시 전환 프로세스를 이해해야 한다. 종종 리더들은 모든 구성원들이 변화에 동의했다고 생각하곤 한다. 그러나 연구에 따르면 변화를 통해 사람을 이끌기 위해서는 리더들이 변화가 결실을 맺기 전에 세가지 전환을 통해 팀을 책임지고 움직여야 한다.

그림 9.3에서는 개인적인 전환을 3단계로 구분하여 나타내고 있다. 모든 사람들은 다음의 3단계를 거친다.

개인의 변화: 전환의 단계

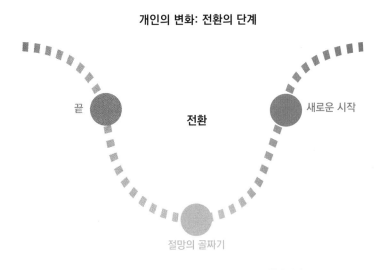

그림 9.3 변화 프로젝트를 겪으면서 개인이 겪는 전환의 단계.

사각지대

변화는 하루아침에 일어나지 않으며 끝, 절망의 골짜기, 새로운 시작의 3단계로 구분되며 이 모든 과정을 순조롭게 지나가야 한다.

- **끝**: 사람들은 예전의 방식을 버려야 한다. "1루에 발을 딛고 있으면서 2루를 도루할 수는 없다."라는 속담을 생각해 보라.
- **절망의 골짜기·전환**: 예전의 방식을 버린 후에도, 사람들이 새로운 출발을 할 수 없는 경우가 많다. 이는 사람들이 불확실성과 혼란으로 가득 찬 과도기에 진입할 때 발생한다. 절망의 골짜기는 불편하지만, 옛 방식에서 새로운 방식으로 이동하면서 진정한 변화가 일어나는 구간이다. 변화 리더는 팀이 이 단계에 위치하고 있다는 사실을 인지하도록 도와야 한다. 이곳에서 많은 프로젝트들이 정체되며 더 오래 정체될수록 변화에 대한 성과가 줄어들고 정치나 이권 다툼, 부정적인 관성이 더 심해진다. 프로젝트가 지연되면 회사의 시간과 비용, 경쟁력, 시장 점유율이 희생된다.

- **새로운 시작**: 앞선 두 단계를 거쳐야 이 단계에 도달할 수 있다. 이 시점에서 개인은 '새로운 세계'와 그 안에서 자신의 역할을 받아들이게 된다. 행동의 진정한 변화는 이 때 일어나며, 행동이 변하지 않고는 최종 결과를 얻을 수 없다. 따라서 전환 단계에 대한 사전 지식 없이 이러한 감정들을 겪게 되면 사람들은 절망의 골짜기를 넘어서지 못할 수도 있다. 이것이 그토록 많은 전환 프로젝트가 실패하는 이유이다.

문제는 대부분의 리더들이 연간 시무식에서 경영진이 전환 프로세스를 발표하고 회사에서 보내는 월간 뉴스레터에서 이 얘기를 되풀이하기만 하면 전환 프로세스가 저절로 진행된다고 생각한다는 점이다. 하지만 그것만으로는 사람들의 행동이 바뀌지 않는다. 변화와 전환은 변혁에서 뚜렷이 구분되는 두 가지 다른 측면인데도 불구하고 리더들은 종종 이 두 과정을 동일하게 취급한다.

변화는 바뀐 정책, 관행, 시스템과 같이 사람들이 외부적으로 볼 수 있는 것이다. 전환은 변화의 결과가 나타나기 전에 사람들이 내적으로 거치는 심리적인 방향 전환이다. 또한 변화 리더는 일반적으로 전환이 변화보다 더 천천히 나타난다는 사실을 이해하고 변화의 스케줄, 일정, 범위, 예산을 계획할 때 이러한 사실을 고려해야 한다. 물론 변화를 가져오기 위한 변화 관리 교육 프로그램이 없다면 이러한 인식 변화를 이루어 낼 수 없다.

우리 모두가 성공할 때까지는 아무도 성공하지 못한 것이다.

_ 국제 연합 인권 위원회, 로즈마리 브라운

변화의 투자 수익률: 변화와 혁신 잘 관리하기

변화의 단계는 동일하지만 세 가지 전환 단계의 시점이나 이들이 미치는 영향은 조직이나 프로젝트마다 다르다. 변화 프로젝트의 규모도 한 가지 변수이다. 예를 들어 전사적인 소프트웨어 개발은 고객 센터 소프트웨어 업데이트보다 더 큰 작업이다. 하지만 연구 결과에 따르면 변화의 규모와는 무관하게 변화의 영향을 받는 사람들이 어떻게 반응하느냐가 더 중요한 문제이다.

대부분의 리더들은 변화의 투자수익률이 전환의 3단계를 성공적으로 헤쳐 나가는 개인과 팀의 능력에 달려 있다는 사실을 깨닫지 못할

사각지대

변화 프로젝트의 투자 수익률은 조직과 직원 각자가 변화의 3단계를 헤쳐 나가는 능력에 달려 있다. 대부분의 사람들이 생각하는 것보다 리더십이 더 중요한 이유이다.

수 있다. 리더가 리더십 스타일과 접근 방식을 공감적으로 바꾸어야 하는 이유 중 하나는 사람들에게 변화 전환에 대해 알려 주기 위해서이다. 참여적이고 공감적인 리더십 스타일과 기술을 통해 기업들은 직원을 효과적으로 육성, 배치, 조정함으로써 경제적 가치를 더 많이 그리고 더 빨리 얻을 수 있다. 대부분의 경영진들은 직원들이 전환 과정을 원활하게 거쳐 나가도록 도울 수 있는 교육을 받지 않았으며, 바로 이 때문에 외부의 조직 변화 관리 교육 프로그램에서 도움을 받아야 한다는 것을 생각해야 한다.

전환을 거치는 것이 ROI에 큰 영향을 미치는 이유는 무엇인가? 그림 9.4는 프로젝트의 진척 상황과 단계와 재무적 영향(비즈니스 성과·생산성) 사이의 상관 관계를 나타낸다. 전환 단계의 깊이(생산성 손실)와 폭(시간 지연)은 리더가 변화에 얼마나 잘 대처하는지에 따라 정비례한다. 리더가 변화를 주도하는 역할을 제대로 수행하지 못한다면(점선) 절망의 골짜기가 점점 더 넓어지고 깊어져 프로젝트가 예산, 범위, 기한을 초과하게 된다.

연구에 따르면 변화 리더가 전환 단계에서 직원을 잘 이끌면 변화의 투자 수익률에 직접적인 영향을 미친다.[06] 따라서 변화 리더는 성과와 시간이라는 두 가지 변수가 긍정적인 결과가 도출되고 그에 따라 기업의 사업 목표가 달성되거나 초과되는지의 여부와 밀접하게 관련되어 있다는 사실을 이해해야 한다.

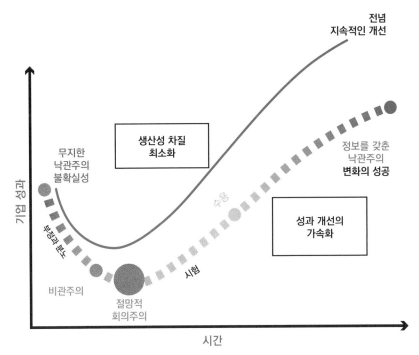

절망의 골짜기의 영향

그림 9.4 조직의 절망의 골짜기와 시간이 지남에 따라 기업 성과에 미치는 영향.

검증된 관행 #5: 변화를 위한 노력을 평가하고 맞춤화하라

프로젝트의 투자 수익률을 측정하기 위해서는 변화에 영향을 미치는 변수에 대한 위험 수준을 진단하고 평가할 수 있다. 일반적으로 사용되는 위험 진단 변화 프로젝트 도구에 영향을 주는 7가지 변수는 다음과 같다.

1. 이해관계자 그룹이 변화를 채택하지 않을 경우의 위험 수준

2. 변경 사항을 채택하지 않을 경우 이해관계자 그룹에 미치는 영향

3. 현재와 미래의 직원 기술 격차

4. 이해관계자 그룹의 규모, 수, 위치의 다양성

5. 변화 노력에 대한 예상 저항·수용 수준

6. 비슷한 시기에 이해관계자 그룹이 도입한 변화의 수

7. 성공적인 변화와 혁신 프로젝트의 과학에 대한 지식의 정도

사각지대

많은 리더들은 다양한 그룹이 얼마나 서로 단절되어 있는지를 측정하기 위해 조직 변화에 대한 준비도와 리스크를 평가해야 한다는 사실을 깨닫지 못하고 있다. 이를 통해 커뮤니케이션과 교육 계획이 원하는 효과를 낼 수 있을 것이다.

이러한 평가를 통해 리더와 팀은 기업의 목적과 프로젝트의 목표 투자 수익률을 달성하기 위해 어떻게 계획을 수정해야 하는지 더 잘 이해할 수 있다. 또한 연구에 따르면 변화 노력의 현상태를 파악하는 통찰력과 관점을 얻기 위해서는 정보 인터뷰가 중요하다.[07] 사람들은 누군가가 자신을 경청하고, 지켜보며, 인정해 주기를 원한다. 인터뷰를 실시하고 그 답변을 분석하면 조직 변화 관리 교육이 필요한 부서의 우선순위를 정할 수 있다. 또한 각 부서의 변화 리더들은 특정 그룹의 요구 사항을 더 잘 충족시키기 위해 리더십 스타일을 바꿀 수도 있다. 또한 평가를 해 봄으로써 현재 상태를 이해하고 새로운 세계로 전환하기 위해 무엇이 필요한지 알 수 있게 된다.

다양한 그룹 사이에서 변화 계획을 맞춤화할 때에는 기능적 비즈니스 단위의 가치, 행동, 우선순위에 큰 차이가 있다는 사실을 인정하는 것이 중요하다. 이러한 이해를 갖추고 있다면 포드 구조로 전환할 때 당신은 각 그룹으로부터 기본 정보를 받아서 가지고 있을 것이다. 그

후 포드 구성원과 상호 작용할 때, 이러한 정보를 이용하여 건설적이고 생산적인 토론을 이끌어내고 최고의 성과를 내고, 포드 내 단결 또한 도모할 수 있다. 조직의 구성 방식은 성공 측정 방법에도 영향을 미친다. 또한 직원들의 세대 간 차이와 변화에 대처하는 방법을 주제로 여러 연구가 실시되었다.[08] 이러한 차이는 당신이 어떻게 접근해야 할지를 알려 주는 핵심 정보이다.

프로젝트가 직원 경험에 어떤 영향을 미치는지 이해하고 누가 변화를 겪게 될지 평가하는 것도 중요하다. 성공은 누구의 업무 경험이 바뀌는지, 변화의 정도와 전환 과정을 이해하고 새로운 세계에 적응할 때 도움이 되는 조직 변화 교육을 받았는지 확인하는 것이다.

마지막으로 변화 리더는 이 분석을 바탕으로 자신의 팀이나 포드가 새로운 세계에서 성공하기 위해서는 어떤 기술이 필요한지 더 잘 분석할 수 있다. 기하급수적 기술은 업무의 미래를 빠르게 변화시키고 있다. 역사를 돌아보면 손으로 목화를 수확하다가 기계가 발명되며 수확의 방식이 바꾸었든, 오늘날에 일상적인 작업을 AI를 사용하여 자동화하든 기술 혁명은 작업의 미래를 바꾸고 있으며, 사람들이 직장을 잃게 될지도 모른다는 불안감을 불러오고 있다. 새로운 도구나 프로세스가 처음에 구현될 때는 종종 현재의 역할과 기술만 있으면 직원

> **사각지대**
>
> 다른 프로젝트처럼 변화 프로젝트 또한 목표하는 비즈니스 결과를 도출하기 위해 문화와 교육, 커뮤니케이션, 사고방식, 행동 변화를 가져 오는 구체적인 목표가 있는 단계별 프로젝트 계획을 수립해야 한다.

들이 새로운 역할로 전환하도록 돕기에 충분하다는 생각들을 한다. 하

지만 실제로는 리더들이 직원, 팀, 포드에 적절한 교육과 재교육을 실시하고 기술을 구축할 수 있도록 미래의 역할, 기술, 능력을 면밀히 평가해야 한다. 그리고 새로운 세계로의 전환에 기뻐하는 낙관적인 시각을 갖고서, 직원들은 새로운 비전을 이행하기 위해 만반의 준비를 갖추고 있다.

검증된 관행 #6: 적응적 리더십 스킬과 능력을 개발하라

공감하는 리더가 되기 위해서는 사람과 공감 중심적인 리더십 스타일을 채택해야 한다. 이는 많은 관리자들이 편하게 느끼는 권위적인 '지시' 스타일에서 벗어나 토론을 통해 단결을 이끌어내도록 '요청'하는 리더십을 말한다. 이는 또한 과업 관리를 넘어 개인 전환을 이끌어낸다는 리더십을 뜻하기도 한다. 표 9.2는 공감적·적응적 리더십과 비공감적·비적응적 리더십 스타일 간의 비교를 한눈에 보여 준다.

적응적·공감적 리더십을 만들기 위해 고려해야 할 사항은 다음과 같다.

- **대화를 연다.** 리더가 변화를 이끌어내지 못하는 중요한 이유 중 하나는 커뮤니케이션 스타일 때문이다. 10장에 수록된 DISC 테스트처럼 EEOC에서 승인한 업무 스타일 평가 테스트를 이용하면 리더나 관리자들은 개인의 스타일에 맞추어 대화할 수 있으며, 자신이 어떻게 소통하고 변화에 적응하는지 스스로 관찰할 수 있다.
- **갈등을 능동적으로 관리한다.** 유능한 리더들은 변화가 본질적으로 갈등을 야기한다는 점을 이해한다. 갈등에 대처하는 능력은 변화를 주도하는 리더의 성공에 직접적인 영향을 미친다. 갈등을 해결하기 위해 협력하는 경우 효과를 얻을 수 있다.(그림 8.4)

비공감적·비적응적 리더십의 특성	공감적·적응적·참여적 리더십의 특성
지시하고 통제하는 리더	사람 중심적이고 충성도 기반의 리더
경쟁, 나와 남을 철저히 구분함	협업 및 협력 권장
이성, 무심함, 열정의 결여	감정, 기분 좋음, 열정
뻣뻣함, 평가함, 고집스러움, 완고함, 근엄함	유연함, 구속 받지 않음
어떠한 일을 함	어떠한 존재가 됨
고립됨, 사람은 섬이라고 생각함	화합, 함께 함
까다로움, 감춤, 억누름	소통, 털어놓음, 타인에게 알려줌
가둬 둠, 기분 나쁘게 함, 당황시킴, 반대함	육성해 줌, 교육, 조성, 지원함
고집을 부림, 양보하지 않음	친절함, 배려
공을 가져 감, 남을 깎아내림, 억압함	기여, 인정

표 9.2 공감적·적응적 리더십과 비공감적·비적응적 리더십 스타일 비교.

- **변화 리더의 강점과 약점을 이해한다.** 변화 리더는 조직이 계획하고 있는 전환을 도와줄 수 있는 능력이 있기 때문에 선택되었다. 하지만 모든 리더에게는 자신만의 강점과 약점이 있다. 강하고 적응력이 뛰어난 리더가 되기 위해서는 자신의 강점과 약점을 이해해야 한다. DISC 테스트에 따른 업무 스타일 평가를 실시하면 리더와 직원들은 자신의 강점과 약점을 파악하고 함께 일하기에 가장 적합한 방법을 구조화할 수 있다.

검증됨 관행 #7: 변화 리더십 계획을 준비하라

대부분의 프로젝트에는 공식적인 계획이 있지만, 그럼에도 불구하고 리더들은 명확한 결과물과 비즈니스 성과를 포함한 조직 변화 프로젝트 계획을 준비하는 것이 중요하다는 사실을 종종 깨닫지 못한다. 조직 변화의 다양한 부분을 관리하고, 변화를 예상하고, 그 영향이 어떠할지 다른 사람들에게 소통을 해주기 위해서 이러한 계획이 필요하다.

프로젝트 단계	리더십 역할 및 과제
도입	• 변화를 위한 기업 사례를 찾기 • 변화 리더의 역할 정의 • 기대 수준 설정 • 조직 변화 관리 개념 교육
정의	• 변화를 위한 기업 사례를 재차 강조하기 • 리더십 집중 기준 정의
디자인	• 영향을 예상하기 • 저항을 효과적으로 관리하기
개발	• 변화를 위해 팀을 준비시키기 • 문제를 완화시키기
전개	• 조직의 전개 준비도 평가하기 • 저항에 대처하기
전환	• 전환 평가하기 • 고착도 측정하기 • 기업 실적 측정하기

표 9.3 혁신적인 변화를 위한 단계별 리더십 참여 계획 예시.

다른 프로젝트 계획과 마찬가지로, 변화를 위한 프로젝트 계획에도 각 단계별로 설정된 주요 이정표가 필요하다.(표 9.3) 혁신 리더십 팀은 변화의 경로를 놓치지 않고 이정표가 달성되기 전까지는 다음 단계로 나아가지 않고 계획을 계속 추진할 수 있는 힘이 필요하다. 우리는 기대 수준 설정 워크숍에서 고위 경영진과 함께 변화 관리 프로젝트 계획을 수립하도록 권한다. 이로써 변화 리더들은 생산적이고 안전한 환경에서 아이디어를 교환하고 우려를 제기할 수 있다. 표 9.3에 제시된 개념을 중심으로 변화 프로젝트 계획을 개발하면 처음의 목표를 달성하는 데 많은 도움이 될 것이다. 전체 계획이 수립되면 모든 직급의 사람들과 소통하고 논의한 후 하나의 팀으로 편대를 이루어 이를 추진하도록 해야 한다.

모든 것을 한데 모으기

다음 장(章)에서는 변화의 논의를 시작하는 데 도움이 될 이야기를 해보려고 한다. 우리는 사람과 프로세스, 전략, 리더십, 기술 전반에 걸쳐 변화를 주도하는 동기와 메커니즘을 살펴볼 예정이다. 이를 통해 디지털 전환 프로젝트를 통제하고 궁극적으로 진정한 고객·직원 중심 조직으로 전환되는 방법을 보게 될 것이다.

> **◦ 핵심 아이디어 ◦**
>
> - 변화의 리더십에는 일상적으로 조직을 관리하는 것과는 다른 사고방식과 기술이 필요하다.
> - 리더는 혁신의 기조가 도입될 때 직원들이 어떤 프로세스를 거쳐야 하는지 이해해야 하며 적극적이고 공감하는 리더로서 조직에 변화의 이론, 전환 및 조직 변화 프로젝트 계획을 조율하는 방법 등을 교육해야 한다.
> - 변화의 과정이 진행됨에 따라 공감하는 리더가 직원들과 프로젝트에 쓰는 시간과 에너지는 증가할 것이다. 변화의 투자 수익률은 변화의 전환 단계를 거치는 조직과 프로젝트 계획의 단계에 좌우된다.

토니의 리더십 코너
사각지대: 신호를 기회로 삼아라

2019년 5월에 내가 처음 제네시스에 입사했을 때 회사는 잘 운영되고 있었다. 제네시스는 고객 경험 산업에서 시장을 선도하는 10억 달러 이상의 회사였다. 당시 회사는 클라우드 컴퓨팅 회사인 인터랙티브 인텔리전스와 클라우드 기반의 고객 여정 분석 회사인 알토클라우드를 인수하여 클라우드의 미래를 준비하고 있었다. 문화 또한 우호적이었다. 직원들은 마치 학생 같은 분위기였고 서로를 진심으로 좋아하는 것처럼 보였다. CEO로 취임한 처음 몇 주 동안 나는 조직의 흐름을 파악하기 위해 전 세계로 출장을 다녔다. 나는 주요 사무소가 있는 인디애나폴리스, 랠리, 갤웨이 그리고 유럽의 여러 국가에서 직원들과 회의를 했다. 점차 나는 이 모든 친절함 밑에 약간의 긴장이 존재할 수도 있다는 신호를 받기 시작했다.

두 번째 출장이 끝날 무렵, 나는 프랑크푸르트를 방문했고 핵심 인물이 될지도 모르는 사람을 만나 달라는 요청을 받았다. '전설적인 영업 담당 임원'이라는 이야기를 듣고서, 나는 자연스럽게 그 사람은 긍정적인 성격을 가지고 있을 것으로 예상했다. 그런데 실제로 만나 보니 그는 매우 부정적인 사람이었다. 그 사람의 이야기를 듣다 보니 내가 조금씩 느끼고 있던 신호가 순식간에 분명해졌다. 즉, 내부 조직 간에 협조가 잘 되지 않고 늘 다른 사람의 탓으로 돌린다는 것을 깨닫게 된 것이다.

나의 핵심 원칙 중 하나는 늘 고객 중심적이어야 한다는 것이었다. 내부 조직 간에 협조가 잘 되지 않는데 어떻게 고객에게 훌륭한 서비스를 제공할 수 있겠는가?

이 신호에서 받은 중심 아이디어는 나중에 하나의 팀으로 편대를 이루어 날아가자는 의미가 담긴 '하나의 제네시스'라는 문화 구호로 발전했다. 그때부터 나는 한 명의 슈퍼 히어로가 이끄는 시대는 끝났다는 메시지를 분명히 전달했다. 우리는 팀으로서 승리해야 했다. 우리는 제품, 영업, 마케팅이 사일로에 갇혀 있는 대신 고객을 지원하기 위해 교차 기능적으로 운영되는 포드라는 조직을 만들어 냈다. 하지만 진정한 답은 포드가 아니라 제네시스 그 자체였다. 서로 친근하게 대하는 것도 좋지만 공통의 목적과 목표를 향해 조화롭게 일하는 팀을 꾸리는 것이 훨씬 더 중요하다.

"격차를 극복하는 데 있어 가장 중요한 교훈은
기업이 격차를 넘어가는
기간 동안 궁극적으로 하나로 거듭나야 한다는 것이다."

조프리 무어

공감의 변화

다음 시나리오를 상상해 보라. 대규모 고객군이 있고 일부 고객이 당신의 제품에 대해 질문을 하고 싶어 한다고 해 보자. 다른 사람들은 당신 회사의 제품을 사고 싶기는 하지만 더 많은 정보를 원한다. 또 어떤 사람들은 당신의 제품이 경쟁사와 비교해서 어떤지 질문하고 싶어하고, 어떤 고객은 문제가 있어 기분이 상해 있다. 어떤 사람은 당신의 제품에 피드백을 하고 반품을 하고 싶어한다. 그리고 어떤 사람들은 당신이 자신의 이야기에 진심으로 귀를 기울이기를 원한다.

만약 당신의 회사에서 이런 미팅이 있다면 당신은 어떻게 대처하겠는가? 누구에게 이 고객 그룹과 이야기하라고 하겠는가? 영업 그룹장이나 제품 마케팅 담당 또는 경영진 중 누군가에게 부탁할 것인가? 고객의 질문, 우려, 문제에 대응하기 위해 어떤 특별한 메시지를 전달하겠는가?

고객과 소통을 계속하다 보면 이런 종류의 '미팅'이 매일 일어난다. 보통 고객이 연락을 하는 이유는 문제가 있거나 화가 났기 때문이다. 기회 요인은 무엇인가? 고객 센터에 들어오는 엄청난 문의를 황금 같은 자산으로 바꾸어 충성도를 제고하고, 경쟁력 있는 차별화 요소를 갖춘 제품과 서비스, 경험을 만들 수 있다는 것이다.

> **사각지대**
>
> 고객의 상호 작용과 피드백은 고객이 왜 당신의 브랜드에 관심을 가지고 당신의 제품을 사는지 정보를 주는 금광과도 같다

전념할 준비가 되어 있는가?

변화를 겪고 있는 조직과 수년간 함께 일하면서, 우리는 기업들을 고객·직원 공감 경험에 대한 전념의 정도에 따라 5단계로 구분할 수 있다는 사실을 알게 되었다.(그림 10.1) 고객·직원 경험 혁신의 성과와 결과는 조직이 그 변화에 얼마나 진심으로 임하느냐와 비례한다. 말로는 고객·직원 경험에 전념하겠다고 말하면서도 완전한 공감을 실천할 준비가 된 회사들은 그다지 많지 않다.

> **사각지대**
>
> 진정으로 혁신에 전념하여 비즈니스 결과를 이끌어내는 회사는 거의 없다.

그러나 전념할수록 투자에 대한 수익은 커진다.

공감 전념 곡선

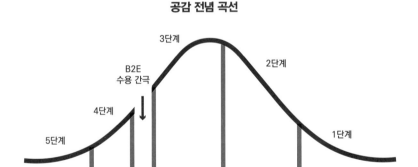

그림 10.1 공감 변화에 대한 전념 곡선.

여러 조직들과 함께 일하면서 우리는 조프리 무어의 기술 수용 곡선과 비슷하게 생긴 공감 전념 곡선에서 다양한 위치에 분포되어 있는 회사들을 보았다.(그림 10.1) 곡선 밑의 면적은 각 전념 수준에 분포된 기업을 나타낸다.

표 10.1 기업의 공감 헌신 5단계의 단계별 특성

수용 단계	고객·직원 중심적 특성
5단계	• 미래 지향적이고 파괴 기반의 문화 • 고객·직원 경험이 DNA에 내재됨 • 전략, 인력, 프로세스, 기하급수적 기술의 네 가지 능력이 모두 최적화됨 • '올인' 하는 태도 • 혁신이 이미 시작됨 • 완전히 단결된 포드 조직으로 업무 진행
4단계	• 긍정적이고, 지지하며, 혁신 기반의 문화 • 고객·직원 경험이 사고방식에 녹아 있음 • 전략, 인력, 프로세스, 기하급수적 기술로 구성된 네 가지 능력 중 두 가지가 최적화됨 • 적극적인 태도 • 혁신을 계획함 • 부서 조직에서 포드 조직으로 이행 중이며 합의에서 단결로 이행 중
3단계	• 구조화된 문화 • 고객·직원 경험에 대해 생각해 보기 시작함 • 전략, 인력, 프로세스, 선형적 기술로 구성된 네 가지 능력 중 한 가지가 최적화됨 • 중립적인 태도 • 다음 해에는 혁신을 시작하겠다고 계획함 • 조직 구성이나 경영 방식에 변화가 없음
2단계	• 경직된 문화 • 고객·직원 경험이 시대에 뒤떨어져 있지만, 개선에 대한 필요성을 느끼지 못함 • 전략, 인력, 프로세스, 선형적 기술로 구성된 네 가지 능력 중 아무것도 최적화되지 않음 • 혁신에 이미 3~5년 뒤처짐 • 지켜야 할 규칙과 정책으로 가득한 위계적 조직 구조
1단계	• 사내 정치와 타성에 빠진 문화 • 고객·직원 경험에 대해서는 생각조차 하지 않음 • 선형적 기술과 프로세스, 전략만을 사용함 • 혁신의 필요성을 느끼지 못함 • 이 책의 내용이 자신의 조직에 적용될 수 있다는 생각을 하지 못함 • 조직이 정체되어 있다는 느낌을 받지 못하고 현재 상태에 만족

공감적이고 개인화된 고객·직원 경험에 진정으로 집중하면서 전략, 인력, 프로세스, 리더십, 기술 등 5가지 기능의 모든 측면에서 높은 점수를 받을 수 있는 회사는 거의 없다. 변화가 지속되기 위해서는 낡

은 비즈니스 중심 패러다임에서 고객·직원 중심 패러다임으로 회사를 변화시키려는 노력의 수준을 높이고, 시장, 이해관계자, 투자자들에게 차별화된 모습을 보여 주어야 한다.

당신의 조직은 OODA* 하는가?

회사가 변화에 전념하는 것도 중요하지만 지속적이고 측정 가능하면서, 신속하게 반복하고 피봇팅할 수 있는 프로세스 또한 성공적 변화를 주도할 수 있다. 우리는 1장의 그림 1.4에 표현된 공감 실천 수레바퀴에서 이 프로세스를 언급한 바 있다. 전(前) 군사 전략가이며 전투기 조종사이며, 경영 전략가인 존 보이드 대령은 이 프로세스를 접근하는 새로운 방식을 제시했다.[01] 경영 관점에서 그가 제시한 OODA 프레임워크는 변화의 민첩성을 제고하는 데 특히 유용하다.

보이드는 전투기 조종사로서 신속하게 실시간 결정을 내려야 했고, 이 결정은 그 자신과 그에게 훈련을 받은 조종사들의 생사를 좌우하는 문제였다. 보이드는 OODA 루프라는 프로세스를 창안했는데, 이는 관찰, 상황 판단, 결정, 행동의 4단계로 구성되어 있다. 비즈니스 전략가는 이 반복 프로세스를 적용함으로써 혁신을 강화하고, 새로운 아이디어를 생성하며, 변화를 만들어, 불확실하고 경쟁이 심한 세상에서 성장하고 성공할 수 있다.

직원들과 포드는 비즈니스를 분석하고 변화를 전달할 수 있는 프

---

* OODA는 미공군의 존 보이드 대령이 개발한 프로세스로 관찰하고(Observe), 상황 판단하고(Orient), 결정하고(Decide), 행동하는(Act) 루프로 이루어져 있으며, 빠른 의사결정과 실행을 위한 전략 – 역자 주

로세스를 필요로 한다. OODA 루프와 같은 프로세스는 '품질의 아버지'로 불리는 교수이자 저자이며 경영 컨설턴트인 W. 에드워드 데밍이 기업들이 고객·직원의 피드백을 사업에 반영할 때 사용하라고 권한 전략과 유사하다.[02] 데밍의 관찰 결과에 따르면, 일부 기업은 데이터와 피드백을 수집하지만 해당 정보가 올바른 부서나 포드, 정보를 활용할 수 있는 사람에게 전달되는 경우는 거의 없었다. 게다가 올바른 부서나 사람에게 도달하더라도 필요한 통찰력을 활용하여 변경하고 개선할 수 있는 시스템이나 프로세스가 부재한 경우가 많았다. 당신의 기업도 고객·직원 중심적으로 변화하기 시작할 때 포드에서 많은 사항을 논의하고 변경해야 할 것이다. OODA 루프는 이러한 논의를 위한 프레임워크와 필요한 변화를 이루어 내는 방법을 제시한다. 핵심 질문은 다음과 같다. "우리는 경쟁사보다 OODA 루프 과정을 빨리 진행하여 시간적으로 우위를 점할 수 있는가?" 각 단계별로 수행해야 하는 과제는 다음과 같다.

- **관찰**: 시스템과 기술을 활용하여 당신의 기업이 경험을 제공하는 방법에 고객과 직원이 알고, 생각하고, 느끼는 것에 대한 데이터를 관찰하고, 경청하고, 추적하며, 수집하라.(7장에 언급된 경청, 이해, 예측, 실행, 학습 시스템을 활용하라)

- **상황 판단**: 당신의 기업과 경쟁사가 제공하고 있는 고객·직원 경험과 이상적인 경험을 벤치마킹하고, 상황 판단하고, 비교하라.

- **결정**: 개선하려는 비즈니스 핵심 성과 지표(KPI) 및 결과를 기반으로 이상적인 경험과의 격차가 어느 정도인지 파악하라.(맺음말에 언급된 공감 평가™를 활용하라)

- **행동**: 사람, 전략, 프로세스, 리더십 및 기술을 변화시켜 더 나은 경험

을 제공하고 지속적으로 개선하기 위해 학습하라.(9장에 언급된 조직 변화 관리 프로젝트 계획 및 측정 시스템을 활용하라)

민첩한 의사 결정을 내리기 위한 프로세스는 왜 중요한가? 그림 10.2에 표현된 두 회사를 비교해 보라. 회사2는 고객·직원 데이터, 피드백, 감정 및 행동을 분석하고 종합하며, 조치를 취하는 데 훨씬 느리며, 그로부터 배울 수 있는 것도 훨씬 적다.

회사1은 회사2보다 OODA 단계를 더 빨리 진행하면서 고객·직원 경험을 더 빠르게 개선할 수 있다. 그 결과 고객·직원 평생 가치와 공감 기반 비즈니스 가치를 더 증가시킬 수 있게 되어 매출, 이익, 마진을 높일 수 있다. 이제 당신의 팀에게 물어보라. "우리는 경쟁사에 비해 OODA를 얼마나 빨리 진행하고 있나요? 그리고 OODA 프로세스를 개선하기 위해 지금의 사고방식을 어떻게 바꾸어야 하나요?"

> **사각지대**
>
> 기업들은 자신의 경쟁사들은 고객·직원 상호 작용을 통해 이미 경청하고, 이해하고, 예측하고, 실행하고, 학습하면서 막대한 이점을 누리고 있다는 사실을 깨닫지 못한다.

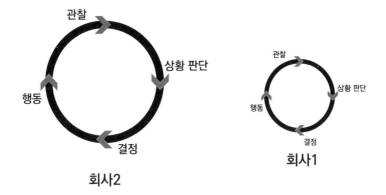

그림 10.2 변화를 통해 차별화 요소를 만들어 내는 두 회사 능력의 비교.

군사 작전을 실행할 때 OODA 루프는 단 몇 초 안에 완료된다. 반면 기업에서는 이 과정이 훨씬 천천히 일어난다. 그러나 성공하는 기업들은 연간 계획에 집착하지 않는 대신 OODA 루프 프로세스를 문화의 일부로 도입하여 경쟁사가 여전히 고객과 직원의 행동을 관찰하고 있는 동안, 고객·직원 경험을 개선하고, 반복하고, 피봇팅하는 민첩한 행동 양식을 개발하고 있다.

그리고 이는 한 번에 끝나는 과정이 아니라, 지속적인 OODA 루프를 형성하여 정기적으로 반복하고 피봇팅하는 능력은 민첩하고 기하급수적인 기업을 훨씬 더 성공으로 이끄는 요소 중 하나이다.(그림 10.3) 마지

> **사각지대**
>
> 경직된 전략 계획에 매달리지 않고 지속적으로 반복하고 피봇팅하는 기업들은 경쟁사들을 제칠 수 있는 가능성이 높다.

그림 9.3 되풀이되는 공감 시스템의 OODA 루프.

막 행동에 대한 결과를 다음 관찰 및 상황 판단의 근거로 삼으면 더 좋은 결정을 내릴 수 있다. 리더로서 당신의 임무는 당신의 조직이 다음에 언급된 프로세스에 대해 경쟁사보다 더 익숙해지도록 하는 것이다.

- 끊임없이 변화하는 시장 상황, 고객·직원 기대치, 현재의 경험을 관찰한다
- 상황을 판단하고 이러한 경험을 벤치마킹한다
- 무엇을 변화시킬 것인지 결정한다
- 경쟁사를 앞지르기 위해 변화하고, 개선하고, 행동한다

OODA로 경험을 수정하라

고객·직원 경험이 그토록 중요한 이유 중 하나는 바로 입소문 때문이다. 〈클루트레인 선언문〉의 저자들은 고객이 불만족하는 경우, 기술을 활용하여 고객끼리 직접 소통을 하거나 온라인 채널로 회사에 불만을 제기하면서 모든 사람이 부정적인 피드백을 볼 수 있게 될 것이라고 예견했다.[03] 우리는 이미 그러한 시대에 도달했다. 기업은 실시간 모바일 웹 세상에서 실제 고객이 어떤 경험을 하는지 고민해야 한다. 하루나 한 주, 한 달 동안 고객 경험 문제를 해결하지 않으면 당신의 회사가 고객·직원 경험에 무관심하다

> **사각지대**
>
> 디지털 및 소셜 플랫폼을 통해 고객은 직접적으로 상호 소통을 할 수 있게 되었고, 기업이 전달하는 메시지보다 다른 고객의 리뷰를 더 신뢰한다.

는 입소문이 소셜 및 디지털 채널을 타고 퍼지면서 홍보 부서에는 악몽 같은 결과가 벌어질 것이다.

고객은 열악한 고객 경험을 제공하는 회사에 맞서 싸우는 방법을 찾는다. "유나이티드 항공은 내 기타를 부수네"라는 노래에 얽힌 이야기를 떠올려 보라.[04] 밴드의 리더인 데이브 캐롤이 유나이티드 항공 비행기에 탑승하면서, 기타를 수하물로 부쳤는데 하역부가 그 기타를 망가트렸다. 캐롤은 보상을 청구했지만 거부당했다. 그래서 데이브와 밴드는 열악한 고객 경험을 성토하는 뮤직 비디오를 만들었다. 이 영상은 유튜브에서 2,000만 이상의 뷰를 기록했다. 노래가 온라인에 올라온 지 4일도 되기 전에, 그 역풍으로 벼락을 맞은 유나이티드 항공의 주가는 10% 하락했고, 주주는 1억 8,000만 달러의 손실을 입었다.[05] 고객들의 분노가 끓는점에 도달하고 디지털 채널을 통해서 자신의 목소리를 내게 되면 브랜드의 평판이 망가진다. 지금은 그 어느 때보다도 고객의 목소리가 중요해졌다. 현재의 디지털 세상에서는 OODA와 같은 프로세스를 통해 경험을 수정하고 제대로 진행되고 있는지 확인하는 것이 중요하다.

기업이 OODA를 제대로 활용하기 위해서는 모든 직원이 그 프로세스에 참여해야 한다. OODA 루프 프로세스와 전략을 통해 고객·직원 경험은 혁신, 변화, 경쟁 우위를 확보할 수 있는 핵심 자산이 된다. 그 이유는 무엇인가? 경험을 바탕으로 PR 브랜드 약속, 핵심 마케팅 메시지, 제품의 기능, 영업 목표의 현실을 확인할 수 있기 때문이다. 고객 경험은 결제, 설계, 제조, 배송 등 지원 부서에 대한 피드백을 제공하기도 한다. 나쁜 입소문이 퍼지고 돌이킬 수 없게 되기 전에 고객·직원 경험을 변화시킴으로써 기업의 혁신과 변화를 주도할 수 있는 기회이다.

지금 있는 곳에서 시작하라

공감 능력을 평가할 때에는 당신의 기업에 점수를 매겨 공감의 척도에서 어디에 있는지 판단하게 해 주는 지침이 필요하다. 경험을 살펴보면 당신의 팀이 공감을 극대화할 수 있도록 권한을 부여했는지 알아보고 싶을 것이다.

공감 전환을 앞당기는 질문™은 당신의 능력에 대해 적극적으로 논의하도록 도와주기 위해 디자인되었다. 이 질문들을 지침으로 활용하여 기업의 혁신에 대한 질문을 던지고, 경영진의 승인을 얻고, 이해 관계가 간에 합의를 구축하고, 프로세스를 간소화하고, 올바른 직원을 고용하고, 적용할 기술을 선택하고, 즉각적 성과를 파악하고, 고객 혁신을 위한 로드맵을 최적화하라. 또한 변화를 통해 비즈니스 중심적에서 고객·직원 중심으로 전환하면서 비용을 줄이고 매출을 늘리면서, 그와 동시에 고객·직원 유지 및 충성도로 이어지는지 확인하라.

선형적 기술 시스템에서 AI나 클라우드와 같은 기하급수적 기술의 세계로 이동하는 것은 어떤 사람에게는 어려워 보일 수 있고, 어떤 사람에게는 흥미로워 보일 수 있다. 지금 있는 곳에서 시작해야 한다. 공감하는 비즈니스 관행을 확립하기 위한 여정의 첫 번째 단계는 조직의 브랜드 약속, 리더십, 전략, 프로세스, 기술, 직원·문화를 평가하는 것이다. 아래에 기술된 질문을 활용하여 공감, 신뢰, 충성이라는 핵심 3요소에 대한 토론을 이끌어라.

공감 전환을 앞당기는 질문

브랜드 약속

마케팅과 브랜딩 부서에서 브랜드 약속을 만들 때, 당신의 회사가 추구하는 방향이 무엇인지 생각해 보라. 고객과 직원들에게 어떤 유형의 경험으로 알려지고 싶은가? 판매와 마케팅에서 제품과 고객 서비스에 이르기까지 직원의 행동은 브랜드 약속을 어떤 식으로 전달하는가? 일상적인 행동에 일관성이 있는가? 당신이 나아가고자 하는 새로운 패러다임을 발전시키고 있는가? OODA 루프나 조직 변화 관리 계획을 통해 모든 사람이 단결하도록 하기 위해서는 무엇을 다시 검토해야 하는가?

리더십

우리는 변화를 수용하려는 기업들의 수많은 프로젝트 실패에서 얻은 경험 데이터를 살펴보았다. 리더는 회사를 다음 단계로 끌어올리기 위해 일정과 계획을 실행하는 방식을 바꾸어야 한다. 그렇다면 무엇을 바꾸어야 하는가? 프로젝트의 결과를 성공으로 이끌기 위해서는 직원과 리더들이 다음의 단계를 밟아야 한다.

- 업무 수행 방식을 바꾸기 위해 직원의 준비 상태와 능력을 평가한다.
- 필요한 교육, 자금 조달, 현실적인 일정, 업무 범위에 대한 경영진의 지원을 얻으라.
- 일정과 기술, 비즈니스 모델, 교육, 워크 플로 과정의 변화를 소통할 커뮤니케이션 계획을 세우고 전체 구성원과 정기적으로 소통할 일정

을 잡는다.

- 기술이 지원하는 현재 프로젝트를 개략적으로 설명하고, 프로세스와 새로운 비즈니스 모델에 변화를 적용한다. 낡은 프로세스에 필요한 기술을 사용하는 대신, 많은 프로세스가 바뀌어야 한다는 사실을 깨달아라.
- 원래의 시스템을 새 시스템으로 현실적으로 전환하기 위한 계획이나 일정을 세우고 이전 시스템을 일정 기간 동안 함께 운영하면서 원활하게 전환되도록 하라.
- '배운 교훈' 프로세스를 만들어 새로운 시스템이 구동되기 시작한 후에는 매끄럽게 프로그램을 개선하고 업데이트하면서 직원들이 바뀐 점을 교육받을 수 있도록 하라.

원하는 데이터를 구할 수 없을 때에도 리더는 상황이 잘못되었을 때 이러한 사실을 인정할 수 있는 용기와 수정이 필요할 때 피드백을 바탕으로 조치를 취할 수 있는 결단력이 필요하다. 이를 통해 당신은 회사와 직원 그리고 가장 중요한 고객에게 필요한 전력 승수가 될 수 있다.

전략

충성도 중심 전략은 회사가 서비스를 제공하고자 하는 고객을 식별하고, 전달하고자 하는 공감적이고 개인화된 경험을 잘 나타낸다. 다음은 고객·직원 경험 전략에 대한 질문이다.

- 우리 회사는 직원(문화), 프로세스, 기술을 전략적으로 합쳐 최상의 직원 경험을 제공함으로써 결과적으로 최상의 고객 경험을 제공하고 있는가?
- 우리 회사는 고객 경험을 우선순위로 삼아 현재의 상태를 평가하고,

이를 고객·직원 피드백 및 최선의 관행과 비교하고 있는가?

- 우리 회사는 고객 경험이 DNA의 일부가 되고, 우리 브랜드와 직원이 고객·직원 경험에 깊이 전념하는 전사적인 공감 노력을 위해 충분한 자원을 할당하고 있는가?

프로세스

프로세스는 사람과 기술이 업무를 수행하는 방식이다. 프로세스에 단계가 너무 많거나 번거롭다면 직원과 고객은 다른 방법을 찾게 되므로 고객·직원 경험이 일관적이지 않게 된다. 당신의 조직은 고객·직원 중심 프로세스를 잘 조율하여 고객의 관점에서 공감적이고 개인화된 고객 경험을 제공하는가? 다음 질문들은 프로세스에 대한 대화를 시작하기에 좋은 출발점이다.

- 우리 회사의 비즈니스 프로세스를 만들 때 다양한 고객 여정을 모두 고려했는가?
- 직원들이 고객에게 서비스를 제공하는 모든 단계를 모두 고려했는가?
- 모든 단계가 꼭 필요한지 고민해 보았는가?
- 이제는 의미 없어진 단계나 중복 요소는 없는가?
- 같은 일을 하는 직원 그룹이 두 개 이상인가?
- 직원, 팀, 부서, 파트너, 협력사 등이 포드로 협업하고 있는가?
- 고객과 상호 작용할 때 어떤 경우에 AI 봇 또는 사람 직원을 선택해야 하는지 파악하고 있는가?
- 훌륭한 고객 경험을 제공하기 위해 기하급수적 기술로 직원과 보트 (반복 실행 프로그램) 모두에게 권한을 부여하고 있는가?
- 공감 경험을 만들기 위한 현실적인 목표를 설정하기 위해 서비스 수

준과 내부 및 외부 프로세스를 살펴보았는가?

기술

리더는 종종 고객·직원 경험을 어떤 기술을 사용하느냐의 문제라고 생각하면서 올바른 시스템을 구입하면 회사의 문제가 마법처럼 사라질 것이라고 기대한다. 급변하는 이 세상에서 기술을 활용하면 고객과 직원에게 공감을 보여 줄 수 있는 일관되고 개인화되고, 반복할 수 있고, 원활한 경험을 대규모로 구현할 수 있다. AI나 머신 러닝, IoT, 클라우드와 같은 기하급수적 기술이 공감하는 고객·직원 경험을 대규모로 구현하기 위한 핵심이지만 그 출발점은 아니다. 훌륭한 경험을 혁신하고 제공하는 문제에 대해 팀과 나눌 질문을 몇 가지 살펴보자.

- 기술의 각 부분 뒤에 있는 비즈니스 목표를 이해하고 있는가?
- 새로운 기술과 레거시 기술을 포함한 모든 기술이 전체 고객·직원 경험에 걸쳐 서로 작동하고 소통하며 전체적이고 개인화된 공감대를 형성하기 위해 필요한 환경을 제공할 수 있는가?
- 일관적이고, 규모를 확대할 수 있으며, 공감적인 고객·직원 경험을 효과적으로 제공하기 위해서는 레거시 시스템 중 어떤 것을 유지하고 어떤 것을 버려야 할까?
- 하나의 AI·머신 러닝 엔진을 통해 모든 기술을 통합함으로써 모든 채널의 고객·직원 데이터를 활용하고, 고도로 개인화되고 상황에 맞는 적절한 경험을 대규모로 제공하고 있는가?
- 어떻게 하면 새로운 기술을 통합하고 초기 결과를 보여 줄 수 있는가?

- 비즈니스 결과를 내기 위해 새로운 기술을 어떻게 최적화할 것인가?

직원·문화

직원 문화와 리더십 역량을 살펴보면 모든 것이 사람에서 시작되고 끝나는 것을 알 수 있다. 인적 자원 관리 계획에는 다음과 같은 것들이 포함된다.

- 조직의 기업 문화와 MTP^X
- 개인 및 비즈니스 혁신을 주도하는 리더십 사례
- 조직 구조 및 포드 운영 구조로의 전환
- 협업 및 갈등 해결 방법
- 새로운 세상을 위한 직원 기술 훈련, 기술 재교육 및 새로운 역량 교육
- 변화를 측정하고 장려하기 위한 성과 측정 접근법
- 변화 관리 준비, 위험, 실행 전략, 교육 및 커뮤니케이션

당신 주위의 인적 자원과 채용 과정에 대한 단초가 되는 질문들은 다음과 같다.

- 직원의 관점이 고객·직원 경험 전략에 반영되는가?
- 다음 단계로 가기 위해 어떻게 정보를 모으고, 평가하고, 동기화하고, 활용하는가?
- 직원이 자신의 업무와 고객·직원 경험에 대해 알고, 생각하고, 느끼는 것을 지속적으로 추적하고 측정할 수 있는 시스템이 있는가?
- 고객의 관점이 고객·직원 경험 전략에 반영되는가?
- 고객이 고객·직원 경험에 대해 알고, 생각하고, 느끼는 것을 지속적으로 추적하고 측정할 수 있는 시스템이 있는가?

- 고객을 확보하고 유지하는 데 가장 중요한 행동은 무엇인가?
- 무엇이 그러한 행동을 유발하는지 알고 있는가?
- 고객·직원 경험을 혁신하는 데 관련된 사람들을 교육하기 위해 자원, 시간, 예산을 할당했는가?
- 현 상태를 유지하는 대신 변화를 주도하도록 지도자를 훈련시키는 방법은 무엇인가?
- 변화를 주도하고 수행하기 위해 직원들은 어떻게 준비하고 있는가?
- 이 모든 정보를 수집하고, 평가하고, 동기화하고, 실행 가능한 프로세스에 통합하려면 어떻게 해야 하는가?
- 올바른 방향으로 향하는 지속적이며 측정 가능한 변화를 어떻게 이루어 낼 수 있는가?

고객 가치를 극대화하고 직원 이탈을 최소화하기

사람이 핵심인 이유는 무엇인가? 우선 두 회사에 대한 고객 가치를 비교해 보자.

회사1에 대한 고객 매출은 다음과 같다.

- 첫 번째 해 – 50달러
- 두 번째 해 – 100달러
- 세 번째 해 – 150달러

이 고객의 총가치는 300달러이다.

같은 고객에 대한 회사2의 매출은 다음과 같다.

- 첫 번째 해 – 50달러

• 두 번째 해 - 25달러

• 세 번째 해 - 0달러

이 고객의 총가치는 75달러이다.

이 고객에 대한 회사1의 3년 고객 가치는 300달러이고, 회사2는 75 달러라고 가정해 보자. 회사1은 회사2에 비해 빠르게 OODA 프로세스를 진행한다.(그림 10.3) 이들은 직원과 고객을 최우선순위로 두기 때문에 더 빠르게 경청하고, 이해하고, 실행하며 학습하므로 고객은 회사1에 더 많은 금액을 지출한다. 그러면 이번에는 모든 고객에 대한 3년간의 총가치를 살펴보자. 두 기업 모두 10만 명의 고객이 있다고 가정해 보자. 3년이 지난 후는 표 10.2와 같다.

회사1의 고객 총가치 = 고객 100,000 명×3년 고객 가치 300 달러 = 3,000만 달러

회사2의 고객 총가치 = 고객 100,000 ×3년 고객 가치 75 달러 = 750만 달러

표 10.2 두 회사의 고객 가치 비교.

고객 가치	회사2 OODA 속도 느림	회사1 OODA 속도 빠름
첫 번째 해	500만 달러	500만 달러
두 번째 해	250만 달러	1,000만 달러
세 번째 해	0달러	1,500만 달러
고객 총가치	750만 달러	3,000만 달러

어느 회사를 소유하거나, 일하거나, 혹은 소비하겠는가? 고객이 원하고 필요로 하는 것을 제공할 때 반복 구매가 일어난다. 매출은 고객으로부터 발생하며, 고객 평생 가치를 높이는 가장 좋은 방법은 재구매를 유도하는 더 나은 경험을 제공하는 것이다.

직원 이탈 비용

국무부에 의하면 미국 기업들은 직원들의 이직으로 인해 매년 약 110억 달러의 손실을 입는다.[06] 채용 비용이 급여의 약 1.5배에 달하기 때문에 능력 있는 직원을 영입하고 유지하는 능력은 조직의 수익에 상당한 영향을 미친다.[07] 전 세계적으로 자발적인 직원 이직은 채용, 고용, 교육, 생산성 비용을 합쳐 매년 1조 달러 이상의 비용을 발생시킨다.

연구에 따르면 몰입도가 높은 직원은 최고의 성과를 낼 가능성이 2배 높고, 결근 일수는 20% 적다.[08] 이들은 성과 평가에서 기대 수준을 초과하고, 조직 변화 계획을 더 지지한다. 업무 몰입도가 높은 회사는 직원 생산성이 26% 더 높고, 이직 위험은 더 낮다. 또한 이러한 기업은 최고의 인재를 더 쉽게 유치할 수 있다.

사업 성과는 어떤가? 직원 몰입도가 높은 회사는 경쟁사보다 연간 2.3~3.8% 높은 주가 수익률을 기록하고, 5년 동안 주주 수익률은 13% 더 높다. 직원 참여에 대한 투자를 10% 늘리면 회사는 직원당 2,400달러의 수익 증가를 얻을 수 있다.[09] 이러한 통계를 보면 공감 기반 문화가 매력적인 업무 경험을 창출하는 시너지를 확인할 수 있다.

이제 앞에서 한 계산을 다시 해 보자. 다만 이번에는 경험이 직원 이탈 비용에 미치는 영향을 살펴볼 예정이다. 회사1은 회사2보다 빠른 OODA 루프를 통해 발전한다. 즉, 직원과 고객을 우선으로 하기 때문에 빠른 속도로 경청하고, 이해하고, 실행하고, 학습하는 것이다. 두 회사의 직원 수가 모두 1만 명일 때 이탈 비용을 보자.

첫 번째 해에 회사1와 회사2의 연간 직원 이탈률은 각각 3%와 10%를 기록했다. 직원 급여가 약 3만 달러이고 직원 교체 비용은 급여의 약 1.5배라고 가정하면, 직원당 교체 비용은 약 5만 달러이다.

회사1의 첫 번째 해 이탈 비용 계산:

직원 수 10,000명 × 이탈률 0.03 = 이탈 직원 300명

이탈 직원 300명 × 직원당 교체 비용 5만 달러 = 첫 번째 해 이탈 비용 1,500만 달러

회사2의 첫 번째 해 이탈 비용 계산:

직원 수 10,000명 × 이탈률 0.1 = 이탈 직원 1,000명

이탈 직원 1,000명 × 직원당 교체 비용 5만 달러 = 첫 번째 해 이탈 비용 5,000만 달러

이제 회사1이 OODA 루프와 공감 기둥을 통해 두 번째와 세 번째 해의 이탈률을 1.5%로 낮추지만, 회사2는 그대로라고 가정해 보자.

회사1의 두 번째와 세 번째 해 이탈 비용 계산:

직원 수 10,000명 × 이탈률 0.015 = 이탈 직원 150명

이탈 직원 150명 × 직원당 교체 비용 5만 달러 = 두 번째와 세 번째 해 이탈 비용 각 750만 달러

회사2의 두 번째와 세 번째 해 이탈 비용 계산:

직원 수 10,000명 × 이탈률 0.1 = 이탈 직원 1,000명

이탈 직원 1,000명 × 직원당 교체 비용 5만 달러 = 두 번째와 세 번째 해 이탈 비용 각 5,000만 달러

표 10.3 두 회사의 이탈 비용 비교.

직원 이탈 비용	회사2 OODA 속도 느림	회사1 OODA 속도 빠름
첫 번째 해	5,000만 달러	1,500만 달러
두 번째 해	5,000만 달러	750만 달러
세 번째 해	5,000만 달러	750만 달러
총 이탈 비용	1억 5,000만 달러	3,000만 달러

3년이 지난 후(표 10.3):

회사1의 이탈 비용 =

1,500만 달러 + 750만 달러 + 750만 달러 = 3,000만 달러

회사2의 이탈 비용 =

5,000만 달러 + 5,000만 달러 + 5,000만 달러 = 1억 5,000만 달러

고객 총가치와 이탈 비용을 비교해 보면 다음과 같은 사실을 알 수 있다.

회사1의 매출은 3,000만 달러이며, 이탈 비용은 3,000만 달러 발생했다. 회사2의 매출은 750만 달러이며, 이탈 비용은 1억 5,000만 달러 발생했다.

이탈 비용을 줄이고 직원 가치를 높이기 위해 가장 좋은 방법은 더 나은 업무 경험으로 이어지는 더 나은 직원 경험을 제공하는 것이다. 고객·직원 경험을 개선하여 매출을 늘리고 비용을 줄일 수 있는데 이탈 비용을 감내해야 할 이유가 있는가? 매출, 이익, 마진의 균형을 맞추기 위해 고객 가치와 이탈 비용 또한 평가 지표에 포함시켜야 한다.

기업의 업무 스타일

다양한 업무 스타일을 이해한다면 직원 경험을 개선할 수 있다. 함께 일하면서 우리는 다른 사람들이 원하는 상호 작용 방식을 직관적으로 알아차린다. 시간을 정확히 지키는 것을 좋아하는 동료와 일할 때에는 시간을 엄수하기 위해 최선을 다할 것이다. 어떤 사람들은 구조화된 업무를 좋아하고 그렇지 않은 사람도 있다. 어떤 사람은 혼자 일하는 것을 좋아하는 반면 어떤 사람은 그렇지 않다.

동료의 업무 스타일을 이해할 수 있는 구조화된 프로세스가 없을 때, 이들은 주먹구구에 의존하며 자신이 인정받거나 존중받지 못한다고 느끼기 때문에 거부감을 느낄 것이다. 어떤 직원이 인정받고 존중받는다고 느끼는지의 여부는 전적으로 상호 작용을 할 때 그들의 스타일에 맞추는지에 달려 있다. 업무 스타일 평가가 중요한 이유가 바로 이것이다.

다양한 상황에서 인간의 행동을 설명하는 DISC 시스템은 업무 스타일 선호도에 대해 뛰어난 통찰력을 제공한다.

- D는 도전에 대한 대응 방법을,
- I는 다른 사람에게 영향을 미치는 방식을,
- S는 선호하는 속도를,
- C는 규칙과 절차에 어떻게 반응하는지를 나타낸다.

한 사람으로서 우리의 독창성은 고유의 행동들이 모여서 나타난다. 이러한 속성은 그 자체로 나쁘거나 좋은 것이 아니며, 단지 우리의 모습을 나타낼 뿐이다. 다른 사람과 행동 양식을 조율함으로써 서로에 대한 감사와 이해가 깊어진다. 상대의 주파수에 맞춰 소통하면 상대가 당신을 경청하고, 인정하고, 이해할 가능성이 높아지므로 상호 작용이 더욱 의미 있어지고 업무 만족도가 개선될 것이다.

그림 10.4는 상사와 직원의 업무 스타일을 나타낸다. 이들은 정반대의 스타일을 갖고 있으므로 이를 알지 못하는 경우 충돌이 발생할 수 있다. 하지만 업무 스타일의 다양성 덕분에 팀이 성공할 수 있다.

상사인 사라는 부하인 존에게 납품처로 고려 중인 다양한 회사를 모두 조사하라는 지시를 내린다. 사라는 자신의 업무 스타일대로 존에게 다음과 같은 결과를 기대한다.

- 빠른 업무 처리(높은 D 점수)
- 불릿 포인트로 사실 관계를 간단하게 정리한 짧은 프레젠테이션(높은 D 점수)
- 가장 최신의 발전된 기능을 사용하여 틀에 박히지 않은 해결책 제시(낮은 C 점수)
- 조사 결과와 선택지를 함께 검토할 때 토론이 아니라 해답을 제시(낮은 I 점수)

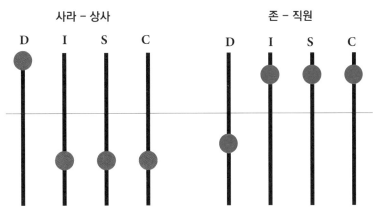

그림 10.4 상사와 직원의 업무 스타일 예시.

몇 주가 지나고 사라는 자기라면 더 빨리 끝냈을 거라고 생각하며 존의 자리로 가서 보고서를 가져오라고 요청한다. 존은 자기 업무 스타일에 따르면 설명하기 전에 먼저 가벼운 잡담을 하겠지만 사라가 이미 기분이 좋지 않은 것을 눈치챈다.

존은 자신이 납품처에 어떻게 연락해서 제품 설명 책자를 받았는지 집에서 읽고 선택지를 검토했는지를 자세히 설명하면서 위기를 모면하려고 한다. 존은 사라의 기분이 나빠진 이유를 이해하지 못한다. 보고서를 끝내지는 못했지만 자신은 열심히 준비했기 때문이다. 그는 자신이 이제까지 조사한 4개의 바인더에 가득 찬 데이터를 사라에게 주려고 하지만, 사라의 기분은 나아질 기미가 없다.

존은 인정받지 못했다고 느끼고 의욕을 잃어버린다. 그는 "사라는 내가 한 일에 전혀 만족하지 않는데 열심히 일할 필요가 있나?"하고 생각한다. 사라는 생각한다. "사람들은 왜 내가 부탁한 일을 안 하는 걸까? 조지아에게 부탁했으면 일을 끝냈을 텐데." 하지만 사라는 조지아는 자신과 같은 업무 스타일(높은 D 점수)을 가지고 있기 때문에 일은 빨리 끝내겠지만, 완벽하지는 않을 것이며 중요한 정보를 놓칠 수 있다는 사실을 간과하고 있다.

이러한 행동에서 무엇을 알 수 있는가? 만약 존과 사라가 서로의 행동 스타일을 이해하고 있었다면, 존은 절대 다음과 같은 일을 하지 않았을 것이다.

- 사라에게 첫 보고를 하기까지 그렇게 오랜 시간을 보내지 않았을 것이다.(높은 D 점수와 낮은 S 점수는 빠른 일처리를 선호한다.)
- 데이터로 가득찬 4개의 바인더를 건네지 않았을 것이다.(높은 D 점수는 짧은 요약을 좋아한다.)

• 자신이 업무를 수행했던 긴 과정을 설명하지 않았을 것이다.(낮은 I 점수

와 높은 D 점수는 단도직입적인 접근을 선호한다.)

이 예시를 통해 서로의 업무 행동 스타일을 이해하지 못하면 갈등이 발생하고, 업무 속도가 늦어지고 생산성이 낮아지며, 일정이 늘어지고, 비용이 증가한다는 사실을 볼 수 있었을 것이다. 존과 사라가 서로의 차이점을 미리 알고 적응한 후 기대치를 설정했다면 두 사람 모두 업무의 완결에 대해 자신감을 갖고 최고의 해결책에 더 빨리 도달하여 권한을 부여받아 최선을 다해 업무를 계속할 수 있었을 것이다.

◦ 핵심 아이디어 ◦

• 고객·직원 경험을 재구성할 때 기업들은 전념의 정도에 따라 5단계로 구분된다. 극히 소수의 기업만이 수용에서 최고 단계에 속한다.
• 당신의 기업을 공감 기반의 고객·직원 중심으로 변화시키기 시작하는 질문을 만들어라.
• 기업이 공감 중심적으로 전환되기까지 지속적으로 반복하고 피봇팅할 수 있도록 OODA 루프와 같은 프로세스를 활용하라.

고객·직원 존중 운동에 불을 붙이며

공감의 근원은 다른 사람의 눈을 통해 사물을 보는 능력에 있다. 이는 당신의 관점이 아니라 다른 사람의 관점에서 그들의 필요에 초점을 맞추는 의식적인 결정이다. 기업의 경우 그곳에 속한 사람, 프로세스, 전략, 리더십, 기술이 기업이 아니라 고객·직원의 관점을 중심으로 정렬된다는 뜻이다.

이는 기업이 이론이 아니라 실제로 직원과 고객을 우선시해야 한다는 필요성을 느꼈고, 회사 내부의 패러다임을 편협한 기업 중심에서 고객과 직원을 먼저 생각하는 사고방식으로 바꾸면서 수익성도 개선되기 시작했다는 의미이다.

고객·직원 존중 운동에 대해 이야기하기 전에 우리는 당신과 당신의 조직이 공감을 실천하고 비즈니스의 큰 패러다임 변화에 동참해야 한다는 이 책의 개념을 이해하고 비즈니스에 적용하는 방법을 이해하는 데 도움이 되는 평가 방법을 제시했다.

당신의 기업은 공감 실천 수용 곡선의 어디에 위치하고 있는가?

기업이 서비스로써의 경험과 공감을 수용하는 데 있어 스스로 어디에 위치하는지 이해하는 데 도움을 주기 위해 우리는 www.genesys.com/assessment에서 공감 실천 평가를 제공하고 있다. 웹사이트에서는 당신의 회사가 공감 실천 수용 곡선의 어느 지점에 위치하고 있는지를 나타내는 초기 점수와 공감 시스템 점수 그리고 조직 발전을 도 와줄 아이디어를 볼 수 있다.(그림 C.1)

기업, 고객·직원 중심의 공감, 효율성, 효과성 수준

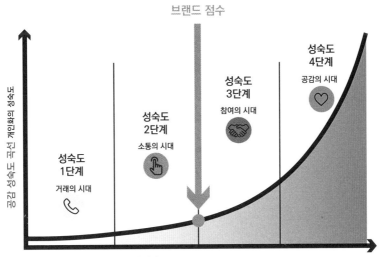

그림 C.1 공감 실천 평가 점수의 예시.

이 테스트는 경험을 서비스로 전달하는 능력과 고객과 직원 모두의 관점에서 공감 능력을 평가한다.(그림 C.2)

이는 7장에서 논의한 공감 기둥과 시스템을 당신의 회사가 얼마나 잘 활용하고 있는지 측정하고, 고객과의 소통 채널에서 어떤 것을 받아들여야 하는지 이해할 수 있도록 도와줄 개인화된 갭 분석이다. 또한 당신이 경청하면서 고객이 무엇을 원하고 필요로 하는지 이해하고 예측할 수 있는지도 평가할 것이다. 마지막으로 고객의 요구를 충족하기 위한 최선의 조치를 취하는 데 필요한 맥락을 파악하고 있는지를 알아보는 데도 도움을 줄 것이다.

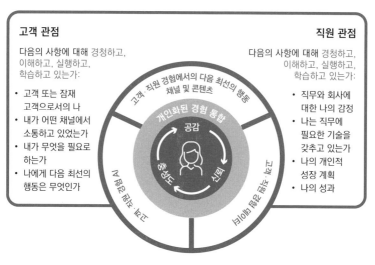

그림 C.2 고객·직원 관점에서의 능력 평가.

이 테스트에서는 고객과의 상호 작용에서 경청하고, 이해하고, 예측하고, 실행하고, 학습하는 능력을 개선함과 동시에 당신이 직원들에게 어떻게 권한을 부여하는지도 살펴본다. 직원의 관점에서 마찬가지로 네 가지의 공감 기둥과 이를 전달하는 능력을 평가함으로써 이를 알 수 있다. 이상과 현실의 격차를 파악한 다음, 직원에게 필요한 맥락과 지식을 제공하면 이들은 고객에게 개선되고 더 공감하는 경험을 줄 수 있다. 또한 직원들이 더 자신감을 갖고 동기 부여되며, 자신의 업무를 더 좋아하게 될 것이며, 스스로 변화를 만들어내고 있다고 느끼게 될 것이다.

공감 실천 평가에서는 고객·직원 경험 리더십, 직원·문화, 전략, 브랜드 약속, 프로세스, 개인화되고 사람에 초점을 맞춘 기하급수적 기술 수준 또한 평가한다.

공감 실천의 성숙도

우리는 현재 당신이 어디에 위치하고 있는지, 그리고 서비스로써의 경험의 다음 단계에 도달하기 위해서는 무엇이 필요한지를 파악하게 해 줄 프레임워크로써 성숙도 모델을 만들어 냈다. 우리는 4장에서 살펴보았던 고객·직원 경험 시대, 즉 거래, 소통, 참여, 공감의 네 가지 시대를 가져와 기존의 성숙도 모델의 4단계와 각각 연결시켰다.

현재 당신의 능력을 볼 때에는 당신의 회사에 커다란 사각지대가 존재한다면 공감 능력에 어떤 피해가 올지 생각해 보라.(그림 C.3) 책 전반에 걸쳐 우리는 비즈니스 중심적 관점이 어떤 방식으로 직원과 고객에게 지장을 줄 수 있는지 몇 가지 사례를 통해 살펴봤을 뿐만 아니라 기업들이 가진 전형적인 사각지대도 소개했다.

고객·직원 경험을 처리해 왔던 비즈니스 중심의 효율성과 효과성에 초점을 맞춘 기존 방식은 이들 경험에 큰 결핍을 초래하여 기업에게 명확한 불이익을 준다. 특히 고객·직원 경험에 대한 목적 의식과 열정을 가지고 오래 전부터 이 여정을 걸어온 기업들과 비교하면 이러한 불이익은 더욱 두드러진다.

우리는 고객 평생 가치 저하에서부터 고객·직원 중심에 두지 않은 나쁜 결정까지 다양한 사각지대를 살펴보았다. 이는 모두 수익 저하와 혁신 기회 상실로 이어진다. 사각지대를 고치지 않는 기업은 먼지 속에 남겨져 더 민첩한 경쟁자들에 비해 뒤처지게 된다. 이는 브랜드 평판을 망치고, 고객·직원 이탈을 초래하며, 사업 중단으로 이어지는 경우도 종종 있다.

원래의 방식에 너무 집착하는 회사는 나쁜 경험을 전달함으로써 고객과 직원을 경쟁사에 뺏기게 되어 장기적으로 수익을 잃게 된다. 대부분의 경우 이렇듯 고집스러운 기업이 제공하는 경험은 너무나 열악하기 때문에 신뢰와 충성심 비슷한 어떤 것도 얻기는커녕 대면과 디지털 채널 모두에서 입소문을 통해 논란과 비난을 받고 고객·직원 이탈을 겪는다.

당신의 기업에도 이런 일이 일어나기를 바라는가?

낡은 비즈니스 중심적 효율성과 효과성 패러다임과 공감에 기반한

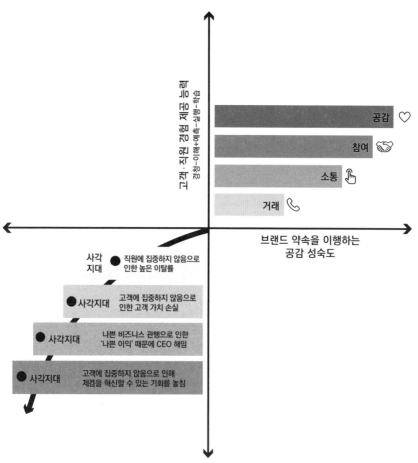

그림 C.3 사각지대로 인해 공감 성숙도 수준 달성이 어려워진다.

새로운 패러다임을 비교해 보면 기존의 방식이 고객과 직원을 밀어내고 있었으며, 새로운 패러다임으로 전환하면서 이를 극복할 수 있게 되었다는 사실을 명확하게 볼 수 있다.(그림 C.4) 그리고 공감의 렌즈를 통해 효율성과 효과성을 재정의하면 성숙도가 상승하면서 진정한 보상을 받게 될 것이다.

그런 이후 기업들은 고객·직원과의 관계를 발전시켜 장기적인 공감, 신뢰, 충성도를 높일 수 있다.

규모나 산업에 무관하게 모든 회사는 공감적이고 미션에 완전히 집중하는 고객·직원 경험을 제공할 수 있다. 고객·직원 경험이 주요 차별화 요소이기 때문에 민첩하고 운영 비용이 더 적게 드는 소규모 기업이 대기업을 빠르게 앞설 수 있다. 고객·직원 경험 도구 및 기능에는 더 이상 많은 자본 지출이 필요하지 않다. 이 책에 소개된 예시를 보면 기하급수적 기술이 역량을 크게 제고해 주면서 비용은 줄이는 다양한 방법을 알 수 있다.

우리는 고객·직원 경험을 바탕으로 차별화한 브랜드는 고객·직원 관점에서 진정한 가치에 집중하기 때문에 더 나은 재무 결과를 이끌어낸다는 사실을 알게 되었다. 고객이나 직원이 뛰어난 경험을 할 때마다 다음 경험에 대한 기준이 높아진다. 그리고 우리가 살펴본 바와 같이 그 기대는 점점 더 커질 것이다. 이 디지털 시대에 놀라운 속도로 고객 상호 작용 건수가 늘어나는 상황에서 일부 기업들이 따라잡기 위해 고군분투하는 것은 놀라운 일이 아니다.

당신이 마지막으로 회사에 연락을 시도했던 경험을 떠올려 보라. 그 경험은 어떠했는가? 고객의 입장에서 보면 대부분의 사람들은 "대체 그 회사는 무슨 생각을 하는가? 그 경험은 정말 끔찍했는데!"하고

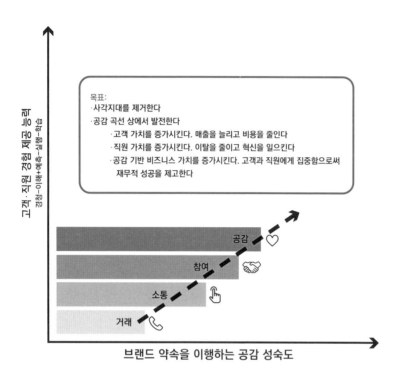

그림 C.4 사각지대를 제거하고 역량을 개발하면 고도로 개인화되고 공감하는 경험 곡선 상에서 발전할 수 있다.

생각할 것이다. 그러나 우리 자신도 사무실에 도착하면 마치 기억 상실증에 걸린 것처럼 나쁜 고객·직원 경험이 얼마나 불쾌했는지 잊고 만다. 지금의 기억 상실증이 계속되어서는 안 된다. 아무도 기분 나쁜 경험을 원하지 않는다. 우리는 모두 나쁜 경험을 한 적이 있고 개인적인 차원에서 이것이 얼마나 좌절감을 주었는지 알고 있다. 이제 우리는 개인적인 경험에서 얻은 지식을 업무에 적용하여 회사의 가치와 평판을 손상시키지 않아야 한다.

연구에 따르면 고객 충성도를 예측하는 데는 고객 수고 지표가 고객 만족도보다 40% 더 정확한 결과를 제공한다.[01]

회사가 고객을 기억하고, 경청하고, 이해한다고 느끼면 브랜드 친밀도와 충성도가 높아진다. 직원들이 자랑스러워할 만한 기업 문화를 구축하면 이들이 기업을 대신하여 기업을 홍보할 것이다.

무엇보다 비즈니스와 인생에서 진정한 성공을 거두기 위해서는 이러한 수준의 충성심이 필요하다.

고객·직원 경험 존중 운동에 연료를 공급하라

개인적인 차원에서 공감을 지향하는 운동은 우리 모두가 생각하는 방식을 바꾸고 있다. 잠시 시간을 내어 주위 사람들의 말에 귀를 기울이고 성급히 결론을 내리지 말라. 우리는 이 책을 쓰면서 사람들 간의 차이로 모든 상호 작용과 업무 성과 그리고 인생을 전반적으로 더 나아지게 만든다는 점에 대해 생각해 보게 되었다.

고객으로서 거래하는 회사가 당신에게 공감해 주리라 기대하라. 그것보다 나은 방법은 그들에게 공감해 달라고 요구하는 것이다. 당신이 공감을 받지 못하고 있다면, 이러한 상황이 옳지 않다는 점을 회사에게 알려야 할 때이다. 당신은 입소문을 퍼뜨리거나 불만을 가진 다른 고객과 함께 대응함으로써 이를 알릴 수 있다. 고객들이 한데 모여 그들을 무시하거나, 비하하거나, 공감하지 못하는 회사에 문제를 제기한다면 어떤 일이 일어날지 상상해 보라. 이것은 모든 기업이 고객을 대하는 방식에 어떤 영향을 미치는가?

이 책은 안내서 그 이상으로써 모든 사람이 입장을 명확히 하고, 더 많은 것을 요구하고, 힘들게 번 돈이 존중받아야 한다는 확신을 가지고 살아갈 것을 촉구하는 운동이다.

이 책은 당신이 고객으로서 갖는 힘과 영향력을 일깨워 준다. 당신이 그 기업의 제품이나 서비스를 구입하지 않으면 이들은 사업을 유지할 수 없다. 간단한 논리이다. 고객이 없으면 기업도 없다. 우리는 진지하다. 나쁜 경험을 참지 말라. 기업들이 괜찮다고 생각하면 이들은 절대로 변하지 않을 것이다. 그러나 매출이 갑자기 줄어들고 고객들이 떠나는 이유를 솔직하게 말한다면 고객 경험을 소중히 하지 않았다는 이유로 사업을 그만두고 싶은 경영진은 없을 것이다. 특히 사각지대가 드러나고 고객과 직원을 존중할 수 있는 길이 명백히 보이는 지금은 더더욱 그러하다.

직원도 마찬가지이다. 직원을 존중하지 않는 회사에서 일하고 있다면 자신의 목소리를 내라. '외부의 자극과 새로움을 받아들이지 않겠다'는 문화 속에 있다면 이직을 고려해 보라. 그렇지 않으면 이런 태도는 당신의 영혼을 갉아먹을 것이다. 당신은 더 나은 대우를 받을 자격이 있다.

다시 강조하면 고객에게 서비스를 제공할 직원이 없으면 기업은 사업을 계속할 수 없다. 일상생활의 선택을 통해 진정한 변화를 주도하는 것은 우리 각자에게 달려 있다.

당신의 기업 문화에 고객·직원 경험 존중의 불을 붙여라

당신은 자신의 회사가 어떤 경험을 제공하는지 알고 있는가? 공감은 파괴를 향한 여정의 첫 걸음이다. 당신 회사의 홈페이지를 방문하고, 고객 센터에 전화해 보고, 챗봇과 이야기해 보고, 음성 ARS에서 대기해 보아라. 필요한 경우에는 익명을 사용해서 고객이나 직원과 동일한 경험을 해 보라. 그들의 입장이 되어 보라.

상담원에서 감독자나 관리자로 역할을 바꾸어도 문제가 해결되지 않을 수 있다. 아마 당신은 직원들이 얼마나 좌절하고, 사기가 꺾이고, 뒤로 물러나는지 깨닫게 될 것이다. 이런 종류의 공감을 할 때면 즐겁지만은 않을 것이다. 때로는 조직의 사각지대로 인해 어떤 영향을 받고 있었는지 깨닫는 것이 고통스럽거나 당황스러울 때도 있다. 그러나 고객이 어떤 일을 겪는지 이해하기 시작할 수 있으며, 또한 고객이 당신과의 상호 작용이나 연락을 좋아하지 않고 당신의 회사에서 물건을 구매하지 않는 이유를 알 수 있다.

이러한 부정적인 경험은 견디기 어려울 수 있지만 필요하기도 하다. 이는 당신의 직급이 무엇이든 진정한 리더로서 고객과 직원 그리고 회사를 개선하고 변화시키고, 새롭고 무한한 공감의 시대에서 성장하기 위해 필요한 일은 무엇이든 할 수 있을 정도로 자신의 역할을 진지하게 받아들이고 있다고 세상에 알리는 용기 있는 행동이다.

또 이는 빨리 가기 위해 속도를 늦추는 것과 같은 뜻이다. 고객 경험을 뿌리부터 듣고 평가하기 위해 시간을 투자하기 때문이다. 또한 우리의 평가 도구 등을 사용하여 고객·직원 경험이 왜 지금은 불완전한지 이해한다는 의미이기도 하다. 이 책의 정보를 활용하여 고객과 직원이 원하고 그들이 마땅히 누려야 할 경험을 제공하는 프로세스를 시작하라. 이들의 충성도를 요구할 것이 아니라 얻으라. 이들을 존중함으로써 당신의 기업은 모두가 알고 사랑하는 상징적인 브랜드와 같은 반열에 오르게 된다. 이러한 브랜드들은 우리가 어떤 질문이나 문제, 이슈를 가져오든 간에 고객을 가장 우선시하고 잘 대우하기 때문에 차별화된다.

성공을 위해서는 모두의 힘이 필요하다. 이 책에서 말하고 있는 변혁의 성공을 현실로 가져오는 데 특화된 회사들과 협력하라. 그들과 협업하고 수익을 높이는 고객·직원 경험을 제공할 수 있는 역량을 쌓으라. 당신의 팀이나 파트너들과 함께 최고 수준의 사람 간 소통을 구현하고 기업의 문화를 바꿈으로써 연결되고자 하는 우리의 내면의 욕구에 귀를 기울여 브랜드에 대한 충성도를 구축하라. 그리고 전략만으로는 충분하지 않다는 사실을 기억하라. 개인화된 공감을 대규모로 실천하기 위해서는 브랜드 약속과 리더십, 전략, 프로세스, 직원·문화가 필요하다.

공감을 첫 번째 원칙으로 삼고 디자인 사고를 기반으로 하여 개발된 기술을 찾으라. 당신이 선택한 기술과 프로세스는 적시(효율성)에 고객·직원 문제 해결 능력(효과성)을 통합하여 개인화된 경험을 조율할 수 있어야 한다. 이러한 기술과 프로세스는 올바른 맥락과 이해를 통해 사람 간의 상호 작용을 제공한다.

이는 단순한 사업상의 가치가 아니라 인간적인 가치이다. 그리고 우리는 여전히 인간적인 가치가 모두에게 최고의 경험과 최고의 현실을 제공한다고 믿는다. 우리 모두는 고객이거나 직원이기에 앞서 사람이다. 이제는 고객·직원 경험을 진정으로 개인화해야 할 때이다.

◦ 핵심 아이디어 ◦

- 개인화된 공감 실천을 목표의 최우선순위에 두어라.
- 지금 시작하라.
- 중간에 멈추지 말라.

"개인화된 공감 실천을 목표의 최우선순위에 두어라.
지금 시작하라. 중간에 멈추지 말라."

토니 베이츠 & 나탈리 페토프

주석

들어가며

01. 사티야 나라야난, '팀으로서 일하고, 살아가고, 놀고, 배우는 방식의 변화', 시스코 블로그 (블로그), 2018년 10월 4일, https://blogs.cisco.com/wearecisco/changing- the-way-we-work-live-play-and-learn-as-a-team.

02. 파해드 만주, '쥬라기 웹: 1996년의 인터넷은 오늘날과는 아주 다른 모습이었다', 슬레이트 매거진, 2009년 2월 24일, https://slate.com/technology/2009/02/the-unrecognizable-internet-of-1996.ht머신러닝.

03. '2010년 말 인터넷 이용자 20억 명 돌파할 전망', BBC 뉴스, 2010년 10월 19일, https://www.bbc.com/news/technology-11576486.

04. '숫자로 본 2010년의 인터넷', 태양광풍력 핑덤, 2011년 1월 12일, https://www.pingdom.com/blog/internet-2010-in-numbers/.

05. 조셉 존슨, '2021년 1월 기준 글로벌 디지털 인구', 스태티스타, 2021년 4월 7일, https://www.스태티스타.com/statistics/617136/digital-population-worldwide/.

06. S. 오디, '2007년 2021년 사이 최종 소비자 기준 스마트폰 판매 대수', 스태티스타, 2021년 3월 31일, https://www.스태티스타.com/statistics/263437/global-smartphone-sales-to-end-users-since-2007/.

07. 같은 출처.

08. '고프로의 2015년 4분기 및 연간 실적 발표', 고프로(언론 및 미디어 보도자료), 2016년 2월 3일, https://investor.gopro.com/press-releases/press-release-details/2016/GoPro-Announces-Fourth-Quarter-and-Full-Year-2015-Results/default.aspx.

09. '고객 경험의 개인화 및 공감: 다국적 소비자 조사', 제네시스, 2020년 6월, https://www.genesys.com/report/the-connect- ed-customer-experience.

10. 같은 출처.

11. 존 코터, '변화를 주도하기: 변혁 시도가 실패하는 이유는 무엇인가', 〈하버드 비즈니스 리뷰〉, 1995년 5월-6월호, https://hbr.org/1995/05/leading-change-why-transformation-efforts-fail-2.

1장

01. 톰 푸티야마담과 호세 레예스, '경험이 전부이다. 올바른 경험을 전달하는 방법', (PwC, 2018년), https://www.pwc.com/us/en/zz-test/assets/pwc-consum-er-intelligence-series-customer-experience.pdf#page=9.

02. '2020년 글로벌 소비자 경험 벤치마킹 보고서. 연결된 소비자: 노력 없는 경험 전달하기', (NTT Ltd., 2020년), https://www.dimensiondata.com/en-gb/expertise/intelligent-customer-experience/customer- experience-benchmark-report-2020#form.

03. 같은 출처.

04. 대니얼 골먼, 『감정 지능이 IQ보다 중요한 이유는 무엇인가』(뉴욕: 랜덤 하우스 출판 그룹, 2005년).

05. 클레이턴 M. 크리스텐슨 등, 『일의 언어: 혁신과 고객 선택에 대한 이야기』, 초판 (뉴욕, NY: 하퍼 비즈니스, 2016년).

06. 크리스 우드포드, '기술 연대표', 익스플레인 댓 스터프, 2021년 3월 18일, http://www.explainthatstuff.com/timeline.ht머신러닝.

07. 앨래스테어 베이커, '농경에서 증기기관은 어떻게 사용되었는가?' 브레싱험 스팀&가든 (블로그), 2014년 8월 31일, https://www.bressingham.co.uk/blog/posts/2014/how-were-steam-engines-used-in-agriculture.aspx.

08. '산업 혁명 1.0에서 산업 혁명 4.0까지', 데소터 인더스트리얼 툴즈, 2021년 8월 31일 검색, https://www.desouttertools.com/industry-4-0/news/503/industrial-revolution-from-industry-1-0-to-industry-4-0; '제 4차 산업 혁명', 위키피디아, 2021년 8월 27일, https://en.wikipedia.org/w/index.php?title=Fourth_Industrial_Revolution&oldid=1040901751.

09. 존 루이스 레키우티, '미국인은 도시로 이주한다', 칸 아카데미, 2021년 8월 31일 검색, https://www.khanacademy.org/humanities/us-history/the-gilded-age/gilded-age/a/america-moves-to-the-city.

10. 매디슨 혼, '1800년대 후반 사진에 드러난 테네먼트의 슬럼가의 충격적인 상태', 히스토리, 2020년 1월 22일, https://www.history.com/news/tenement- photos-jacob-riis-nyc-immigrants.

11. '산업 혁명: 증기 기관', 덕스터스, 2021년 8월 31일 검색, https://www.ducksters.com/history/us_1800s/steam_engine_industrial_ revolution.php.

12. 프레디 윌킨슨, '산업화, 노동, 삶', 내셔널 지오그래픽, 2020년 1월 27일, http://www.nationalgeographic.org/article/industrialization- labor-and-life/6th-grade/.

13. '하리 창', 위키피디아, 2021년 7월 15일, https:// en.wikipedia.org/w/index.php?title=Johari_window&oldid=1033722333.

14. 베르너 에르하르트, '에라노스 재단: 개인과 사회적 변화의 혁신', 베르너 에르하르트, 2006년 6월 18일, http://www.wernererhard. com/work_cont.ht머신러닝.

15. 트렌트 햄, '다른 결과를 원한다면, 다른 방법을 시도하라', 더 심플 달러(블로그), 2020 년 4월 8일, https://www.thesimpledollar. com/make-money/if-you-want-different-results-you-have-to-try-different- approaches/.

16. 롭 마키 등., '충성도 경제', 〈하버드 비즈니스 리뷰〉, 2020년 2월, https://hbr.org/2020/01/the-loyalty-economy.

17. 피터 F. 드러커, 『경영: 직무, 책임, 실행』 (뉴욕: 하퍼 비즈니스, 1993년).

18. '미국을 건설한 거인들', 히스토리 채널과 스티븐 데이비드 엔터테인먼트, 2021년 8월 31일 검색, https://www.history.com/shows/the-titans-that-built-america.

19. 밀튼 프리드만, '프리드만 선언- 기업의 사회적 책임은 이윤 창출이다', 뉴욕 타임 즈, 1970년 9월 13일, https://www.nytimes.com/1970/09/13/archives/a-friedman-doctrine-the-social-responsibility-of-business-is-to.ht머신러닝.

20. '기업의 목적과 기업들이 목적을 달성하는 방법', 비즈니스 라운드테이블, 2020년 8월, https://opportunity.businessroundtable.org/ourcommitment/.

21. 롭 마키, '고객을 저평가하고 있지는 않은가?', 〈하버드 비즈니스 리뷰〉, 2020년 2월, https://hbr.org/2020/01/are-you-undervaluing-your-customers.

22. 언더커버 보스, (CBS) https://www.cbs.com/shows/undercover_boss/.

23. 로저 L. 마틴, '고객 자본주의 시대', 〈하버드 비즈니스 리뷰〉, 2010년 2월, https://hbr.org/2010/01/the-age-of-customer-capitalism.

24. 로저 L. 마틴, 『다다익선의 원칙이 옳지 않을 때: 경제 효율성에 대한 미국 기업의 집착 극복』 (보스턴, 매사추세츠: 하버드 비즈니스 리뷰 출판부, 2020년).

25. 카티야 바타르비, 제인 풀톤 수리, 수잔 깁스 하워드, '위기에 처한 공감: 공감 디자인의 발 전에 있어서 인간중심적 접근방식의 확장과 유지', IDEO, 2011년, https://new-ideo-com.s3.amazonaws.com/assets/ files/pdfs/news/Empathy_on_the_Edge.pdf.

26. '고객 경험의 고객 경험의 개인화 및 공감: 다국적 소비자 조사', (제네시스, June 2020), https://www.genesys.com/report/the-connected-customer-experience.

27. 데이비드 와인베르거 등, 『클루트레인 선언문』, 초판 (캠브리지, 매스: 베이직 북스, 2000년).

2장

01. iED 팀, '4차 산업 혁명', 창업 진흥 기구 (블로그), 2019년 6월 30일, 2019, https://ied.eu/project-updates/the-4-industrial-revolutions/.

02. '기하급수적 입문서: 핵심 개념에 대한 가이드', 학제 간 연구 대학, 2021년 8월 31일

검색, https://su.org/concepts/.

03. 빌 브릭스, 나쉬타 헨리, 앤디 메인, '2019년 기술 트렌드: 디지털 프론티어를 넘어', (딜로이트 인사이트, 2019년), https://www2.deloitte.com/content/dam/insights/us/articles/Tech-Trends-2019/DI_TechTrends2019.pdf.

04. 피터 H. 디아만디스, '향후 5년 이내 예상되는 5가지 AI 혁신', 싱귤래러티 허브(블로그), 2019년 4월 26일, https://singularityhub.com/2019/04/26/5-ai-breakthroughs-well-likely-see-in-the-next-5-years/.

05. 클라우스 슈밥, 『4차 산업 혁명』(뉴욕: 커런시, 2017).

06. 조지 웨스터만, 디디어 보넷, 앤드루 맥어피, 『디지털 주도하기: 기술을 비즈니스 혁신으로 전환』(보스턴, 매사추세츠: 하버드 비즈니스 리뷰 출판부, 2014년).

07. 같은 출처.

08. 샤를렌 리, 『파괴의 사고방식: 어떤 기업은 왜 혁신에 성공하고 어떤 기업은 왜 실패하는가』(오크톤, VA, 아이디어프레스 퍼블리싱, 2019년).

09. 피터 H. 디아만디스, 스티븐 코틀러, 『풍요: 미래는 당신의 생각보다 풍요롭다』(뉴욕: 프리프레스, 2012년); 피터 H. 디아만디스, 스티븐 코틀러, 『미래는 당신의 생각보다 빠르다. 융합 기술은 비즈니스와 산업 및 우리의 삶을 어떻게 변화시키고 있는가』(사이먼 & 슈스터, 2020년).

10. 스티브 치콘, '1991년 라디오섹에서 판매되던 전자 기기들의 모든 기능이 이제는 스마트폰 하나에서 구현된다', 트렌딩 버팔로 (블로그), 2014년 1월 14일, http://www.trendingbuffalo.com/life/uncle-steves-buffalo/everything-from-1991-radio-shack-ad-now/.

11. 피터 H. 디아만디스, 스티븐 코틀러, 『볼드: 크게 성장하고, 부를 창출하고, 세상에 영향을 미치는 방법』(뉴욕; NY: 사이먼 & 슈스터, 2016년).

12. '발전할 시간이 부족하다—성과 관리—사각 바퀴', 앨런 오루크, CC BY 2.0 https://creativecommons.org/licenses/by/2.0, via Wikimedia Commons.

13. 크리스 H, '롤스로이스: 머신러닝으로 항공기 엔진 관리를 최적화하다', 하버드 경영대학원 디지털 이니셔티브 기술 및 운영 관리 (블로그), 2018년 11월 13일, https://digital.hbs.edu/platform-rctom/submission/rolls-royce-optimising-jet-engine-maintenance-with-machine-learning/.

14. 피터 H. 디아만디스, 스티븐 코틀러, 『볼드: 크게 성장하고, 부를 창출하고, 세상에 영향을 미치는 방법』(뉴욕; NY: 사이먼 & 슈스터, 2016년).

15. 카를라 타르디, '무어의 법칙', 인베스토피디아 (블로그), 2021년 2월 24일, https://www.investopedia.com/terms/m/mooreslaw.asp.

16. 피터 H. 디아만디스, 스티븐 코틀러, 『볼드: 크게 성장하고, 부를 창출하고, 세상에 영

향을 미치는 방법』(뉴욕; NY: 사이먼 & 슈스터, 2016년).

17. 니콜라스 미르조프, 『세상을 어떻게 볼 것인가: 자화상에서 셀카, 지도, 영화까지 이미지에 대한 이해』(뉴욕: 베이직 북스, 2016년).

18. '인포트렌드의 연구는 사진과 비디오 산업이 변화에 열려 있다는 사실을 보여준다', 키포인트 인텔리전스, 2019년 3월 13일, https://keypointintelligence.com/about-us/company-news/keypoint-intelligence-infotrends-study-shows-photography-and-videography-industry-open-to-change/.

19. 케빈 R. 돈리, '디지털 트렌드: 당신의 카메라는 어디에 있는가?', 멀티미디어맨 (블로그), 2016년 8월 30일, https://multimediaman.blog/tag/digital-photography/.

20. 제프 데스라딘스, '5,000만 사용자를 달성하기까지 얼마나 걸릴까?', 비주얼 캐피탈리스트 (블로그), 2018년 6월 8일, https://www.visualcapitalist.com/how-long-does-it-take-to-hit-50-million-users/.

21. '구글 검색 통계', 인터넷 실시간 통계, 2021년 8월 31일 검색, https:// www.internetlivestats.com/google-search-statistics/.

22. 데이브 에반스, '사물 인터넷: 다음 인터넷 혁명이 모든 것을 바꾸는 방법', (시스코 IBSG, 2011년 4월), https://www.cisco.com/c/dam/ en_us/about/ac79/docs/innov/IoT_IBSG_0411FINAL.pdf.

23. 'IoT 트렌드와 2021년 전망', 크라쿨, 2020년 12월 18일, https://krakul.eu/iot-trends-to-expect/.

24. 엘리자베스 와이즈, '아마존의 사이버 월요일에는 15,000대의 로봇 안내원이 작동 중이다', 크렘2, 2014년 12월 2일, https://www.krem.com/article/tech/15000-robots-usher-in-amazons-cyber-monday/293-157188459.

25. 데이비드 에드워즈, '아마존의 물류 창고에는 현재 20만 대의 로봇이 일하고 있다', 로봇 공학 & 자동화 뉴스, 2020년 1월 21일, https:// roboticsandautomationnews.com/2020/01/21/amazon-now-has-200000-robots-working-in-its-warehouses/28840/.

3장

01. '텔레비전이 사람을 배달한다', 위키피디아, 2021년 8월 29일, https://en.wikipedia.org/w/index.php?title=Television_Delivers_People&oldid=1041182817.

02. 리처드 세라, 카를로타 페이 스쿨맨, '텔레비전이 사람을 배달한다', (1973년), 유튜브 동영상(쿤츠 스펙트럼) 2011년, https://www.youtube.com/watch?v=LvZYwaQlJsg.

03. 마르타 멘도자, '기사: 인터넷 이용자들이 인터넷을 사용하며 돈을 번다', (어소시에이티드 프레스 아카이브, 1999년).

04. 스티브 앳킨스의 유즈넷 토론 메시지, 뉴스그룹, 1999년 12월 (구글 그룹 검색, 2017

년 검색).

05. '당신은 고객이 아니라 상품이다', 인베스티게이터 인용, 2017년 7월 16일, https://quoteinvestigator.com/2017/07/16/product/.

06. 클레어 울프, 『리틀 브라더가 당신을 감시하고 있다. 자본주의 미국의 위협』(포트 타운젠트, 워싱턴: 브레이크아웃 프로덕션, 1996년).

07. 톰 존슨, '당신은 고객이 아니라 상품이다', 구글 그룹, 2001년 6월 22일, https://groups.google.com/g/rec.arts.tv.interactive/c/EY-nOS 머신러닝APE/m/ GtKHp6qQBiUJ?pli=1.

08. 메타필터, '사용자 중심의 불만', 메타필터 (웹로그), 2010년 8월 26일, http://bit.ly/93JYCJ.

09. 스테판 호이어, 퍼닐 트란버그, 『감쪽같이 속여라! 디지털 자기 보호 가이드』(크리에이트스페이스 인디펜던트 퍼블리싱 플랫폼, 2013년).

4장

01. 크리스티나 킬그로브, '18세기 최악의 기업가를 만나다', 포브스, 2018년 5월 11일, https://www.forbes.com/sites/kristinakillgrove/2018/05/11/meet-the-worst-businessman-of-the-18th-century/.

02. '에아-나시르에게 보내는 2020년판 항의 편지', CC BY-SA 4.0에서 허가를 받은 준키르, https://creativecommons.org/licenses/by-sa/4.0 via Wikimedia Commons.

03. '무자크', 위키피디아, 2021년 8월 19일, https://en.wikipedia.org/wiki/Muzak.

5장

01. 프레드 라이켈트, 『궁극의 질문: 좋은 이익과 진정한 성장의 원동력』(보스턴, 매사추세츠: 하버드 경영대학원 편집부, 2006년).

02. 같은 출처.

03. 하워드 티어스키, 미셸 맥켄나, 『디지털 고객 획득: 무관계에 대한 해독제』(샌 안토니오, TX: 크랜베리 프레스, LLC, 2021년).

04. 벤자민 스나이더, '전설적인 투자자 워렌 버핏에게서 얻은 7가지 통찰력', CNBC 메이크잇, 2017년 5월 1일, https://www.cnbc.com/2017/05/01/7-insights-from-legendary-investor-warren-buffett.ht머신러닝.

05. 마이클 레드보드, '2019년 고객 서비스 실태', 허브스팟 (블로그), 2021년 6월 9일, https://blog.hubspot.com/service/customer-service-2019.

06. '에델만 신뢰도 지표 특별 보고서: 우리는 브랜드를 신뢰하는가?', (에델만, 2019년 6월), https://www.edelman.com/research/trust-barometer-special-report-in-brands-we-trust.

07. '소비자 인텔리전스 시리즈: Protect.me', (PWC/CIScyber, 2017년), https://www.fisglobal.com/~/media/fisglobal/worldpay/docs/insights/consumer-intelligence-series-protectme.pdf.

08. 라이켈트, 『궁극의 질문: 좋은 이익과 진정한 성장의 원동력』 (보스턴, 매사추세츠: 하버드 경영대학원 편집부, 2006년).

09. 존 굿맨, 『전략적 고객 서비스: 긍정적인 입소문을 내고, 충성도를 높이고, 수익을 극대화하기 위한 고객 경험 관리』 (AMACOM, 2009년).

10. 톰 푸터야마담, 호세 레이예스, '경험이 전부다. 올바른 경험의 길', (PwC, 2018년), https://www.pwc.com/us/en/zz-test/assets/pwc-consumer-intelligence-series-customer-experience.pdf#page=9.

11. 마크 테일러 등, '단절된 고객들: 디지털 고객 경험 리더들이 알려주는 우리가 고객과 다시 연결되기 위해 해야 할 일', (캡게미니 디지털 혁신 기구, 2017년 6월), https://www.capgemini.com/in-en/wp-content/uploads/sites/6/2017/08/the_disconnected_customer-what_digital_customer_experience_leaders_teach_us_about_reconnecting_with_customers.pdf.

6장

01. 프레드릭 윈슬로우 테일러, 『과학적 관리의 원칙』 (뉴욕; 런던: 하퍼 & 브라더스, 1911년).

02. 크리스토프 로저, '린은 어디서부터 잘못되었는가 – 역사적 관점', 린에 대한 모든 것 (블로그), 2017년 5월 16일, https://www.allaboutlean.com/where-lean-went-wrong/.

03. 토마스 데이븐포트, '사람들을 잊어버린 유행', 패스트 컴퍼니, 1995년 10월 31일, https://www.fastcompany.com/26310/fad-forgot-people.

04. 베로니카 크리그, '고객 센터의 직원 교체 비용', 샤픈 (블로그), 2019년 5월 14일, https://sharpencx.com/blog/what-is-the-cost-of-employee-turnover/.

05. 윌리엄 홀링스워스 와이트, 『조직 인간』 (뉴욕: 사이먼 앤 슈스터 Inc., 1956년).

06. 독 칠드레, 데보라 로즈만, 『변화의 스트레스: 걱정, 피로, 긴장을 해소하는 하트매스 해결책』 (오클랜드, CA: 뉴 해빙어 출판사, 2005년 3월).

07. 데이비드 화이트, 『가슴 뛰는 심장: 기업 미국의 시와 영혼의 보전』 (뉴욕: 커런시 더블데이, 1996년).

08. 에이미 C. 에드먼슨, 『두려움 없는 조직: 학습하고, 혁신하고, 성장할 수 있는 심리적으로 안전한 직장 만들기』 (호보켄: 와일리, 2018년).

09. 브래드 블랜튼, 『급진적 정직성: 사실을 말하면 당신의 삶은 얼마나 달라지는가』 (스탠리, VA: 스패로호크 출판사, 2005년 3월).

10. 사라 케루이시 등, '보편적인 마법', 다큐멘터리 2019년.

11. '보편적인 마법', 위키피디아, 2021년 5월 27일, https:// en.wikipedia.org/w/index. php?title=General_Magic&oldid=1025411848.

12. 알렉시스 C. 마드리갈, '아이폰의 출현은 예정된 것이었다', 더 아틀란틱, 2017년 6월 29일, https://www.theatlantic.com/technology/archive/2017/06/the-iphone-was-inevitable/531963/.

7장

01. 캐트린 타일러, '위기 중 직원 참여 측정', SHRM-RH 매거진, 2020년 11월 30일, https://www.shrm.org/hr-today/news/hr-magazine/winter2020/pages/measuring-employee-engagement-during-covid-19.aspx.

02. 엘리슨 드니스코 레이오미, 'IoT가 고객 경험을 개선하는 네 가지 방법', 테크리퍼블릭, 2018년 3월 16일, https://www.techrepublic.com/article/4-ways-iot-can-improve-the-customer-experience/.

03. 블레이크 모건, 'USAA에서 배운 고객 경험에 대한 5가지 교훈', Forbes.com, 2020년 6월 1일, https://www.forbes.com/sites/blakemorgan/2020/06/01/5-customer-experience-lessons-from-usaa/?sh=25afc5b37e54.

8장

01. 하버드 비즈니스 리뷰 분석 서비스, 'EI의 이점: 감정 지능의 힘을 통해 혁신과 사업 성공을 주도한다', 하버드 비즈니스 리뷰 (연구 보고서), 2019년 8월 12일, https://hbr.org/ resources/pdfs/comm/fourseasons/TheEIAdvantage.pdf.

02. 마커스 버킹햄, 커트 코프만, 『우선, 모든 규칙을 파괴하라: 세계의 위대한 경영자들은 무엇이 다른가』 (워싱턴, D.C.: 갤럽 출판부, 2016년).

03. 케빈 E. 크루스, 『직원 참여 2.0: 더 높은 성과를 위해 직원들에게 어떻게 동기를 부여할 것인가』, 제2판 (크리에이트 스페이스 인디펜던트 퍼블리싱 플랫폼, 2012년).

04. 로이터, '웰스 파고의 CEO 루플스 페더스가 말하는 다양한 적성', NBC 뉴스, 2020년 9월 22일, https://www.nbcnews.com/news/nbcblk/wells-fargo-ceo-ruffles-feathers-comments-about-diverse-talent-n1240739.

05. 로라 셔빈, 리파 라시드, '포용성 없이는 다양성이 자리잡을 수 없다', 하버드 비즈니스 리뷰, 2017년 2월 1일, https://hbr.org/2017/02/diversity-doesnt-stick-without-inclusion.

06. 스캇 E. 페이지, 『다름: 다양성의 힘은 어떻게 더 나은 그룹, 기업, 학교, 그리고 사회를 만드는가』 (프린스턴, N.J.; 우드스톡: 프린스턴 대학 출판부, 2008년).

07. 데이비드 이즐리, 존 클라인버그, 『네트워크, 군중, 그리고 시장: 고도로 연결된 세계에 대한 이유』 (캠브리지, 캠브리지 대학 출판부, 2010년).

08. 루 훙, 스캇 E. 페이지, '다양한 문제 해결자로 이루어진 그룹의 문제 해결 능력이 고능력 문제 해결자로 이루어진 그룹보다 뛰어날 수 있다', PNAS – 미국 국립 과학원 의사록 101, no. 46 (2004년 11월 16일): 16385–89, https://doi. org/10.1073/pnas.0403723101.

09. 알렉스 '샌디' 펜틀랜드, '에코 체임버를 넘어서', 〈하버드 비즈니스 리뷰〉, 2013년 11월, https://hbr.org/2013/11/beyond-the-echo-chamber.

10. 실비안 앤 휴렛 등, '혁신, 다양성, 시장의 성장', (뉴욕: 코퀄, 2013년 9월).

11. 같은 출처.

12. 같은 출처.

13. 같은 출처.

14. 데이비드 락, 하이디 그랜트, '다양성이 있는 팀은 왜 더 똑똑한가', 〈하버드 비즈니스 리뷰〉, 2016년 11월 4일, https://hbr.org/2016/11/why-diverse-teams-are-smarter.

15. 앨리슨 E. 베르만, '대규모 변혁 목적의 동기부여 힘', 싱귤래러티 허브 (블로그), 2016년 11월 8일, https://singularityhub.com/2016/11/08/the-motivating-power-of-a-massive-transformative-purpose/.

16. 사이먼 사이넥, 『나는 왜 이 일을 하는가: 위대한 리더들은 어떻게 모든 이를 움직이는 가』 (뉴욕: 포트폴리오/펭귄, 2011년).

17. 살림 이스마일, 'MTP: 모든 ExO의 심장을 뛰게 하는 것', 그로스 인스티튜트 (블로그), 2021년 9월 1일 검색, https://blog.growthinstitute.com/exo/massive-transformative-purpose.

18. 살림 이스마일 등, 『기하급수적인 조작: 새 조직이 10배 낫고, 빠르고, 비용이 적은가 (그리고 당신은 어떻게 할 것인가)』 (뉴욕: 다이버전, 2014년).

19. 피터 M. 센게, 『학습하는 조직: 오래도록 살아남는 기업에는 어떤 특징이 있는가』 (뉴욕: 커런시 더블데이, 2006년).

20. 킴 암스트롱, '나는 당신의 고통을 느낀다. 공감의 신경과학', APS 옵저버 31, no. 1 (2017년 12월 29일), https://www.psychologicalscience.org/observer/neuroscience-empathy.

21. 런던 이미지 인스티튜트, '커뮤니케이션 중 비언어적인 부분의 비중은 얼마나 될까?', 런던 이미지 인스티튜 (블로그), 2020년 3월 23일, https://londonimageinstitute.com/how-much-of-communication-is-nonverbal/.

22. 셀리 팬, '공감이 뇌에서 발현되는 위치와 그 기전', 싱귤래러티 허브 (블로그), 2021년 2월 2일, https://singularityhub.com/2021/02/02/ this-is-where-empathy-lives-in-the-brain-and-how-it-works/.

23. 카를라 맥클라렌, 『공감의 기술: 인생에서 가장 중요한 기술에 대한 완벽 가이드』 (볼더, 콜로라도: 사운즈 트루, 2013년).

24. 의학 박사 헬렌 리스, 리즈 네포렌트, 『공감 효과: 우리가 살아가고, 사랑하고, 일하고, 차이를 넘어 연결되는 형태를 바꾸는 7가지 신경과학적 방법』(볼더, 콜로라도: 사운즈 트루, 2018년), https://www.overdrive.com/search?q=11C8AC1C-C7E8-4B29-9819-631062BBEE86.

25. 셔자드 샤미네, 『긍정 지능: 20%의 팀과 사람들만이 자신의 진정한 잠재 능력을 달성하는 이유와 당신이 자신의 잠재력을 실현하는 방법』(오스틴, 텍사스: 그린리프 북 그룹, 2012년).

9장

01. 나탈리 페토프 박사, 타므라 챈들러, 베스 몬탁-쉬말츠, '변화 관리에서 비즈니스의 영향', 〈그라치아디오 비즈니스 리뷰〉, no. 3 (2006년), https://gbr.pepperdine.edu/2010/08/the-business-impact-of-change-management/.

02. 엘린 J. 슈크, 마크 A. 니케럼, '혁명을 다시 일으켜라: 지능형 기술과 인간의 창의성이 만나 미래의 인력 창출을 위해 경쟁할 준비가 되셨습니까?', (액센추어 리서치, 2018년), https://www.accenture.com/_acnmedia/PDF-69/Accenture-Reworking-the-Revolution-Jan-2018-POV.pdf.

03. 페토프 박사, 챈들러, 몬탁-쉬말츠, '비즈니스의 영향'

04. 같은 출처.

05. 같은 출처.

06. 같은 출처.

07. 같은 출처, 대니얼 T. 홀트, 아킬레스 A. 아르메나키스, 휴버트 S. 필드, 스탠리 G. 해리스, '조직 변화에 대한 준비: 대규모의 시스템적 발전', 〈응용 행동 과학 저널〉, 2007년 Vol. 43; 232, http://jab.sagepub.com/cgi/content/abstract/43/2/232, 마리아 바콜라, '조직 변화에 대한 여러 수준의 준비: 개념적 접근', 〈변화 관리 저널〉, 2013년 Vol. 13; 1, 96-109, https://citeseerx.ist.psu.edu/viewdoc/download?doi=10.1.1.1077.6350&rep=rep1&type=pdf.

08. 바르바리 그리스, '변화 관리에 대한 나이의 영향', AVAAP (블로그), 2020년 7월 7일, https://avaap.com/2020/07/07/the-influence-of-age-on-change-management/.

10장

01. '존 보이드 (군사 전략가)', 위키피디아, 2021년 8월 19일, https://en.wikipedia.org/w/index.php?title=John_Boyd_(military_strategist)&oldid=1039565624.

02. W. 에드워드 데밍, 『데밍주의의 핵심: 품질의 아버지로부터 배우는 리더십 원칙』, ed. 조이스 오르시니, 다이애나 데밍 캐힐, 초판 (뉴욕: 맥그로우힐 에듀케이션, 2012년).

03. 데이비드 와인버거 등, 『클루트레인 선언문』, 초판 (캠브리지, 매스: 베이직 북스, 2000년).

04. 선즈 오브 맥스웰, '유나이티드 항공은 내 기타를 부수네', 유튜브 동영상, 2009년, https://www. youtube.com/watch?v=5YGc4zOqozo.

05. 라비 소니, '부서진 기타 때문에 유나이티드 항공은 1억 8,000만 달러짜리 음악을 연주하게 되었다', 패스트 컴퍼니, 2009년 7월 30일, https://www.fastcompany. com/1320152/ broken-guitar-has-united-playing-blues-tune-180-million.

06. 브라이언 아담스, '우리는 이 상황을 피할 수 있는데도 미국에서 매년 110억 달러의 비용이 발생한다', INC., 2018년 12월 10일, https://www.inc.com/bryan-adams/this-avoidable-situation-is-costing-us-businesses-11-billion-every-single-year.ht머신러닝.

07. 가브리엘 스미스, '인력 유지: 직원 이탈의 실제 비용', 피플킵 (블로그), 2021년 9월 17일, https://www.peoplekeep.com/blog/employee-retention-the-real-cost-of-losing-an-employee.

08. '왓슨 와이어트의 워크USA 조사를 통해 직원들의 참여와 생산성을 유지하기 위해서 해야 할 일이 무엇인지 알게 되었다', 놀리지페이, 2009, https://knowledgepay.com/ workusa0809/.

09. 셀리 크레이머, '사업 성공과 직원 참여 역할', Future of Work (블로그), May 2, 2017, https://fowmedia.com/business-success-role- employee-engagement-plays/.

맺음말

01. '당신의 고객 노력 점수는 몇 점인가요?', 가트너, 2019년 11월 5일, https://www. gartner. com/smarterwithgartner/unveiling-the-new-and-improved-customer-ef-fort-score.